刑事科学技术工程学基础

谢冬柏　单　国　编著

科学出版社
北　京

内 容 简 介

本书介绍客体变形的一般原理、材料力学的基础知识及绘图的方法和要求。主要通过对材料微观结构的论述阐明客体变形的微观原理，使用材料力学的基本概念和方法将微观与宏观变形相结合，并介绍通过规范的制图方法对客体变形的结果进行详细描述的基本原理和要求。本书尽量减少数学及物理公式的数量，力求以通俗的语言对数学理论和物理概念进行描述，使已掌握高等数学基本知识的读者都能读懂。本书分三篇，第一篇为客体结构及变形原理，第二篇主要介绍材料力学的基本概念和原理，第三篇为绘图基础。

本书可作为公安技术类专业学生的专业基础课教材，也可作为该专业低年级研究生的教学参考书，还可供从事刑事科学技术的科研人员和检验鉴定及现场勘察人员参考使用。

图书在版编目（CIP）数据

刑事科学技术工程学基础／谢冬柏，单国编著. —北京：科学出版社，2016.12

ISBN 978-7-03-051014-3

Ⅰ. ①刑… Ⅱ. ①谢… ②单… Ⅲ. ①刑事侦查-技术-高等学校-教材 Ⅳ. ①D918.2

中国版本图书馆 CIP 数据核字（2016）第 302166 号

责任编辑：毛　莹　张丽花／责任校对：彭珍珍
责任印制：赵　博／封面设计：迷底书装

科学出版社 出版
北京东黄城根北街 16 号
邮政编码：100717
http://www.sciencep.com

北京凌奇印刷有限责任公司印刷
科学出版社发行　各地新华书店经销

*

2016 年 12 月第　一　版　开本：787 × 1092　1/16
2024 年 12 月第七次印刷　印张：13　1/2
字数：350 000

定价：58.00 元

（如有印装质量问题，我社负责调换）

前　　言

刑事科学技术为公安技术类的工科专业，主要利用工程学的技术手段，对物证进行检验分析。目前大部分刑事科学技术本科专业开设“普通化学”“分析化学”“大学物理”等相关基础理论课程，但缺乏与公安实际相结合的专业理论基础课。编者根据近年来的教学实践，在所讲授专业理论基础课“客体结构及变形原理”内容的基础上，将所收集的相关文献资料整理、扩充，编成本书。

本课程的任务在于研究客体的微观结构及其变形理论，初步认识计算客体的微观和宏观变形；了解不同客体成痕过程中的动力学、静力学的解决方法；掌握使用工程图学的规范对刑事物证进行精确描述的基本要求。为学习本课程，读者应有一定的高等数学和物理学基础，书中涉及的微分方程，除了对差分方程作适当讲解，其他方面将直接引用相关结论。在运用这些数学工具时，注重解决实际工程问题，并加强对物理概念的解释。本课程希望激发学生对刑事科学技术科学性的本质认识，使他们有能力在后续的专业课学习中将工程学的科学、规范、精确的思想，与刑事科学技术的应用相结合，从而能熟练、系统地掌握刑事科学技术必需的基础理论与技能，初步具备从事刑事科学技术实际工作所需的研究能力，以适应国家对刑事科学技术人才的要求。

全书共包括13章。第1～5章为第一篇，讨论客体结构及变形原理；第6～9章为第二篇，阐述材料力学的基本概念和原理；第10～13章为第三篇，讲述绘图基础。本书涉及的问题比较广泛，配合基本理论与分析方法的学习，书中备有一定数量的例题和习题，可作学生练习用。

本书由中国刑事警察学院谢冬柏和新疆警察学院单国编著。具体编写分工如下：第1、2、4、12、13章及习题由中国刑事警察学院谢冬柏编写；第6～9章由新疆警察学院单国编写；第3、5章由西安科技大学朱明编写；第10、11章及习题由中国刑事警察学院臧泰琦编写；新疆警察学院吕石磊及吾布力・卡斯木参加了书中第3、5章及第6～9章习题的编写；全书由谢冬柏统稿。陕西绥德县公安局叶宇航绘制了书中的部分图表，上海交通大学博士研究生张瀚龙参加了文字校对工作。

在编写过程中，得到了新疆警察学院院长李娟、刑事科学技术系主任吾提克尔・吾守尔的大力帮助和支持，科学出版社毛莹编辑为本书的出版付出了大量心血，在此一并表示感谢。在编写过程中，参考了相关文献资料，从中获益匪浅。

由于编者水平有限，加之时间仓促，难免存在不妥之处，恳请读者批评指正。

编　者

2016年9月

目　录

第一篇　客体结构及变形原理

第二篇　材料力学的基本概念和原理

第三篇　绘 图 基 础

第一篇

客体结构及变形原理

第1章　绪　　论

刑事科学技术是公安机关、国家安全机关、人民检察院、人民法院依据事件的法律性质，运用现代科学技术的理论和方法，收集、分析、检验和鉴定与犯罪活动有关的各种物证材料，为侦查、起诉、审判工作提供线索和证据的专门性技术手段。随着社会治安形势的日益复杂，刑事犯罪呈现出智能化、专业化、科技化和集团化的发展趋势，作为打击刑事犯罪主力军的公安机关迫切需要熟练掌握刑事科学技术技能的专业人才。刑事科学技术专业在本科阶段的培养目标是培养能熟练、系统地掌握刑事科学技术必需的基础理论与基本方法技能，具备从事刑事科学技术实际工作所需要的动手能力及初步研究能力，适应公安司法机关刑事科学技术部门需要的全面发展的高素质应用型人才。

1.1　我国刑事科学技术的发展与现状

1949年以后，我国现代意义上的刑事科学技术开始发展，大致可分为三个阶段：第一阶段是新中国成立至 20 世纪 70 年代中后期，第二个阶段是十一届三中全会以后到 20 世纪 90 年代中期，第三阶段是 20 世纪 90 年代后期至今。20 世纪 80 年代中期开始，为满足我国司法体制改革的实际需要，针对刑事科学技术工作长期徘徊不前的局面，对体制和机制进行了卓有成效的建设，使刑事科学技术出现了新的繁荣景象。在全国建立了部、省、市、县四级刑事科学技术机构网络，组织了一支人数众多、实力较强的刑事科学技术队伍，这支队伍处于绝对的主导地位，起着十分重要的作用，是从事物证鉴定工作的中坚力量。在专业种类上，各种法庭科学技术如痕迹检验、文件检验、微量物证、理化检验、法医物证、警犬技术及 DNA 分析等新技术、新方法，在我国均得到了发展和应用，科研实力和学术水平显著提高。目前，刑事科学技术已经成为一门独立的应用学科，组织机构也形成从中央、省、市、县(区)分级检验逐级复核的网络，建立了文检、法医、化验、痕迹、照相、物证鉴定等专业技术齐备的刑事技术工作体系。但是在 2000 年之前，警察教育仍以中等职业教育为主体，警察高等教育规模很小，仅有中国人民公安大学和中国刑事警察学院两所全日制本科警察高等学校。20 世纪 90 年代末至 21 世纪初，随着我国高等教育的大规模扩招，警察中等专业学校纷纷单独或合并升格，高等专科教育成为警察教育的主体。2000 年以后，我国警察高等教育才真正实现跨越式发展，但刑事科学技术在区域之间、专业之间的发展极不平衡。这些不平衡呈现出以下特点：一是经济发达地区与经济欠发达地区在人员、设备、经费投入、物资保障等方面差距较大；二是各专业的发展不平衡，法医学、法医病理、法医物证、DNA 分析等专业因与医学和生物学等相关学科相接近，从而实现了与这些专业的融合式的快速发展；而痕迹检验、刑事照相、文件检验等专业并未与相关学科的发展相结合，发展较为缓慢。这些发展的不平衡造成我国刑事科学技术工作的整体水平与发达国家相比存在较大的差距。

我国刑事科学技术研究的根本要求是理论与实践相结合，刑事科学技术以其强大的应用功能为社会的进步作出了贡献。应用性是建立在深厚的理论研究基础上的，如果没有系统完善的理论基础，刑事科学技术很难得到快速发展。在刑事科学技术的发展过程中，必须加强理论研究，而理论研究也离不开大量的应用案例作为支撑，并将在实践工作中得到证明。同时，这些理论也必须放到实践工作中来加以检验，对实践进行指导，才能把抽象的理论运用于实际工作中,确保所研究的刑事科学技术理论不与实践相脱节，不脱离实际，并且在科学的基础上实现检验鉴定结论的唯一性。因此，刑事科学技术最终的目的是建立严谨规范的科学方法及规范的技术手段，只有这样才能实现检验鉴定的可重复性。这就要求在检验鉴定时首先对实践中获取的数据使用现代科学方法及先进技术进行分析，从中找到科学规律，从而建立起合理的标准化检验鉴定制度，再将这一标准广泛应用到刑事科学技术的实践中去，实现刑事科学技术工作的科学化、规范化和标准化。

检验鉴定工作是刑事科学技术的重要方面，是利用物理、化学的技术手段，采用仪器分析的方法，对物证进行检验而获取检验结果的检验方法。检验鉴定作为专门为案件侦破服务的一门科学，对确定案件性质、确定侦查方向并为法庭提供证据发挥着重要的作用。近年来，随着法治观念的不断深入、科学技术的快速发展，检验鉴定工作有着很好的发展机遇，但也面临着巨大的挑战。这些挑战主要来自两个方面：一是办案单位对侦破案件的要求，即实践性。随着物证及其相关知识在基层现场勘查人员中的普及，要求进行检验鉴定的案件越来越多。近几年，我国刑事科学技术部门受理的案件中，涉及物证检验的案件数量大幅度上升，涉及的检材种类也不断增加，对从事检验研究技术人员的工作能力提出了新的要求。二是来自法律程序的要求，即程序性。随着我国法治建设的不断发展及司法审判制度的逐步完善，对物证检验的质量要求也越来越高。不仅许多刑事案件的侦破要涉及物证鉴定工作，在日益增多的民事案件审理过程中也需要经过检验鉴定的物证作为证据，使得检验鉴定工作的范围也越来越广。

新《中华人民共和国刑事诉讼法》(简称《刑事诉讼法》)对鉴定人员提出了出庭作证的要求，这是对鉴定人员的专业素质、心理素质的新考验。从新《刑事诉讼法》有关刑事技术鉴定的内容中不难看出，其要求的程序严谨、完备已经成为证据链中不可缺少的部分。随着中国法治建设规范化水平的提高，对从事刑事技术人员的要求也在提高。首先要加强技术人员队伍的管理，打造一支高素质的科技人员队伍，建立刑事技术工作全程管理体系、加强有效监督。对刑事技术检验鉴定工作的案件受理、现场勘查、物证提取和处理、检验鉴定、鉴定结论的出具及物证的保存、归档等要实行全程管理，对刑事技术的每一环节都要做到有效监督。其次要逐步规范刑事科学技术的科研开发工作，加大科技创新力度，不断使用新技术、新方法。对研究开发中产生的科研成果，要尽快转化为战斗力，并运用于实战，以提高现场痕迹物证在侦查破案和诉讼活动中的地位和证据价值。最后要进一步加强对刑事科学技术工作的科学管理，调动刑事科学技术人员的积极性和创造性，提高工作效率，以此推进刑事科学技术的标准化、规范化建设。

1.2 刑事科学技术的学科体系

公安院校的刑事科学技术专业以培养高素质的应用型和创新实践型人才为目的。作为公安技术一级学科下的重要二级学科，刑事科学技术专业经过几十年的发展，从理论到实践已经形成了较为完备的体系。公安院校的课程结构设置对于人才培养具有重要的作用，一般公安院校的课程结构分为四个模块：公共基础课、专业基础课、专业课和选修课。这四个模块分别由不同的课程组成，并且各模块课程应该紧密结合，不能相互独立，否则不利于教学的顺利开展。每个模块的专业课程设置都应该紧紧围绕人才培养目标，从学生的实际情况出发，着眼于学生以后的发展和继续深造，合理地安排课程及课时，培养学生探究、解决问题能力和实践能力，这样才能使学生更加牢固地掌握专业技术。刑事科学技术课程是公安院校的主要课程之一，其课程内容主要包括刑事图像、文件检验、法医学和痕迹检验等。这些课程可以基本满足公安人员解决实际问题的需要，是公安院校学生学习的主要专业课程。但是刑事科学技术课程综合性较强，涉及数学、物理、化学等相关学科知识，当前我国公安院校的课程结构设置欠合理，例如，数学、物理、化学学科没有得到相应的重视，导致学生对基础课程的掌握不够牢固，进而影响刑事科学技术课程的开展。在内容设置上也存在一些问题，主要是教学内容陈旧，部分教学内容存在交叉重叠，教学案例过时陈旧、不够典型等，综合性和探索性教学有所欠缺，不利于培养学生今后在公安实战中解决问题的能力。很多公安院校的刑事科学技术教学内容仅局限于教材，没有进行合理的延伸、拓展，且内容的更新没有和公安工作同步，传统的教学内容已不能完全满足基层公安机关对刑事科学技术人才的需要。随着科学技术的不断发展，犯罪分子的犯罪手段也越来越“高明”，公安机关对刑事科学技术人才需求的条件与目标也在不断发生变化，这就要求刑事科学技术专业开设相应的科学技术课程，加强学科的理论深度，使学生的专业知识系统化、科学化，只有这样才能保障刑事科学技术教学的顺利开展，解决办案中遇到的实际难题。

刑事科学技术专业在课程选择中，既要注重实验教学也要提高学生的理论水平，只有这样才能建立坚实的实践能力基础。在教学中相关专业课程的选择一定要注意培养学生发现问题、分析问题和解决问题的能力。应根据刑事科学技术专业涉及的主要问题开设专门的课程，不仅可以培养学生的学习兴趣，还可以拓展学生的视野。在刑事科学技术专业课程教学中不能局限于单一的专业方向内容，应该在专业方向基础上更多地增加综合性的知识体系，充分考虑到刑事科学技术专业课程和其他相关理工科课程之间的紧密关系，加强它们之间知识的综合运用，加强不同课程之间的相互融合。例如，手印鉴定，可以包括现场手印提取原理、计算机自动识别技术、物证照相规范等，这就可以在一定程度上加强学生对相关理工科知识的掌握，提高学生对刑事科学技术学科的理解深度。

1.3 科技的发展对刑事科学技术的要求

刑事科学技术的发展以相关科学技术的发展为基础。一方面，其他学科参与和渗透刑事科学技术研究之中，有利于刑事科学技术吸收相关学科的研究方法，提高了刑事科学技术的自身研究水平；另一方面，加强学科自身的研究和积累，凭借本学科自身的发展，产生学科不断发展和完善的动力。相关学科的发展，多学科的融合，多种分析研究手段都应用到刑事证据的检验和鉴定中来。刑事科学技术工作者运用体现显微镜、生物显微镜、比对显微镜、扫描电子显微镜、原子发射和吸收光谱、X 射线衍射仪、X 射线荧光分析仪、紫外荧光显现仪、亚离子激光器等物理分析仪器，可以分析检验各种无机物证及各类形象痕迹。运用薄层分析法、气相色谱、液相色谱、红外光谱、紫外光谱、气-质联用仪等化学分析仪器，可以检验毒品、麻醉品、炸药、油漆、塑料等有机物证。使用荧光、偏光、相干、相差、金相显微镜，光学、热学测量仪器，电学参数仪器，多段光源等，能检验血痕、精斑、人体组织等生物检材。这些分析方法，在技术发达的国家已广泛应用，英、美等国的警方还将这些过去只在实验室才能使用的光谱、色谱等分析仪器和计算机，装备于现场勘查车、巡逻车，对一些痕迹物证在现场直接进行分析鉴定，提高了工作效率。现代分析技术已在物证的发现、提取和检验鉴定中得到了广泛的应用，刑事科学技术的检验范围逐渐拓宽，检验技术逐渐科学化，刑事科学技术的重要性、价值性在刑事案件侦查中也逐渐凸显出来。公安机关越来越依靠现代科技手段，通过痕迹物证来寻找和认定作案人。

1.4 刑事科学技术新知识体系的建立

随着我国法治建设的完善和公民法律意识的提高，刑事科学技术工作在侦查、起诉、审判中的作用日益广泛和显著。在刑事科学技术的教学或者实际案件的检验鉴定工作中，要求刑事科学技术人员不仅要掌握相关的法律，还需要具备较强自然科学方面的知识。我国刑事科学技术学科在过去多年的发展中重应用轻理论，这限制了自身的发展。引进和发展刑事科学技术的量化理论，创新和重构具有特色的学科理论，是刑事科学技术未来的发展方向和最大挑战。

刑事科学技术的发展必须依据科学研究及生产生活中已广泛使用的技术和方法，使用科学的检验理论和方法来指导实战工作，使理论与案件相结合，实现刑事科学技术理论的实践应用。刑事科学技术在 1998 年列为本科专业目录，属于工学门类，2011 年 3 月，经国务院学位委员会和教育部批准，公安学和公安技术分别列入《授予学位和人才培养学科目录(2011 年)》中法学及工学门类下的一级学科，刑事科学技术专业以“工”为主，“工”“法”结合的学科属性尤为突出。基于公安技术一级学科构架模式下的刑事科学技术学科，不仅需要运用公安技术学科的独特性来理清学科思维的框架，更需要凭借相关成熟学科的丰富理论来指导学科发展。但在实际教学中，专门为刑事科学技术专业的学生开设的专业基础课较少，且多为基础学科课程，缺少将理论与实践结合的“工程学”课程。目前刑事科学技术专业大部分开设“普通化学”“分析化学”“大学物理”等课程，共同组成了刑事科学技术专业的三大专业基础课，但教师普遍反映这些专业基础课与公安实际或专业课的联系不够紧密。目前刑事科学技术专业尚未开设相关的工科专业课，无法突出专业特色，导致理论与实践相脱离，影响了教学效果。在教学实践中学生对重点难点的理解出现问题，难以调动学生主动获取知识的兴趣，不能有效发挥学生的主体作用，在培养学生的科学精神和创造性思维方面较欠缺。

工程学与科学、技术不同。“科学”指的是传统的自然科学，包括物理、化学、生物、地球空间和环境科学。“技术”指的是各种类型的人工系统和进程。而“工程学”则指的是参与系统的设计，从而解决特定的人类问题。工程学与科学的目的不同，科学的目的是研究自然世界，试图揭示自然界的规律，而工程学的目的是通过发展或者应用技术来解决实际的问题。不同的研究者对于工程学有着不同的定义。1998 年，著名学者伍尔夫(Wulf)提出，工程学是指“在约束条件下进行设计”。美国工程教育协会(ITEEA)在 2008 年颁布的《基础教育阶段教育中的工程学》中指出，工程学是“设计人造世界的过程”。著名学者罗杰斯(Rogers)等认为，工程学是“工程师利用学科知识和认知过程来设计、分析和解决复杂的系统，从而满足社会的需求”。这些设计、分析和解决问题的过程就是工程学的主要活动，用来创造新的设备、过程和公共设施，或者改变已有的事物。美国国家研究理事会在 2013 年颁布的《下一代科学教育标准》中指出，工程学是“参与系统的设计，从而解决特定的人类问题”。美国国家工程院(NAE)在《基础教育阶段工程学教育标准》中指出，工程学是“为满足人们的需求而进行的系统设计”。上述有关工程学的定义主要涉及两个元素，一个是“设计”，一个是“满足人们的需求”。“设计”是工程师解决问题的基本过程，通过这个过程，工程师能够找出为达到某个特定目的而制造出设备或设计过程的最好方法。“工程设计是一个系统、智能的过程，在这个过程中，设计者要在特定的限制条件下，为满足用户需求的设备、系统或者过程进行评价和详细的说明。”通过设计过程，人们能够整合多种类型的技能和思维——分析、整合的能力，更深刻、细致、全面地理解问题，还能够从中学会如何计划和构建问题，同时在这个过程中领会过程性的知识，理解、掌握陈述性的知识。实际上刑事科学技术就是一种“工程学”，它是解决和案件现场相关实际问题的“工程学”，是满足人们对案件现场检验鉴定的需求，提出科学有效解决方案的技术方法。

1.5 对刑事科学技术人才的新要求

随着科学技术的发展，新技术方法、装备不断涌现，新的犯罪技术与手段也层出不穷，这都对新形势下的刑事科学技术人员的培养提出了更高的要求。刑事科学技术人员目前面临的挑战有以下特点：①单纯地掌握知识技术，机械性地完成任务，已经不足以胜任未来的实战工作。②应用现代的物理、生物、化学技术从常量向微量、痕量方向发展，精度越来越高，检测、记录分析全过程由手工、半自动向全自动转变，客观可信度极大增强，将人员的经验与技术装备有机结合。③讲证据、重证据、用证据已成为人们的共识，检验鉴定结果将成为刑事、民事诉讼中证据环节不可或缺的部分，尤其在投毒、贩毒、非法持有、爆炸、放火、麻醉抢劫类案件中。在上述案件的诉讼活动中，检验鉴定结果应当成为规范化的证据。④检验鉴定工作将与现场勘验建立更加密切的联系，为侦查工作提供重要线索和方向，尤其是在爆炸、放火、投毒案件中，根据现场情况和侦查摸排情况，对嫌疑场所相关物品如嫌疑人员的指甲、局部衣物、呕吐物的提取工作仔细与否、正确与否直接关系到案件能否侦破。这些都要求从事刑事科学技术的人员具有相应的知识储备，但目前刑事科学技术专业课程的设置，仍然以“痕迹检验学”“文件检验学”“刑事影像学”“法医学”“刑事化验学”五门课程为主干课程，学生毕业后对新知识、新技术的掌握能力普遍欠缺。

为培养科技创新人才，高等教育阶段的理工科课程应进行哪些革新？以美国为例，近10年来的大量文献中屡屡提及科学技术的滑坡会造成人才的严重短缺，美国开始大力培养训练有素的物理学家、数学家、工程师、技术人员和具备科学技术素养的公民。今天的科学已经越来越关注“跨学科”，美国工程教育协会和美国国家工程院呼吁在现代教育中应当更多关注跨学科及与社会相关的科学、技术、工程和数学相结合的教育方法，特别强调了要加强“工程学”教育，将其作为一门学科来发展，这对发展高等教育中的基础科学理论教育也有着重要意义。在2013年美国颁布的《下一代科学教育标准》中，“工程学”教育成为基础教育阶段科学教育框架中的新元素。可见，将“工程学”教育融入刑事科学技术学科的基础理论课程，将“工程学”引入公安教育，培养学生开拓进取、求真务实的科学精神，使其具备崇尚科学、追求真理、敢于怀疑、勇于探索的意志品质和敏锐的洞察力与创造力，有利于学生专业水平的提高，也符合公安工作发展的必然趋势。这是我国推进和深化公安技术课程改革的基础性工作，具有加深理论认识和指导实践的意义。

改革开放以来，我国对公安高等教育的重视程度越来越高，现已有32所公安本科院校，其人才培养模式较之以往也有了很大的变化。新形势下，如何进一步提高教学质量，提高学生的实践和探索能力已成为公安院校的重要教学关注点。“工程学”融入高等教育意义重大，工程学促进了科学、技术、工程和数学教育的整合与实施。虽然与不同专业相关的工程学具体学科不同，最终使用的目的也不同，但是这些学科在许多领域都联系密切。首先，科学工作者使用的工具，如显微镜、天平和计时器都是从工程学中产生的。而科学理论，如运动定律、电磁之间的关系、原子模型等则对工程学作出了极大的贡献。“工程学”与技术之间又有区别，“工程学”是为了解决问题而进行的一种系统的实践活动，而技术则是这种实践活动的结果。当前，全球都在倡导科学教育，美国甚至将科学、技术、工程和数学教育上升到国家安全战略层面。科学、技术和数学在目前的中学课堂上存在较为普遍，然而“工程学”在大学教育中提及较少。目前许多专业有着“工程学”的课程，其本质与工程技术和操作技术并没有明显的界线，但缺乏科学的成分。高等教育阶段“工程学”教育对于实施科学、技术、工程和数学教育及学生将来的职业发展有着重要的作用。它能激发学生的学习兴趣，提高学生学习能力，增强学生对工程和技术的理解；在教学过程中的设计任务又能提高学生交流的技能、解决问题的能力及团队合作的能力。学生“工程学”思维习惯的养成可促进对科学、技术、工程和数学教育学科的理解，增强学生对于工程学在支持、促进人类社会发展过程中所起到重要作用的认识。

1.6 刑事科学技术的“工程学”课程

现代科学不同研究对象、研究方法相互贯穿形成的相互交叉，加速了刑事科学技术的全新发展，极大地拓展了刑事技术理论研究的内涵和外延。刑事科学技术学科从其学科特点来看，本质是一门工程技术，是用科学技术手段解决案件现场实际问题的“工程学”。刑事科学技术是现代科学技术在刑事诉讼领域具体应用的学科，它的发展始终与现代科学技术发展同步。它从古代个人经验型的具体技术与方法，逐步发展到近20种专业门类，具有较强的科学理论和较完整的体系。随着科学技术日新月异的发展，刑事科学技术的检验范围逐渐拓宽，检验技术越来越科学化，科学技术的重要性及价值在刑事案件中不断地体现出来。

1.6.1 “工程学”课程的设计原则

“工程学”不是一个单独的学科，需要用到其他众多学科的知识。针对目前刑事科学技术人员所掌握专业内容的特点，将“工程学”课程引入，可提高从业人员掌握新知识、新技术的能力。课程应该包括知识层面和技能层面两个方面的内容。知识层面主要指将科学、技术、工程和数学带入教育，通过整合科学、技术、数学等课程，设计出工程学的课程，学生通过“工程学”的课程，能够了解工程和技术及不同领域的工程学的内涵。技能层面主要指能够让学生参与解决实际问题的过程中，用创造性和谨慎的思维来思考和解决问题，应用技术、科学和数学来解决实际问题，并能够解决疑难问题。以公安实战需求为中心，本着应用型人才的教学宗旨和发展思路，以工程技术应用能力培养为主线，实现从基本知识技能训练到综合知识技能训练，再到实际应用能力训练的培养思路来构建专业课程体系。注重“工程学”学科思维的培养，引导学生形成科学的思维方式。

1.6.2 “刑事科学技术工程学基础”课程简介

刑事科学技术学科涉及“工程学”，专业领域宽、覆盖面广，加上学时较少，在教材编写过程中对教材内容进行精选、优化和整合，突出客体的结构和客体变形的宏观及微观基本理论，加入“工程图学”内容，把原来“画法几何”“机械制图”“计算机绘图”融合为一体，加强学生工程实践能力的培养。教材内容保持专业知识体系的完整和系统性，并力求内容新颖，适当增加了材料变形方面的最新研究理论和成果。为学生从事刑事科学技术领域的研究和工作奠定基础。“刑事科学技术工程学基础”课程覆盖了“金属学原理”“材料加工”“金属变形理论”“材料力学”“画法几何”“机械制图”等多门“工程学”专业课内容，是刑事科学技术专业一门综合性、实践性较强的专业基础理论课。通过该课程的学习，学生能够理解和掌握不同材料客体变形的共同基础和规律，初步认识计算客体的微观和宏观变形，了解不同客体成痕过程中的动力学、静力学的解决方法，掌握使用工程图学的规范对刑事物证进行精确描述的基本要求，提高学生分析和解决实际问题的能力，为后续专业课程的学习及从事相关研究工作奠定基础，真正意义上拓宽专业知识面。

本课程是一门理论联系实际的专业基础课，在教学过程中要注意学习方法。①在满足本专业应用型高级专门人才培养目标的基本要求前提下，学习过程中抓住主干，突出重点，掌握概念，强化应用。虽然本课程内容较为繁杂，但若能够抓住课程主干，学习时即可化繁为简，化难为易。例如，塑性力学基础的内容可概括为掌握 6 个方程、3 个方法，考虑摩擦时把握摩擦与不均匀变形。力学基础内容包含大量的数学公式及推导，可在理解数学公式基本原理与推导思路的前提下，忽略过繁的数学推导，了解其内涵所在。对于材料力学的相关章节，如应力分析和应变分析等，可依据其中的一种受力状态让学生自己去分析，既节省课时，又可以促进学生独立思考，提高分析、解决实际问题的能力。②学习时应注意发掘章节间的内在联系，重组现有教材内容。可打破教材现有的章节划分结构，充分发掘现有各章节间的内在联系，对教学内容进行重新组合。这样，既保持每堂课教学内容间的密切联系，又可以由浅入深、由易到难轻松地学习该课程。③教学与科研相结合，及时引进前沿新知识。本课程所涉及的相关学科有的处于快速发展阶段，新的理论、方法及工艺不断出现，而这些新的方法及理论却未能在教材中及时体现出来。教师可充分利用在所承担的科研项目中积累的实际应用案例优势，对其研究结果进行整理，提炼为具有实际应用背景的教学案例，并及时地介绍给学生。这样不仅可以开阔学生的视野，拓宽学生的知识面，还可以使他们通过实际应用案例，真正体会到学习该课程的意义，更好地激发他们的学习兴趣。

第2章　金属的结构及缺陷理论

无论造痕体还是承痕迹客体都是由不同种类的材料构成的。金属材料在性能方面表现出的多样性、多变性和特殊性使它具有远比其他材料优越的性能，这种优越性是其固有的内在因素在一定外部条件下的综合反映。不同成分的金属具有不同的组织结构，因而表现出的性能各不相同；即使成分相同的金属，当由液态转变为固态的凝固条件不同时，所形成的内部组织也不尽相同，因而表现出来的性能也各有差异。所以，要了解金属材料的特性，必须要从本质上了解金属的组织结构和金属的变形过程，掌握其规律，以便更好地了解其性能，掌握它的变形规律，并指导痕迹检验的新技术的发展。

2.1　金属的特性

2.1.1　金属键

周期表中Ⅰ、Ⅱ、Ⅲ族元素的原子在满壳层外有一个或几个价电子。满壳层在带正电荷的原子核和价电子之间起屏蔽作用，原子核对外面轨道上的价电子吸引力不大，所以原子很容易丢失其价电子而成为正离子。当大量这样的原子相互接近并聚集为固体时，其中大部分或全部原子都会丢失其价电子。与离子键或共价键不一样，这里被丢失的价电子不为某个或某两个原子所专有或共有，而是为全体原子所共有。这些共有化的电子称为自由电子，它们在正离子之间自由运动，形成所谓电子云，正离子则沉浸在电子云中。在理想情况下，价电子从原子上脱落而形成对称的正离子，其核外的电子云呈球状且高度对称的规则分布。正离子与电子云之间产生强烈的静电吸引力，使正离子按一定的几何形式在空间规则地结合起来，并各自在其所占的位置上做微小的热振动。这种使金属正离子按一定方式牢固地结合成一个整体的结合力称为金属键，由金属键结合起来的晶体称为金属晶体，如图2-1所示。在金属晶体中，价电子弥漫在整个物质空间内，所有的金属离子皆处于相同的环境中，一般把其中的离子(或原子)看成具有一定体积的圆球，可见与共价键和离子键不同，金属键不具有饱和性和方向性。

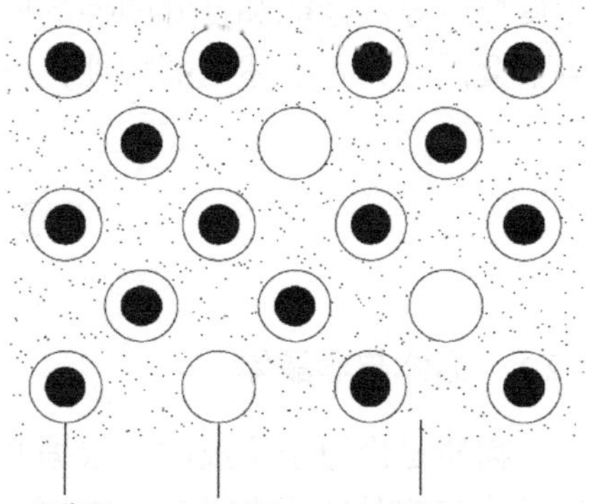

图2-1　金属键模型

2.1.2　金属的特性

金属在固态下和部分金属在液态下具有下列特性。

(1) 良好的导电性和导热性。金属键中有大量自由电子存在，当金属的两端存在电势差或外加电场时，电子可定向地加速通过金属，从而使金属表现出优良的导电性。金属的导热性好是离子的热振动和自由电子热运动两者的联合贡献所致，此时它们比单纯的离子热振动所产生的导热效果好。

(2) 不透明、良好的反射能力、具有金属光泽。金属中存在的自由电子能够吸收可见光波段光量子的能量，使金属变得不透明。同时自由电子吸收了光量子的能量后，被激发到较高的能量状态，当它返回原来的低能量状态时，就会产生一定波长的辐射，使金属呈现不同的光泽。

(3) 一般具有较高的强度、良好的塑性。金属键使金属正离子之间以紧密堆排的形式结合，从而使金属具有较高的强度。金属键没有方向性，对原子也没有选择性，所以在外力作用下发生原子相对移动时，金属键不会受到破坏，表现出良好的塑性。

(4) 除汞外，金属常温下均为固体，能相互熔合。在常温下，金属键使大多数金属都采取最紧密堆积的原子排列，一般呈长程有序的固体晶体存在。液态时结合力减弱呈短程有序排列，不同金属原子(离子)能相互滑动、混合，由于金属键的无方向性和结合的随意性，冷却时相互熔合的金属又能重新规则地排列起来。

(5) 有正的电阻温度系数，很多金属具有超导性。金属加热时，正离子的振动增强，金属中的空位增多，原子排列的规则性受到干扰，电子运动受限，因而电阻增大，所以有正的电阻温度系数。对于许多金属，在极低(<20K)的温度下，由于自由电子之间结合成两个电子相反自旋的电子对，不易遭受散射，所以电阻率趋向于零，产生超导现象。

上述特性均为金属材料的固有特征，在工程中，人们常把金属描述为有特殊光泽、优良导电导热性能和良好塑性的固体物质。非金属也可能有上述特性中的一种或几种，但不会同时具有上述全部特性，也达不到金属那样高的水平。

2.2　金属的晶体结构

2.2.1　晶体与非晶体

物质是由原子构成的，根据原子在物质内部排列方式的不同，通常可将固态物质分为晶体与非晶体两大类。凡内部原子或分子呈规则排列的物质称为晶体，如常见的固态金属都是晶体；凡内部原子或分子无规则排列的物质称为非晶体，如松香、玻璃、沥青等都是非晶体。晶体与非晶体的不同点在于，晶体具有一定的熔点(如纯铁的熔点为1538℃)，其性能具有各向异性的特点；非晶体没有一定的熔点，它的性能在各个方向上是相同的，即各向同性。

2.2.2　晶体结构与空间点阵

金属材料中原子的排列是有规则的，而不是杂乱无章的。金属的性能不仅决定于其组成原子的本性和原子间结合键的类型，同时也取决于原子的排列方式。原子的排列规律不同，这是其性能变化的本质原因，必须通过对金属晶体结构的研究，即对原子的实际排列情况进行分析，才能理解其性能变化的原因。为了方便起见，首先把晶体作为没有缺陷的理想晶体来研究，如图 2.2(a)所示。

为清晰地描述原子排列的几何规律，设想用一些直线穿过原子中心将它们连接起来，抽象为一个空间格架。这种描述原子排列规律的空间格架，称为结晶格子，简称晶格，如图 2-2(b)所示。晶格的结点即原子的平衡位置。

由于晶体中的原子在三维空间进行有规律地重复排列，所以只要在晶格中取出一个能够代表原子排列规律的最小几何单元，就可以表示晶体结构的几何特征。这种表示晶体中原子排列规律的最小几何单元，称为晶胞，如图 2-2(c)所示。晶胞的大小和形状常以晶胞的棱边长度 a、b、c 及棱边夹角 α、β、γ 表示，图中沿晶胞三条相交于一点的棱边设置了三个坐标轴(或晶轴)x、y、z。习惯上，以原点前、右、上方定为轴的正方向，反之为负方向。晶胞的棱边长度一般称为晶格常数或点阵常数，在 x、y、z 轴上分别以 a、b、c 表示。晶胞的棱间夹角又称为轴间夹角，通常 y-z 轴、z-x 轴和 x-y 轴的夹角分别用 α、β、γ 表示。

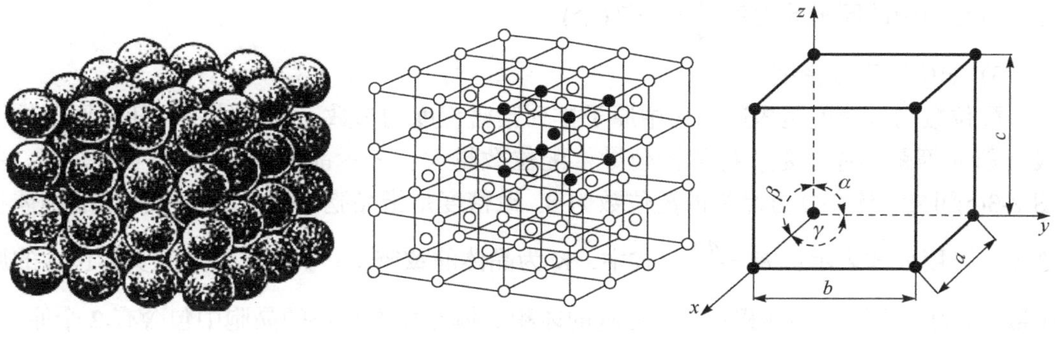

(a)　(b)　(c)

图 2-2　晶体中原子排列示意图

2.2.3　三种典型的金属晶体结构

金属元素有 80 多种，但是常见的金属晶格类型只有三种，即体心立方晶格、面心立方晶格和密排六方晶格。

1. 体心立方晶格

体心立方晶格的晶胞模型如图 2-3 所示。晶胞的三个棱边长度相等，三个轴间夹角均为 90°，构成立方体。除了在晶胞的 8 个角上各有一个原子，在立方体的中心还有一个原子。具有体心立方结构的金属有 α-Fe、Cr、V、Nb、Mo、W 等 30 多种。

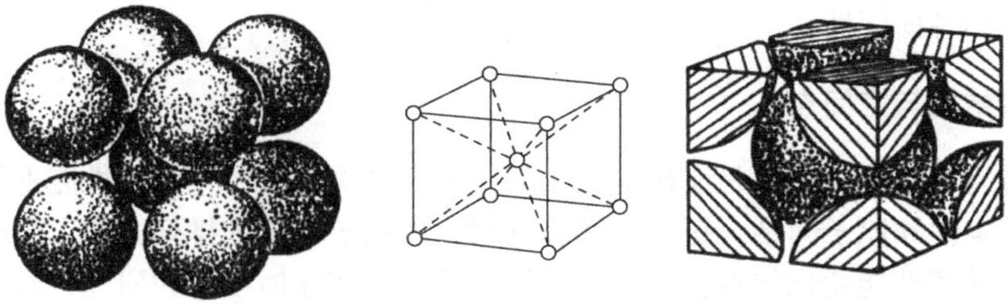

(a) 刚球模型　　(b) 质点模型　　(c) 晶胞原子数

图 2-3　体心立方晶胞

1) 原子半径

在金属学中，定义最近邻的两原子间距离的一半为原子半径。体心立方晶胞中，棱边上的原子彼此互不接触，只有体心立方晶胞体对角线上的原子紧密地接触，如图 2-3(a)所示。设晶体的点阵常数为 a，则立方体对角线的长度为 $\sqrt{3}a$，等于 4 个原子半径，所以体心立方晶胞中的原子半径 $r=\sqrt{3}a/4$。

2) 原子数

由图 2-3(c)可知，在体心立方晶胞中，角顶上的每个原子为与其相邻的 8 个晶胞所共有，故只有$\frac{1}{8}$个原子属于这个晶胞，晶胞中心的那个原子为这个晶胞所独有，所以体心立方晶胞中的原子数为$8\times\frac{1}{8}+1=2$(个)。

3) 配位数和致密度

配位数与致密度是描述晶格中原子排列紧密程度的参数。在晶体中，任一原子周围最近邻的等距离原子数，称为配位数。配位数越大，表示晶体中原子排列越紧密。由图 2-3(c)可知，体心立方晶格的配位数为 8。致密度是指晶胞中原子所占体积与晶胞体积之比，可用公式表示：$K=\frac{nv}{V}$。式中，K 为晶体的致密度；n 为一个晶胞实际包含的原子数；v 为一个原子的体积；V 为晶胞的体积。体心立方晶格的晶胞中包含有 2 个原子，晶胞的晶格常数为 a，原子半径为 $r=\frac{\sqrt{3}}{4}a$，其致密度为

$$K=\frac{nv}{V}=\frac{2\times\frac{4}{3}\pi r^3}{a^3}=\frac{2\times\frac{4}{3}\pi\left(\frac{\sqrt{3}}{4}a\right)^3}{a^3}\approx 0.68$$

此值表明，在体心立方晶格中，有 68%的体积为原子所占据，其余 32%为间隙体积。

2. 面心立方晶格

面心立方晶格的晶胞如图 2-4 所示。除由 8 个原子构成立方体，在立方体 6 个表面的中心还各有一个原子。γ-Fe、Cu、Ni、Al、Ag 等约 20 种金属具有这种晶体结构。

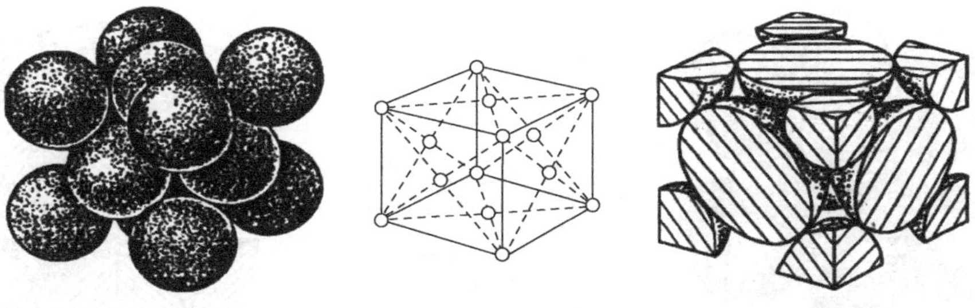
(a) 刚球模型　(b) 质点模型　(c) 晶胞原子数

图 2-4　面心立方晶胞

面心立方晶胞中，每个表面中心的原子为相邻两个晶胞所共有，因此面心立方晶胞的原子数 $n=8\times\frac{1}{8}+6\times\frac{1}{2}=4$ (个)。由图 2-4(c)可知，在面心立方晶胞中，面对角线上的原子彼此相切，排列最紧密，原子半径 $r=\frac{\sqrt{2}a}{4}$。

从图 2-5 可以看出，以面中心那个原子为例，与之最近邻的是它周围顶角上的 4 个原子，这 5 个原子构成了一个平面，这样的平面共有 3 个，3 个面彼此相互垂直，结构形式相同，所以与该原子最近邻、等距离的原子共有 4 × 3=12 个，因此面心立方晶格的配位数为 12。由于面心立方晶胞中的原子数和原子半径是已知的，所以可以计算出它的致密度：

$$K=\frac{nv}{V}=\frac{4\times\frac{4}{3}\pi r^3}{a^3}=\frac{4\times\frac{4}{3}\pi\left(\frac{\sqrt{2}}{4}a\right)^3}{a^3}\approx 0.74$$

此值表明，在面心立方晶格中，约有 74%的体积为原子所占据，其余 26%为间隙体积。

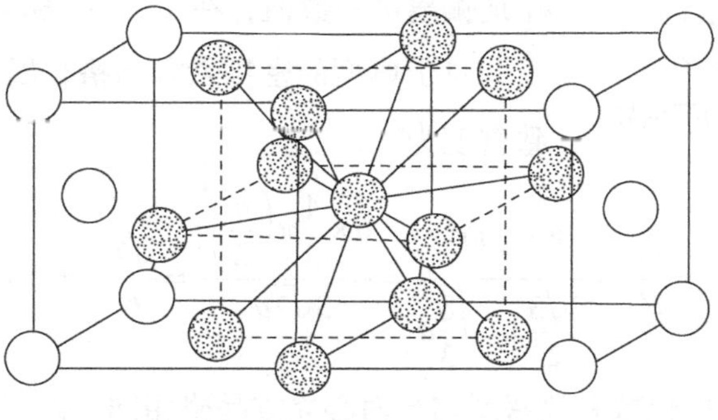
图 2-5　面心立方晶格的配位数

3. 密排六方晶格

密排六方晶格的晶胞如图 2-6 所示。由 12 个原子构成一个正六方柱体，在其上、下底面的中心各有 1 个原子，在正六方柱体的中心还有 3 个原子。具有密排六方晶格的金属有 Zn、Mg、Be、α-Ti、α-Co、Cd 等。

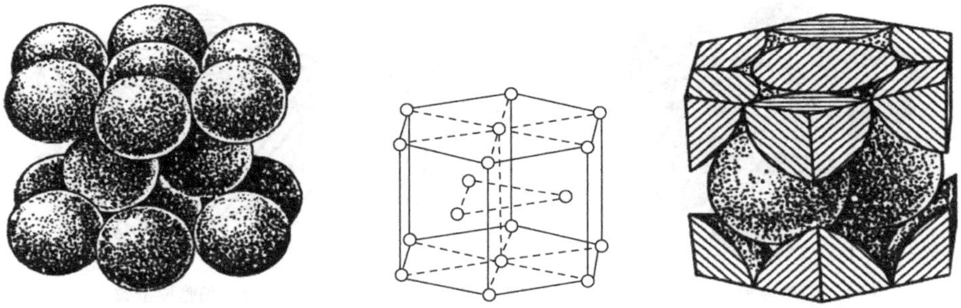

(a) 刚球模型　(b) 质点模型　(c) 晶胞原子数

图 2-6　密排六方晶胞

晶胞中的原子数可参照图 2-6(c)计算如下：六方柱每个角上的原子均属 6 个晶胞所共有，上、下底面中心的原子同时为两个晶胞所共有，再加上晶胞内的 3 个原子，故晶胞中的原子数为$\frac{1}{6}\times 12+\frac{1}{2}\times 2+3=6$(个)。

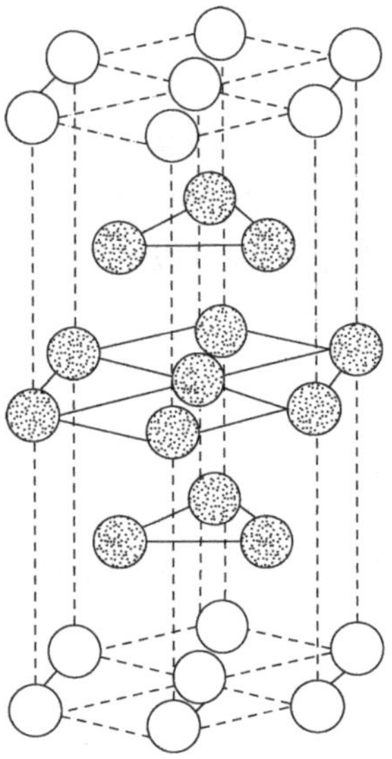

图 2-7　密排六方晶格的配位数

密排六方晶格的晶格常数有两个：一是正六边形的边长 a；另一个是上、下两底面之间的距离 c。c 与 a 之比$\frac{c}{a}$称为轴比。在典型的密排六方晶格中，原子刚性球十分紧密地堆垛排列着，如晶胞上底面中心的原子，它不仅与周围 6 个角上的原子相接触，而且与其下面的 3 个位于晶胞之内的原子及与其上相邻晶胞内的 3 个原子相接触(图 2-7)，故配位数为 12，此时的轴比$\frac{c}{a}=\sqrt{\frac{8}{3}}\approx 1.633$。但是，实际的密排六方晶格金属，其轴比或大或小地偏离这一数值，在 1.57～1.64 波动。

对于典型的密排六方晶格金属，其原子半径为$\frac{a}{2}$，致密度为

$$K=\frac{nv}{V}=\frac{6\times\frac{4}{3}\pi r^3}{\frac{3\sqrt{3}}{2}a^2\sqrt{\frac{8}{3}}a}=\frac{6\times\frac{4}{3}\pi\left(\frac{a}{2}\right)^3}{3\sqrt{2}a^3}=\frac{\sqrt{2}}{6}\pi\approx 0.74$$

密排六方晶格的配位数和致密度均与面心立方晶格相同，说明这两种晶格晶胞中原子的紧密排列程度相同。

4. 晶格的晶面、晶向及其表示方法

在晶体中，由一系列原子所组成的平面，称为晶面；通过任意两个原子中心的直线所指的方向，称为晶向。于是，可以把晶体看成由一层层的晶面堆砌而成。在同一晶体中，不同的晶面和晶向上的原子排列方式和原子密度各不相同，从而造成晶体不同方向

上的物理、化学、力学性能的差异，这种现象称为各向异性。晶体的各向异性对金属的塑性变形和固态相变过程都会产生影响。因此，分析晶体中各种晶向和晶面的特点是十分必要的。各种位向的晶向、晶面，国际上采用统一的符号，即晶向指数和晶面指数来表示。

1) 晶向指数

晶向指数的确定步骤如下。

(1) 选定任一结点为空间坐标系的原点。以晶格的三条棱边为空间坐标轴 *Ox*、*Oy*、*Oz*。

(2) 过坐标原点作一平行于欲求晶向的直线。

(3) 求出该直线上任一结点的空间坐标值。

(4) 将空间坐标的三个值按比例化为最小整数。

(5) 将化好的整数记在方括号内，不用标点分开。

通常以[*uvw*]表示晶向指数的普遍形式，若晶向指向坐标的负方向，则坐标值中出现负值，这时在晶向指数的这一数字之上冠以负号。

现以图 2-8 中 *AB* 方向的晶向为例说明。通过坐标原点引一平行于待定晶向 *AB* 的直线 *OB′*，点 *B′* 的坐标值为(−1,1,0)，故其晶向指数为[$\bar{1}10$]。应当指出，从晶向指数的确定步骤可以看出，晶向指数所表示的不仅仅是一条直线的位向，而是一族平行线的位向，即所有相互平行的晶向，都具有相同的晶向指数。

立方晶胞中一些常用的晶向指数示于图 2-9 中，现作以简要说明。例如，*x* 轴方向，其晶向指数可用点 *A* 的坐标来确定，点 *A* 坐标为(1,0,0)，所以 *x* 轴的晶向指数为[100]。同理，*y* 轴的晶向指数为[010]，*z* 轴的晶向指数为[001]。点 *D* 的坐标为(1,1,0)，*OD* 方向的晶向指数为[110]。点 *F* 的坐标为(1,1,1)，*OF* 方向的晶向指数为[111]。点 *H* 的坐标为$(1,\frac{1}{2},0)$，此时为避免出现分数的不便，统一作最小整数化处理，将 *OH* 方向的晶向指数记为[210]。同一直线有相反的两个方向，其晶向指数的数字和顺序完全相同，只是符号相反，相当于用−1 乘晶向指数中的三个数字，如[123]与[$\bar{1}\bar{2}\bar{3}$]所表示的晶向指数正好方向相反。

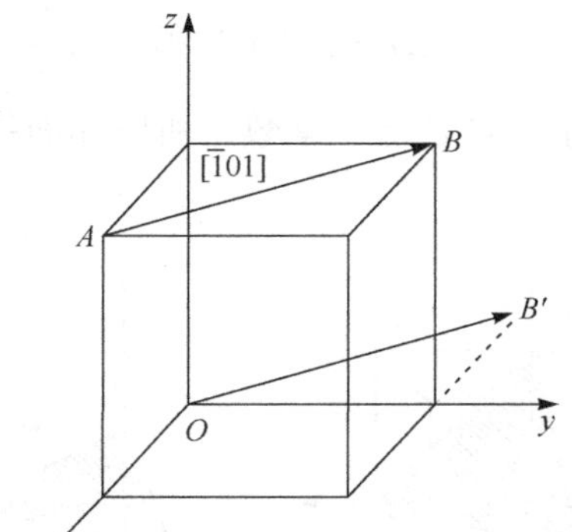

图 2-8　确定晶向指数的示意图

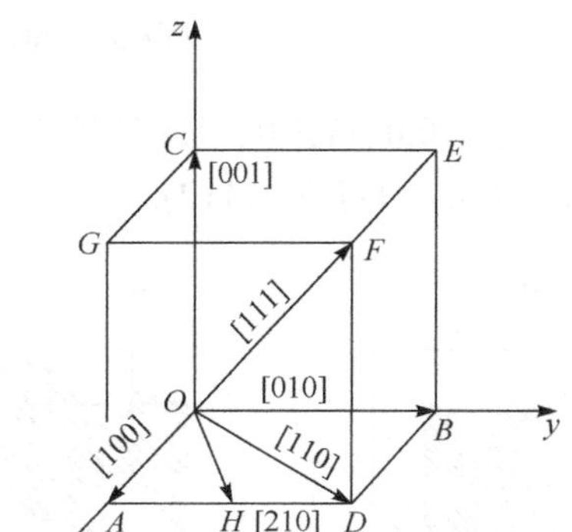

图 2-9　立方晶系中一些常用的晶向指数

在实际原子空间排列结构中，常具有原子排列结构相同但空间位向不同的特点，将所有原子排列相同但空间位向不同的晶向统称为晶向族。在立方晶系中，[100]、[010]、[001]及方向与之相反的$[\bar{1}00]$、$[0\bar{1}0]$、$[00\bar{1}]$共 6 个晶向上的原子排列完全相同，只是空间位向不同，属于同一晶向族，用<100>表示。同样<110>晶向族包括[110]、[101]、[011]、$[\bar{1}10]$、$[\bar{1}01]$、$[0\bar{1}1]$及方向与之相反的晶向$[\bar{1}\bar{1}0]$、$[\bar{1}0\bar{1}]$、$[0\bar{1}\bar{1}]$、$[1\bar{1}0]$、$[10\bar{1}]$、$[01\bar{1}]$共 12 个晶向。应当指出，这仅对于立方结构的晶体晶胞，此时它的三个棱边 a、b、c 相等及三个轴间夹角 α、β、γ 均为 90°，改变晶向指数的顺序，所表示的晶向上的原子排列情况完全相同，这种方法对于其他结构的晶体则并不适用。

2) 晶面指数

晶面指数的确定步骤如下。

(1) 选定不在预定晶面上的晶格中的任一结点为空间坐标系的原点，以晶格的三条棱边为空间坐标轴 Ox、Oy、Oz。

(2) 以晶格常数 a、b、c 分别为 Ox、Oy、Oz 轴上的长度度量单位，求出欲定晶面在三个轴上的截距。

(3) 取预定晶面的三轴上截距的倒数。

(4) 将三截距的倒数化为三个最小整数。

(5) 把倒数化好的三整数写在圆括号内，整数之间不用标点分开。

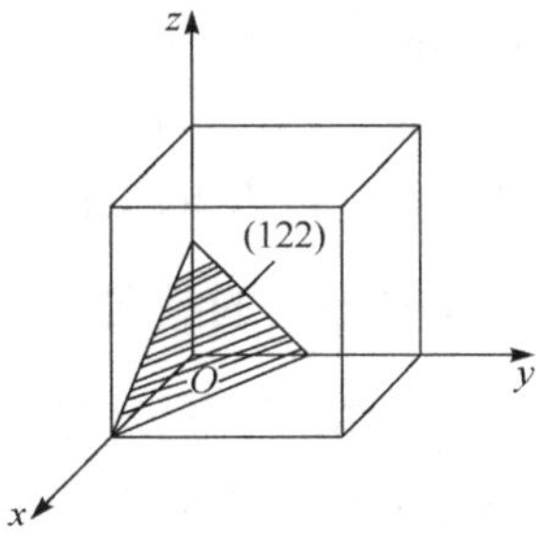

图 2-10　晶面指数表示方法

晶面指数的一般表示形式为(hkl)。如果所求晶面在坐标轴上的截距为负值，则在相应的指数上加一负号，如$(\bar{h}kl)$、$(h\bar{k}l)$等。

现以图 2-10 中的晶面为例予以说明。该晶面在 x、y、z 坐标轴上的截距分别为 1、$\frac{1}{2}$、$\frac{1}{2}$，取其倒数为 1、2、2，故其晶面指数为(122)。在某些情况下，晶面可能只与两个或一个坐标轴相交，而与其他坐标轴平行。当晶面与坐标轴平行时，就认为在该轴上的截距为∞，其倒数为 0。

按照上述步骤，图 2-11 中的 A、B、C、D 晶面在三个坐标轴上的截距相应为 1,∞,∞、1,1,∞、1,1,1 和 1,1,$\frac{1}{2}$。截距的倒数分别为 1,0,0、1,1,0、1,1,1 和 1,1,2。这些数字已经是最小整数，所以晶面指数相应为(100)、(110)、(111)、(112)。

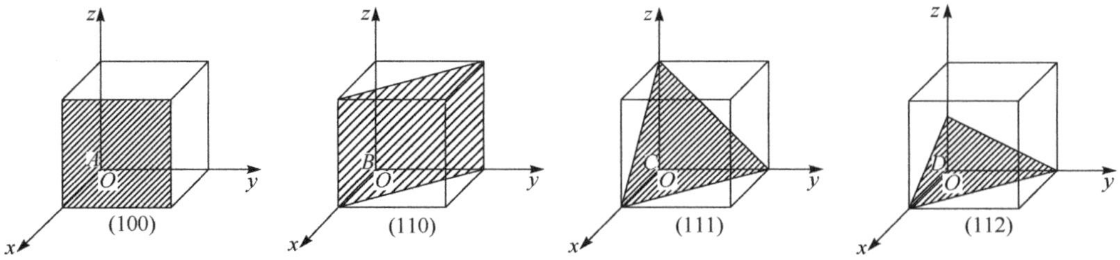

图 2-11　立方晶系的(100)、(110)、(111)、(112)晶面

与晶向指数相似，某一晶面指数并不仅代表这一单一的晶面，而是代表一组相互平行的晶面，这些相互平行的晶面都具有相同的晶面指数。同时，显而易见两个晶面指数的数字和顺序完全相同而符号相反时，这两个晶面相互平行，它相当于用–1 乘以某一晶面指数中的各个数字。例如，(100)晶面平行于($\bar{1}00$)晶面，($\bar{1}11$)与($1\bar{1}\bar{1}$)平行。

在同一种晶体结构中，有些晶面虽然在空间的位向不同，但其原子排列情况完全相同，这些晶面均属于一个晶面族，其晶面指数用大括号{*hkl*}表示。例如，在立方晶系中：

{100}=(100)+(010)+(001)

{111}=(111)+($\bar{1}11$)+($1\bar{1}1$)+($11\bar{1}$)

{110}=(110)+(101)+(011)+($\bar{1}10$)+($\bar{1}01$)+($0\bar{1}1$)

{112}=(112)+(121)+(211)+($\bar{1}12$)+($1\bar{1}2$)+($11\bar{2}$)+($\bar{1}21$)+($1\bar{2}1$)+($12\bar{1}$)+($\bar{2}11$)+($2\bar{1}1$)+($21\bar{1}$)

从上面的例子可以看出，在立方晶系中，{*hkl*}晶面族所包括的晶面可以用 *h*、*k*、*l* 数字的排列组合方法求出。与晶向指数相同，这仅对于立方结构的晶体晶胞，此时它的三个棱边 *a*、*b*、*c* 相等及三个轴间夹角 α、β、γ 均为 90°，但这一方法不适用于非立方晶系的晶体。

3) 六方晶系的晶面指数和晶向指数

对于六方晶系，可以用上述的三指数(Miller indices，米勒指数)方法表示晶面和晶向，但这样可能会出现同一晶面族中一些晶面的指数不一样的情况，因而很不方便，晶向也是如此。所以对于六方晶系，一般都采用四指数(Miller Bravais indices，米勒-布拉维指数)方法表示晶面和晶向。

四指数表示法是将水平坐标轴选取互相成 120°夹角的三坐标轴 a_1、a_2 和 a_3，垂直轴为 *c* 轴(图 2-12)。此时，将晶面指数表示为(*hkil*)，晶面族表示为{*hkil*}；晶向表示为[*uvtw*]，晶向族为<*uvtw*>。为了使同向晶面与同向晶向具有同一组指数，四指数中的前三个之间应保持 $i=-(h+k)$；$t=-(u+v)$的关系，且 *h*、*k*、*l* 及 *u*、*v*、*w* 数值的求法与前述晶向指数及晶面指数的相同，前面三指数可改变次序和符号，*i* 和 *t* 按上述关系式确定，第四个指数位置不变但符号可变。六方晶系的几个主要晶面和晶向的表示方法，如图 2-12 所示。

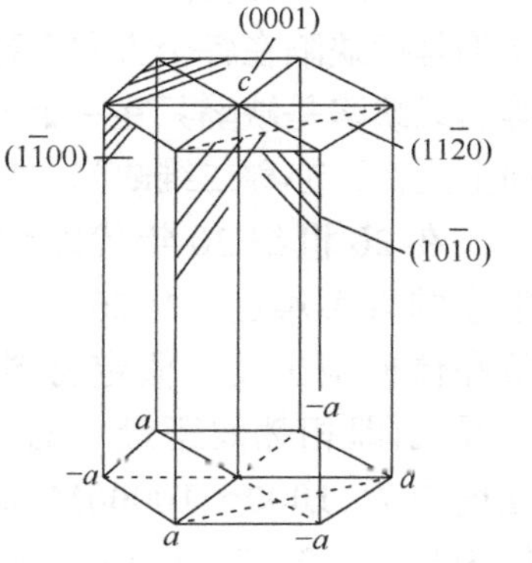

图 2-12　六方晶系一些晶面的指数

5. 金属晶体的各向异性

前已述及，各向异性是晶体的一个重要特性，是区别于非晶体的一个重要标志。晶体具有各向异性的本质原因，是在不同晶向上的原子紧密程度不同。原子的紧密程度不同，意味着原子之间的距离不同，从而导致原子之间的结合力不同，使晶体在不同晶向上的物理、化学和力学性能不同。例如，具有体心立方晶格的 α-Fe 单晶体，<100>晶向的原子密度(单位长度的原子数)为 $1/a$ (*a* 为晶格常数)，<110>晶向为 $0.7/a$ ，而<111>晶向为 $1.16/a$ ，所以<111>方向为最大原子密度晶向，其弹性模量 $E=290$GPa，<100>晶向

的 E=135GPa，前者是后者的 2 倍多。同样，沿原子密度最大晶向的材料屈服强度、磁导率等，也显示出明显的特点。

在工业用金属材料中，通常见不到这种各向异性的特征。例如，上述 α-Fe 的弹性模量，不论方向如何，E 均在 210GPa 左右。这是因为，一般固态金属均由很多晶粒所组成。凡由两个以上晶粒所组成的晶体称为多晶体，只有用特殊的方法才能获得单个的晶体，即单晶体。由于多晶体中晶粒位向是任意的，晶粒的各向异性被互相抵消，所以，在一般情况下整个晶体不显示出各向异性，称为伪等向性。如果用特殊的加工处理工艺，使组成多晶体的每个晶粒的位向大致相同，就表现出各向异性，这点已在工业生产中得到了应用。

2.3 晶体缺陷理论基础

2.3.1 晶体缺陷概论

在完整的理想晶体中，原子按一定的次序严格地处在空间有规则的、周期性的格点上。但在实际的晶体中，由于晶体形成条件、原子的热运动及其他条件的影响，原子不可能那样完整且严格按规则排列，往往会偏离理想晶体的结构，晶体不完全按空间点阵规则排列的现象称为晶体缺陷，晶体缺陷就是指实际晶体结构与理想晶体结构发生偏差的区域。按缺陷在晶体内分布的几何特点，将其分为点缺陷、线缺陷和面缺陷三类。点缺陷是指缺陷在各个方向上延伸都很小，亦称零维缺陷，如空位、间隙原子、杂质原子等；线缺陷是缺陷只在一个方向上延伸，亦称一维缺陷，如位错；面缺陷一般在两个方向上延伸，亦称二维缺陷，如晶界，亚晶界、层错等。

在 20 世纪 30 年代以前，材料塑性力学行为的微观机理一直是严重困扰材料科学家的重大难题。1926 年，苏联物理学家雅科夫·弗仑克尔(Jacov Frenkel)从理想完整晶体模型出发，假定材料发生塑性切变时，微观上对应着切变面两侧的两个最密排晶面(即相邻间距最大的晶面)发生整体同步滑移。根据该模型计算出的理论切变强度应为 1000～10000MPa。然而在塑性变形试验中，测得的这些金属的屈服强度仅为 0.5～10MPa，比理论强度低了整整 3 个数量级。这是一个令人困惑的巨大矛盾。1934 年，埃贡·欧罗万(Egon Orowan)、迈克尔·波拉尼(Michael Polanyi)和 G.I. 泰勒(G. I. Taylor)三位科学家几乎同时提出了塑性变形的位错机制理论，解决了上述理论预测与实际测试结果相矛盾的问题。位错理论认为，之所以存在上述矛盾，是因为晶体的切变在微观上并非一侧相对于另一侧的整体刚性滑移，而是通过位错的运动来实现的。一个位错从材料内部运动到了材料表面，就相当于其位错线扫过的区域整体沿着该位错的矢量方向滑移了一个单位距离(相邻两晶面间的距离)。这样，随着位错不断地从材料内部发生并运动到表面，就可以提供连续塑性形变所需的晶面间滑移了。与整体滑移所需的打断一个晶面上所有原子与相邻晶面原子的键合相比，位错滑移仅需打断位错线附近少数原子的键合，因此所需的外加剪应力将极大地降低，这在当时只是一种假设。50 年代后，随着透射电子显微镜和场离子显微镜的出现，在晶体中直接观察到了位错，从而再没有人怀疑晶体中存在位错了。位错理论成功地解释了金属变形与断裂、金属中原子扩散与相变，以及电磁性等方面的一些问题。随实验技术的发展，尤其是电子显微技术的不断进步，不仅证实了晶体中存在着位错，也推动了对位错理论的研究。现在晶体缺陷理论已广泛地应用于金属材料科学的各项领域。在金属塑性加工理论中，位错已成为研究金属的屈服、金属的加工硬化、金属的断裂等力学行为的理论基础。本节主要介绍位错的基本概念、基本性质及三种缺陷在晶体中的简单物理变化过程。

1. 点缺陷

空位、间隙原子、杂质原子及它们组成的复杂缺陷(如空位对、空位集团等)都是点缺陷。图 2-13 表示理想晶体的晶格点阵和具有点缺陷的晶格点阵。

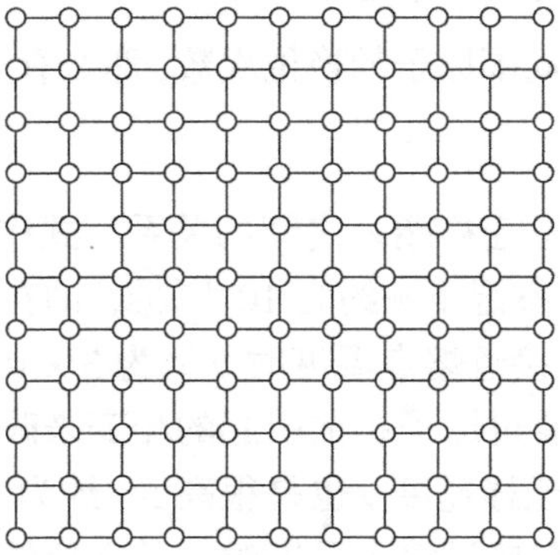

(a) 理想晶体

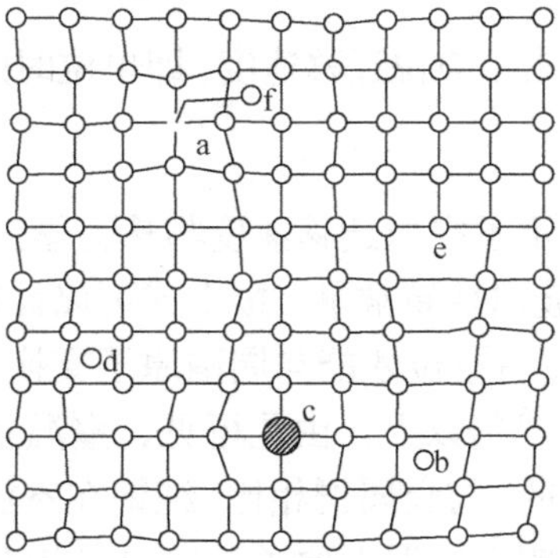

(b) 晶体缺陷

图 2-13　理想晶体点阵与缺陷示意图

1) 空位

由于能量起伏，总有一些原子的能量大到足以克服周围原子对它的束缚，就有可能迁移到别的位置，这样在原来的平衡位置上就会出现结点，称为空位。在理想晶体晶格结点处失去原子，便形成了原子的空位，如图 2-13(b)中的 a 处所示。这种缺陷称为空位。晶体因受热、变形和射线的辐照都会迫使原子离开晶格点阵位置产生空位。晶体中有空位的地方，空位周围的原子将偏离平衡位置，空位和它周围原子构成松弛区。在一定条件下空位可以集聚成空位对、空位集团，空位也可以通过迁移而消失于晶界或晶体表面。

(1) 平衡空位浓度。随晶体温度的升高，原子热运动加剧，原子离开其平衡位置的可能性增大，晶体中的空位数目也会增多。设在有 N 个点阵结点的晶体中有 n 个空位，那么把 $C=\dfrac{n}{N}$ 称为晶体的空位浓度。它是衡量晶体中空位数量的参数。根据热力学和统计物理学可以求得晶体在热平衡条件下的空位浓度为

$$C_0=\frac{n}{N}=Ae^{-\frac{Q}{kT}} \tag{2-1}$$

式中，A 为常数，对面心立方结构约为 1；k 为玻尔兹曼常量(Boltzmann constant)；Q 为空位形成能。若测得不同温度下的平衡空位浓度 C_0，便能求得空位形成能 Q。对晶体进行高温淬火，可保留晶体在高温下的空位浓度。因此，晶体淬火后的实际空位浓度要远超室温条件下的平衡空位浓度。此时，该实际空位浓度称为非平衡空位浓度或过饱和空位浓度。

(2) 空位迁移。晶体中空位的迁移是通过空位与它周围原子交换位置来实现的。图 2-14 为空位迁移和原子扩散示意图。图中可以看到空位的迁移伴随着原子的迁移。因此，晶体淬火后，晶体中的过饱和空位浓度对原子的扩散是有很大帮助的。

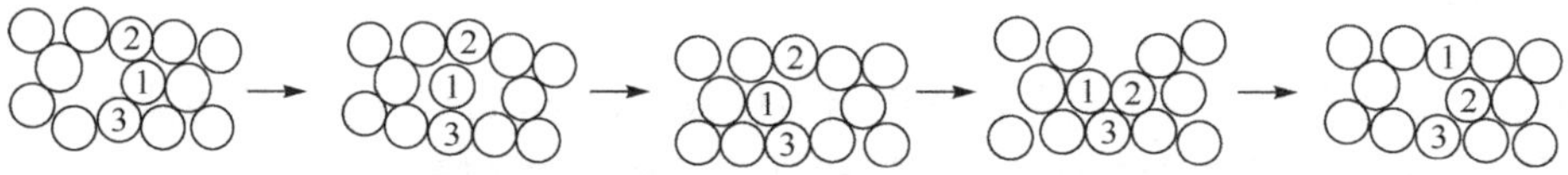

图 2-14　空位迁移和原子扩散示意图

设 γ 表示空位迁移速度，即单位时间内空位与周围原子的换位次数，那么有下式成立：

$$\gamma = A\mathrm{e}^{\frac{-q}{kT}} \tag{2-2}$$

式(2-2)表示了空位迁移速度与热力学温度 T 和空位迁移能 q 之间的关系。式中，A 为常数；k 为玻尔兹曼常量。按上式可以计算出纯铜在室温下 γ 约为 10^{-6} 次/s，即在室温下每隔 11 天左右空位才能与周围原子交换一次，而在接近熔点温度时 γ 约为 3×10^{10} 次/s，γ 值相差 10^{16} 倍以上，由此可见，室温条件下纯铜通过原子扩散引起的相变来改变性能是十分困难的。与金属铜相比，纯铝在室温下空位的迁移速度 γ 也是很高的，约为 10^4 次/s，这说明纯铝在室温下原子扩散也是相对容易的，在接近熔点温度时，其空位的迁移速度 γ 达到约 6×10^{14} 次/s。

2) 间隙原子

进入晶体点阵间隙位置的原子称为间隙原子。晶体被高能射线辐照，原子可能被打入间隙位置，形成间隙原子，同时还可以形成一个空位。如图 2-13(b)所示的 b 表示间隙原子。

3) 杂质原子

即使高纯金属，其中仍然存在杂质原子。氮、氢、碳等杂质原子的体积小，在晶体中一般以间隙原子的形式存在，而另一些杂质原子则以置换基体原子的形式存在。杂质原子与基体原子(或间隙位置)的体积总是有差别的，因此杂质原子的存在会使晶格发生畸变。如图 2-13(b)所示的 d、c。点缺陷对晶体的电阻、密度等物理性能有较大影响。

2. 面缺陷

金属材料一般均为多晶体，是由许多取向不同的小晶粒构成的，晶粒与晶粒之间是晶界，晶界是一种重要的面缺陷。在一个晶粒内，有时还存在取向差为 2°～3°的亚晶粒。分隔亚晶粒的界面称为亚晶界，它是一种小角度晶界，它的结构简单，容易进行观察和理论分析，在晶界研究中占有重要的地位。在金属的熔炼铸造和热处理过程中，都要注意控制金属中晶粒的大小或取向，这是保证产品质量的重要因素之一。在多相合金中，相界面也是一种面缺陷。不同结构的相界面对其性能影响很大，因此对晶体面缺陷的研究具有重大的实际意义。

1) 小角度晶界

倾侧晶界与扭转晶界是小角度晶界的两种特殊形式。图 2-15(a)为对称型倾侧晶界模型。这种晶界是由一系列刃型位错相隔一定距离垂直排列而成的。当晶粒内的同号刃型位错在一定条件下垂直排列形成这种晶界时，该晶粒便被分成两个取向差为 θ 角的亚晶粒。图 2-15(b)为扭转晶界模型。它是单晶体内某一平面 A 的两侧晶体，以 A 面的法线为轴旋转 θ 角而形成的。这种晶界是由两组螺型位错网络构成的。

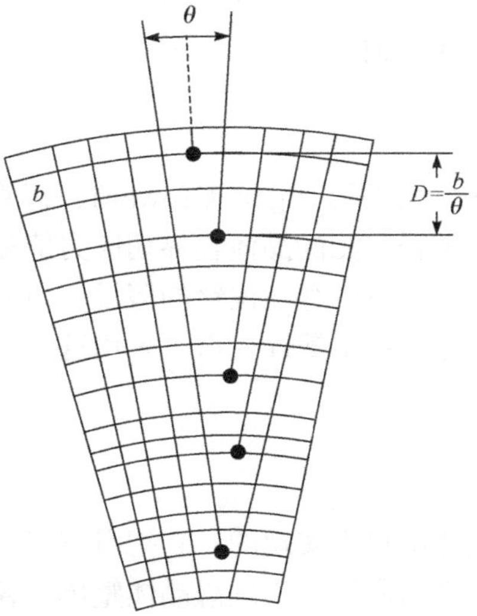

(a) 倾侧晶界模型

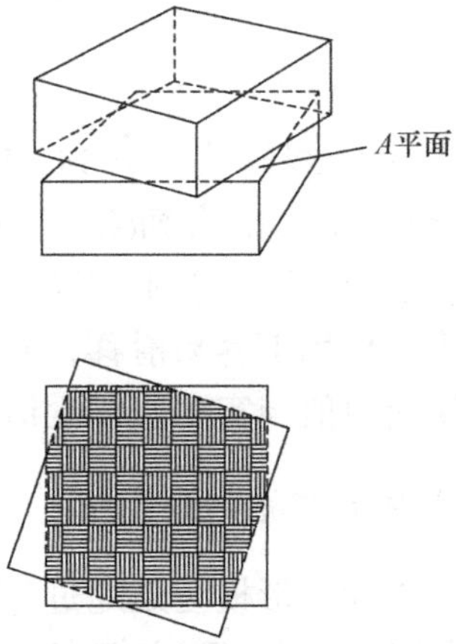

(b) 扭转晶界模型

图 2-15　小角晶界

2) 大角度晶界

处于大角度晶界上的原子排列比较杂乱且稀松，但往往也有一些比较整齐的区域。大角度晶界的研究虽然积累了不少实验资料，但因影响因素较多，研究方法间接，许多问题还很难从物理本质上来解释，人们目前主要用以下 3 种模型结构来理解：①非晶态模型认为在晶界处的原子排列接近于过冷的液态或非晶态物质；②小岛模型认为在晶界处有原子排列匹配良好的区域，它们散布在原子排列匹配不良的区域中，小岛直径约有数个原子间距；③葛庭燧提出了晶界无序群模型，认为晶界中存在原子排列比较整齐的区域，也有比较疏松而杂乱的区域。

3) 相界面

两个不同相之间的界面称为相界面。按相界面结构的不同可分为共格界面、部分共格界面和完全不共格界面，如图 2-16 所示。图 2-16(a)为共格相界面，两边原子一一对应，两相的点阵结构保持共格，界面不分明，界面能低，但两相的晶格常数不同；

共格界面可使晶格发生畸变，产生较大的弹性能。当两相的晶格常数相差较大时，为松弛更大的弹性能，便会形成部分共格界面，见图 2-16(b)，部分共格的相界面比较分明，界面能和弹性能都不能忽视。当两相的晶体结构差别很大时，便可形成完全不共格的相界面，见图 2-16(c)，这种界面上的原子排列混乱，界面分明，弹性能很低，而界面能很高。

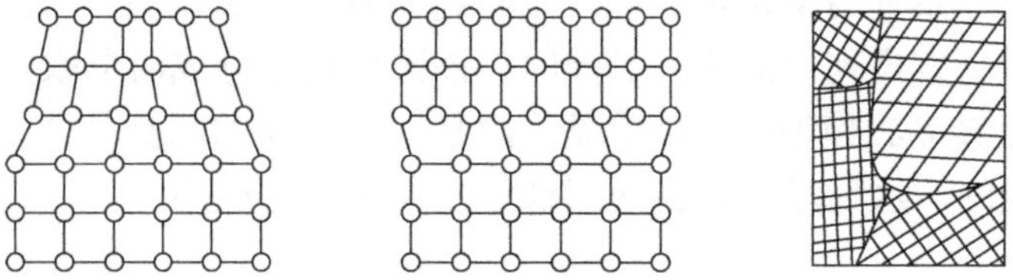

(a) 共格界面　(b) 部分共格界面　(c) 完全不共格界面

图 2-16　相界面

2.3.2　位错

位错是晶体的线缺陷。1934 年，埃贡·欧罗万(Egon Orowan)、迈克尔·波拉尼(Michael Polanyi)和 G. I. 泰勒(G. I. Taylor)为解释实测的晶体临界切应力值和理论计算值相差千倍以上这个难题，差不多同时提出了在晶体中存在位错的假设。他们认为晶体中的位错在应力场作用下容易滑移，并可以使晶体产生塑性变形。采用这种滑移机构计算得到的临界切应力值与实测值相近似。

1. 理想晶体的临界切应力值

理想晶体塑性变形模型是通过晶体的整体滑移来实现的。它把滑移面两侧的晶体作为刚性体，在切应力作用下它们产生相对移动。图 2-17 为理想晶体整体滑移及原子的位

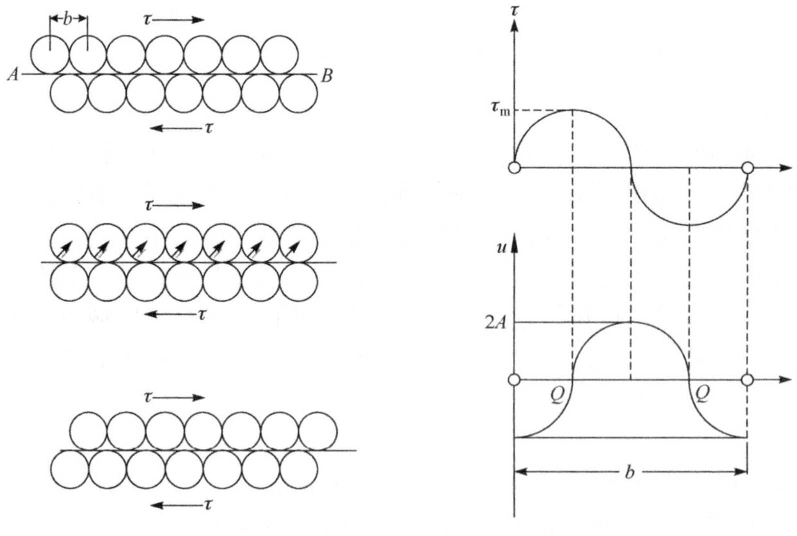

(a)　(b)

图 2-17　晶体整体滑移及应力、位能与位移关系

能和切应力变化曲线。图中 AB 为滑移面，它把晶体分为上、下两部分。在切应力 τ 的作用下，上下两部分晶体相对移动了一个原子间距 b，也就是原子由一个平衡位置移动到下一个平衡位置。在这个过程中，原子的位能变化用余弦函数表示为

$$v = -2A\cos\frac{2\pi x}{b} \tag{2-3}$$

式中，x 表示原子由一个平衡位置向另一个平衡位置移动时的位移量。当原子处于平衡位置 Q 点时位能最低，在两原子间距中心 $\frac{1}{2}b$ 处，位能最高。原子从一个平衡位置移到下一个平衡位置时，要越过位垒 $4A$，这时切应力变化为

$$\tau = \frac{du}{dx} = \frac{4\pi A}{b}\sin\frac{2\pi x}{b}$$

设 $\tau_m = \frac{4\pi A}{b}$，当 x 很小时，$\sin\frac{2\pi x}{b} \approx \frac{2\pi x}{b}$，由此可得

$$\tau = \tau_m 2\pi\frac{x}{b} \tag{2-4}$$

根据胡克定律：

$$\tau = G\frac{x}{b} \tag{2-5}$$

式中，G 为切变模量。

比较式(2-4)和式(2-5)可得

$$\tau_m = \frac{G}{2\pi} \tag{2-6}$$

式中，τ_m 就是要求的理想晶体的临界切应力。一般工程用金属的切变模量 G 为 10^4～10^5N/mm^2，那么金属晶体的理论临界切应力值应该为 10^3～10^4N/mm^2。而一般纯金属单晶体的临界切应力，即使外推到 0K 时，也只有 0.1～10N/mm^2，由此可见，理论计算值与实测值差异很大。例如，Al 的切变模量 G 为 2.72×10^4N/mm^2。按式(2-6)计算的 τ_m 为 4.3×10^3N/mm^2，而实测值为 0.8N/mm^2，理论值为实测值的 5400 倍。Zn 的切变模量 G 为 3.79×10^4N/mm^2，理论计算的 τ_m 为 6.0×10^3N/mm^2，而实测值仅为 0.18N/mm^2，理论值约为实测值的 34000 倍。Fe 的切变模量 G 为 8.47×10^4N/mm^2，理论计算的 τ_m 值为 1.35×10^4N/mm^2，实测值较大，为 17N/mm^2，理论值约为实测值的 800 倍。

2. 实际晶体的逐步滑移

位错理论认为常见的晶体是含有晶体缺陷的晶体。其中位错的存在破坏了晶体中原子的规则排列，在位错线附近原子发生错排，形成一个晶格畸变区。图 2-18(a)为带有一个刃型位错的晶体。位错线垂直纸面，AB 为滑移面，PQ 为多余半原子面。图 2-18(b)为位错线附近原子的位能曲线。位能曲线上位垒最小处与位错线中心区域对应。位错线左下方 F 原子只需克服较低的位垒和位错线周围原子稍作调整后便可

使位错向左移动一个原子间距。图 2-19 表示位错由晶体的一端扫到另一端的过程。可见，晶体的滑移首先从位错开始扫过的滑移面的那一部分开始。随着位错的移动，滑移面上已滑移区逐渐扩大，晶体参加滑移的部分也逐渐扩大到位错扫过的滑移面两侧晶体，发生相对移动一个原子间距 b。当位错扫出滑移面后，晶体部分滑移扩展到整个滑移面，从而整个滑移面上下两部分晶体相对移动一个原子间距 b，这种滑移称为逐步滑移。

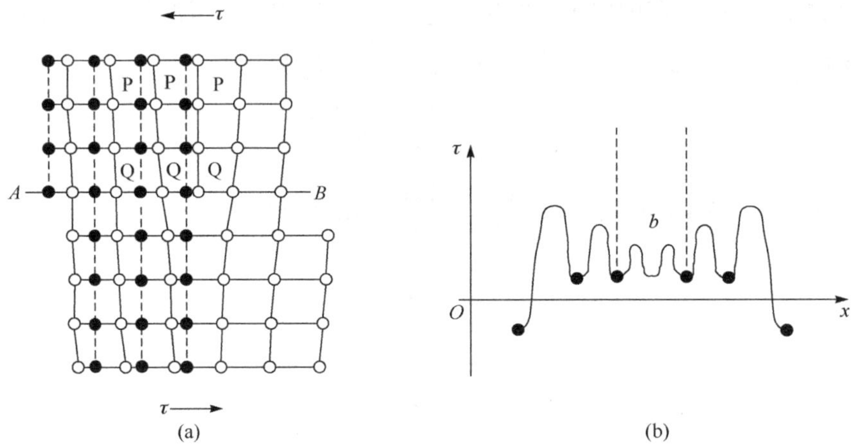

图 2-18　逐步滑移及原子位能曲线

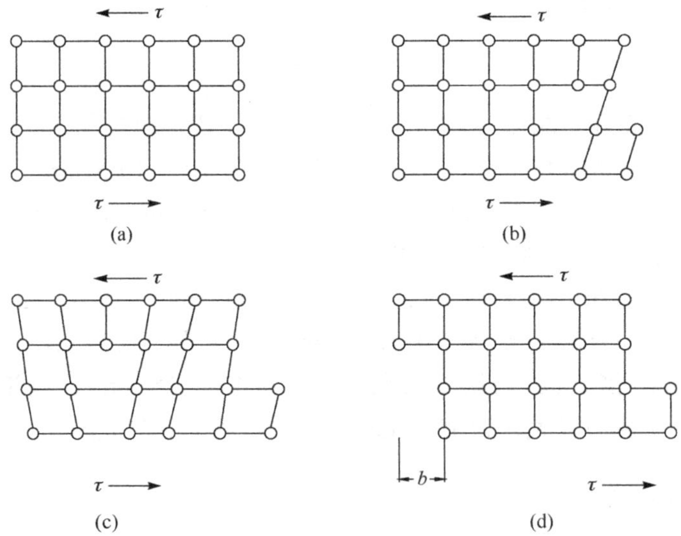

图 2-19　晶体的逐步滑移

从晶体的逐步滑移过程可见，逐步滑移是通过晶体内位错一步步移动来实现的。位错移动一个原子间距，需要克服的位垒要比理想晶体作整体滑移时原子克服的位垒要小得多，因而用这种模型计算出来的临界切应力值，当然比理想晶体的整体滑移模型所求得的临界切应力值要小得多，而且该理论值与实际测量值接近。晶体中存在位错的设想，在当时从理论上解决了晶体的实际临界切应力值与经典理论计算值相差巨大的矛盾，并且也比较圆满地解释了经典理论计算值比实际值大得多的原因。

2.3.3　金属晶体中的位错

在前面都是用简单晶体结构来介绍位错的一般概念和它的基本性质。金属的晶体结构比简单立方结构要复杂得多。常见金属的晶体结构常有三种类型：体心立方、面心立方和密排六方。不同晶体结构中的位错除了具有前面介绍的一般性质，还有它本身的特性。因此，研究金属晶体中位错的特性是与研究金属材料的性能密切相关的。这里主要介绍面心立方晶体结构中的位错特性。

1. 堆垛层错

各种晶体结构的完整晶体都可看成由许多结构相同的原子面按一定规则堆垛而成。其中原子密排面的堆垛对研究问题最有用。

图 2-20 是面心立方晶体(111)密排面的正常堆垛示意图。在面心立方晶胞中，表示了 A、B、C 三个相邻的(111)面上的原子分布。图 2-20(a)～(c)分别表示了 A 层、AB 两层及 ABC 三层原子面的堆垛情况。如果把原子中心投影到(111)面，可见三层相邻面上的原子中心在(111)面上的投影位置并不相同，如图 2-20(a)所示。底层为 A 层，▼表示 B 层原子中心的投影位置，▲表示 C 层原子中心的投影位置。如果把单位晶胞中通过坐标原点 O 的(111)面上的原子，也作如上投影，那么可以看到，该面上原子中心投影位置与 C 层原子中心投影位置是相同的。由于晶体点阵的对称性和周期性，面心立方晶体(111)密排面上的原子在该面上的投影位置是按 A、B、C 三个原子面的原子投影位置进行周期变化的。可以记作 ABCABCA……这就是面心立方晶体密排面的正常堆垛顺序。如果用记号△表示原子面以 AB、BC、CA……顺序堆垛，那么面心立方晶体密排面的正常堆垛又可以表示为△△△△△，如图 2-20(d)所示。

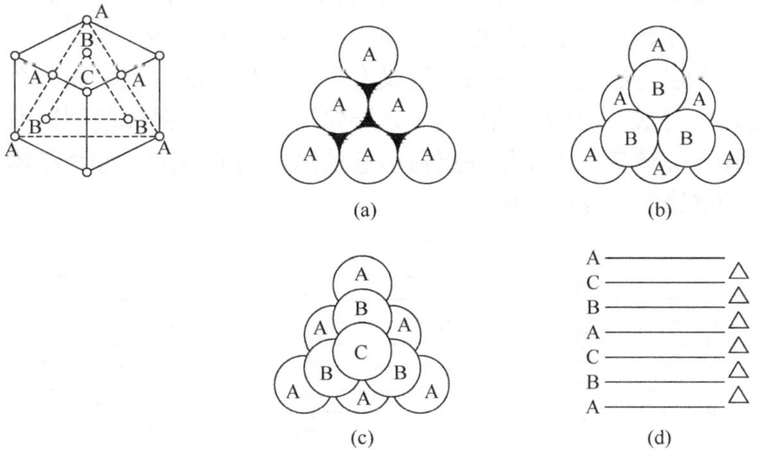

图 2-20　面心立方晶体(111)面的正常堆垛示意图

图 2-21 表示了密排六方晶格(0001)密排面的正常堆垛为 ABAB……如果用记号▽表示原子面以 BA、CB、AC……顺序堆垛，那么密排六方晶格的密排面的正常堆垛顺序又可以表示为▽△▽△▽△▽，如图 2-21(c)所示。当晶体的正常堆垛顺序发生差错时，就会出现堆垛层错，简称层错。图 2-22 是表示面心立方晶体形成层错的方式。若在正常堆垛中抽出 C 层(虚线层)，如图 2-22(a)所示。从而该 C 层的下层与上层原子面 B、A 相邻，这样破坏了原来的 B、C、A 正常堆垛顺序，在 B、A 层之间形成了层错。这种形成层错的方式称为抽出型。插入型方式形成层错是在正常的堆垛中插入一层原子面，如在 B、C 层之间插入一层 A 原子面(虚线)。由于 A 层的插入破坏了正常堆垛顺序，于是在 B 与 A 层和 A 与 C 层之间形成了层错。晶体变形时形成的层错方式是滑移型，即正常堆垛中的任一原子面由原来位置移到另一个相邻位置。

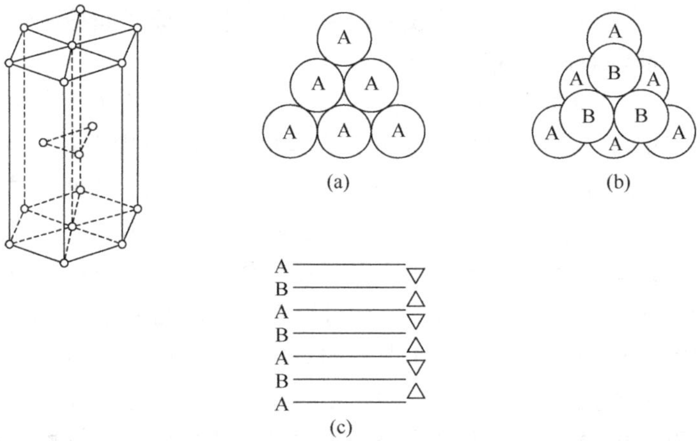

图 2-21　密排六方晶格(0001)面的正常堆垛示意图

图 2-22(c)中的实线表示晶体正常堆垛的原子面位置，虚线表示原子面发生滑移后的位置。例如，实线 C 层原子面由 C 位置移到 A 位置，则 C 位置原子面消失，形成了 A 位置的原子面。同时 C 层以上的各原子面当然也跟着 C 层发生了移动，分别进入了虚线层的位置，但由于层与层之间的相对位置没有发生变化，故它们之间不会发生层错。而只在 B、A 层之间形成了层错。晶体内出现层错后，破坏了晶体的周期性和对称性。但几乎不引起晶体点阵畸变。由于堆垛层错引起的晶体内能增加，称为晶体的层错能。它常以单位面积的层错能 ε 表示，单位是 J/m^2。

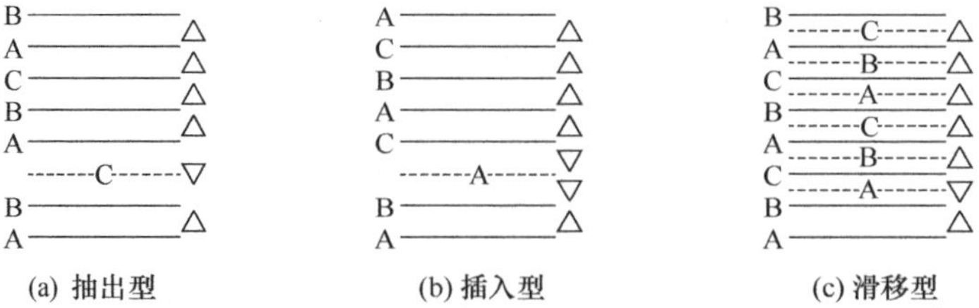

图 2-22　面心立方晶体中形成层错的方式

2. 面心立方晶体中的位错

晶体的滑移一般发生在原子密排面上，原子要从一个平衡位置移到下一个相邻的平衡位置，在金属物理学中，用柏氏矢量(Burgers vector)来描述位错。它反映出柏氏回路包含的位错所引起点阵畸变的总积累，柏氏矢量不是任意的，而是由晶体结构决定的。晶体中的位错按柏氏矢量的大小可分为完全位错和不完全位错(或称部分位错)，柏氏矢量是晶体原子间距的整数倍的位错称为完全位错，其中柏氏矢量是一个原子间距的称为单位位错。柏氏矢量为两个或多个原子间距的称为高强度位错，位错的柏氏矢量是一个原子间距的分数倍，则该位错为不完全位错(也可称为半位错)。柏氏矢量是原子密排方向上一个原子间距的位错称为特征位错。在面心立方晶体中常见的位错有柏氏矢量 $\boldsymbol{b}$ =1/2 <110>的特征位错；柏氏矢量 $\boldsymbol{b}$ =1/6 <112>的肖克利半位错(Schockley partial dislocation)和柏氏矢量 $\boldsymbol{b}$ =1/3 <111>弗兰克半位错(Frank partial dislocation)。

1) 特征位错与肖克利半位错

面心立方晶体中的{111}面和<110>方向是晶体的密排面和密排方向。当晶体沿{111}面和<110>方向发生部分滑移时，已滑移区与未滑移区的分界线就是一条柏氏矢量 $\boldsymbol{b}$ = 1/2 <110>的特征位错，如图 2-23(b)所示。若晶体沿{111}的<112>方向作部分滑移，同样已滑移区与未滑移区分界线为一条位错线，它的柏氏矢量为<112>方向一个原子间距的1/3，即 $\boldsymbol{b}$ =1/6 <112>。该位错线为肖克利半位错，如图 2-23(c)所示。使晶体形成肖克利半位错的部分滑移，其滑移面上的已滑移区破坏了晶体的正常堆垛，所以该已滑移区也是层错区。肖克利半位错还可以看成正常堆垛区与层错区的分界线。当肖克利半位错的柏氏矢量垂直、平行，或以 θ 角相交于位错线时，该半位错分别为刃型、螺型或混

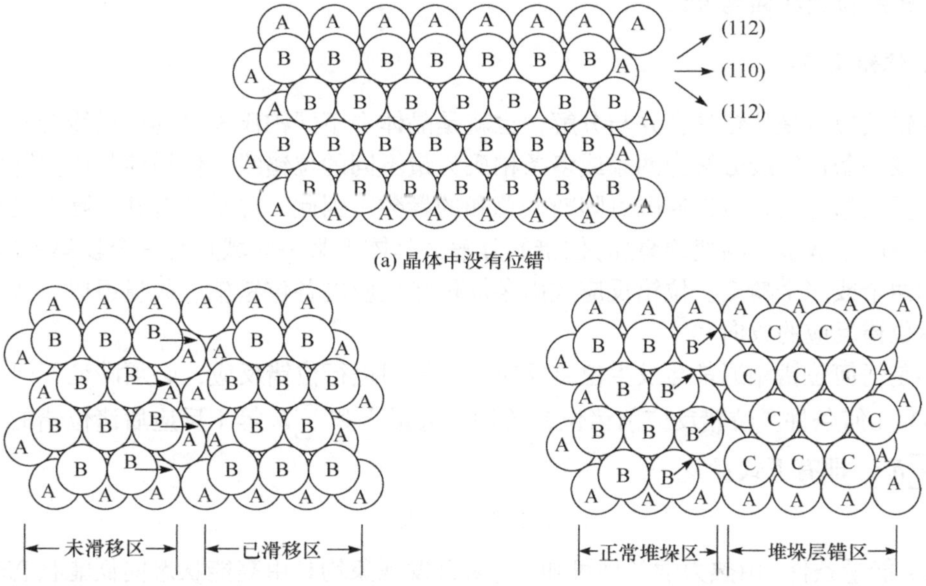

(a) 晶体中没有位错

(b) 特征位错　　(c) 肖克利半位错

图 2-23　面心立方晶体中的特征位错和肖克利半位错

合型肖克利半位错。刃型肖克利半位错的多余半原子面垂直于层错面，它可以在层错面上滑移，是易动位错。因肖克利半位错是伴随层错而形成的，所以刃型肖克利半位错不能进行攀移运动，螺型肖克利半位错不能作交滑移而离开原来的滑移面(层错面)。它们只能在滑移面上进行滑移运动。

2) 弗兰克半位错

弗兰克半位错的形成如下。在面心立方晶体密排面的正常堆垛中，抽出一部分 C 层原子面或在 B、C 两原子面间加入一部分 A 层原子面，则在抽出与插入原子面的区域便出现了层错区。而在其他部分仍然为正常堆垛区，如图 2-24 所示。在正常堆垛区与层错区的交界线便为一条刃型位错。它的柏氏矢量垂直于密排面{111}，也垂直于位错线。所以无论位错线呈怎样的形状，它总是一条刃型位错。位错的滑移面垂直于晶体的密排面。因而它不易滑移，可以看作不动位错。当它进行攀移运动时，可以扩大或缩小层错区。晶体在高温淬火后，晶体中的过饱和空位偏聚于某一密排面，即可得到弗兰克半位错。

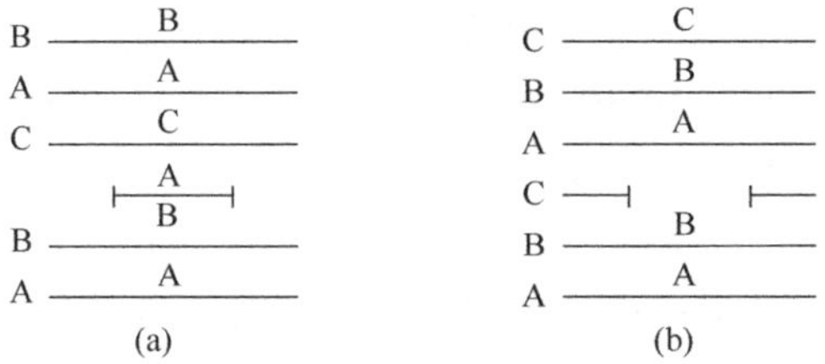

图 2-24　面心立方晶体中的弗兰克半位错

2.3.4　扩展位错和面角位错

1. 位错反应

位错反应就是位错的合并与分解，也就是晶体中不同柏氏矢量的位错线合并为一条位错线或一条位错线分解为两条或多条柏氏矢量不同的位错线。位错使晶体点阵发生畸变，柏氏矢量是反映位错周围点阵畸变总和的参数。因此，位错的合并实际上是晶体中同一区域两个或多个畸变的叠加，位错的分解是晶体内某一区域具有一个较集中的畸变，松弛为两个或多个畸变。位错反应式由参加位错反应的各位错柏氏矢量组成。式中的箭头表示位错反应的方向。

不是任何位错相遇都会发生位错反应，位错间进行位错反应，必须满足下列条件。

(1) 几何条件。位错反应前诸位错的柏氏矢量之和 $\sum \boldsymbol{b}_i$ 等于反应后诸位错的柏氏矢量和 $\sum \boldsymbol{b}_k$，即有下式：

$$\sum \boldsymbol{b}_i = \sum \boldsymbol{b}_k \tag{2-7}$$

(2) 能量条件。由热力学条件可知，一切自发现象均是由高能状态向低能状态转化。位错反应若能自发进行，必须满足：反应前的位错能大于反应后的位错能，即能量降低。已知位错能与位错柏氏矢量的平方成正比，则位错反应的能量条件可以用下式表示：

$$\sum b_i^2 > \sum b_k^2 \tag{2-8}$$

式(2-7)和式(2-8)中的 b_i 和 b_k 分别表示位错反应前后的位错柏氏矢量。

分析位错反应时，一般先用几何条件确定位错反应是否可以进行，然后利用能量条件来判定位错反应的方向。例如，判定面心立方晶体中 $\boldsymbol{b}=1/2[\bar{1}10]$ 特征位错分解成为两条 $\boldsymbol{b}_1=1/6[\bar{1}2\bar{1}]$ 和 $\boldsymbol{b}_2=1/6[\bar{2}11]$ 肖克利半位错的反应是否可以实现。首先由图 2-25 可知，柏氏矢量 $\boldsymbol{b}$、$\boldsymbol{b}_1$、$\boldsymbol{b}_2$ 均在(111)滑移面上，并且满足几何条件：

$$\boldsymbol{b}=\boldsymbol{b}_1+\boldsymbol{b}_2$$

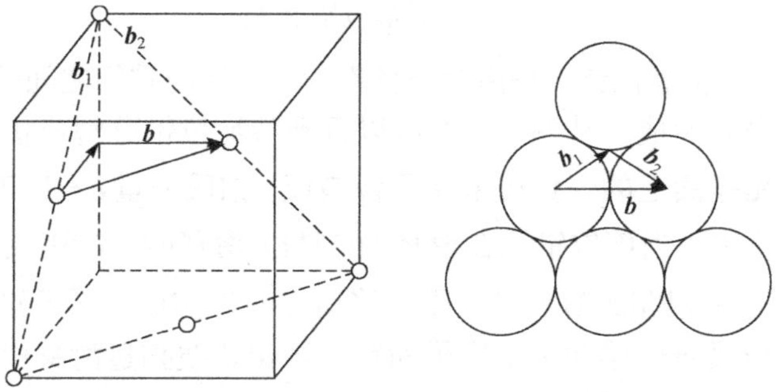

图 2-25　特征位错肖克利半位错柏氏矢量几何关系

然后求出各柏氏矢量的大小和它的平方值：

$$|b|=\frac{\sqrt{2}}{2}a, \quad b^2=\frac{1}{2}a^2$$

$$|b_1|=\frac{\sqrt{6}}{6}a, \quad b_1^2=\frac{1}{6}a^2$$

$$|b_2|=\frac{\sqrt{6}}{6}a, \quad b_2^2=\frac{1}{6}a^2$$

式中，a 为晶格常数。比较各条位错柏氏矢量的平方值，可以得下式：

$$b^2>b_1^2+b_2^2$$

该式说明一条柏氏矢量为 $1/2[\bar{1}10]$ 的特征位错可以自动分解成两条柏氏矢量为 $1/6[\bar{1}2\bar{1}]$ 和 $1/6[\bar{2}11]$ 的肖克利半位错。下列位错反应式成立：

$$\frac{1}{2}[\bar{1}10]\longrightarrow\frac{1}{6}[\bar{1}2\bar{1}]+\frac{1}{6}[\bar{2}11]$$

2. 扩展位错

一个位错分解成两个半位错和它们之间的层错带所构成的位错组合称为扩展位错。图 2-26 为扩展位错示意图，位错反应式可以写为

$$\boldsymbol{b}_1\longrightarrow\boldsymbol{b}_2+\boldsymbol{b}_3$$

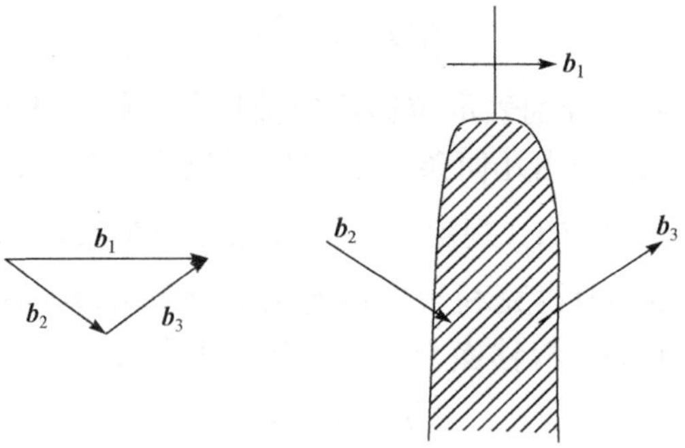

图 2-26　扩展位错示意图

面心立方结构晶体中的扩展位错，是由两条肖克利半位错与它们之间的层错区构成的，也可由一条特征位错分解而成。从图 2-27 可以看到特征位错分解成扩展位错的过程。图 2-27(a)表示了(111)密排面上的一负刃型特征位错线。柏氏矢量 $\boldsymbol{b}=1/2[110]$，多余半原子面在滑移面(111)的下方。当该位错线在滑移面(111)上滑移时，位错线处的 B 层原子由原来的 B 位置移向下一个相邻的 B 位置，原子移动方向为 $[\bar{1}10]$，原子移动距离为该方向上的一个原子间距，位错线也移动一个原子间距。当位错线扫过滑移面时，晶体的正常堆垛顺序并没有破坏。但是这样的滑移，原子要越过底层(A 层)原子的“高峰”，要克服较大的阻力。若 B 原子沿底层(A 层)原子的“低谷”，先由 B 位置移到 C 位置，再经过第二个“低谷”移到下一个相邻的 B 位置，如图 2-27(b)所示，这种两步滑移 $(B_1 \to C \to B_2)$ 比一步滑移 $(B_1 \to B_2)$ 容易。当原子由 B_1 位置移到 C 位置后，滑移面上便出现了层错区，层错区两边的边界线即两条平行的肖克利半位错。柏氏矢量 $\boldsymbol{b}_1=1/6[\bar{2}11]$

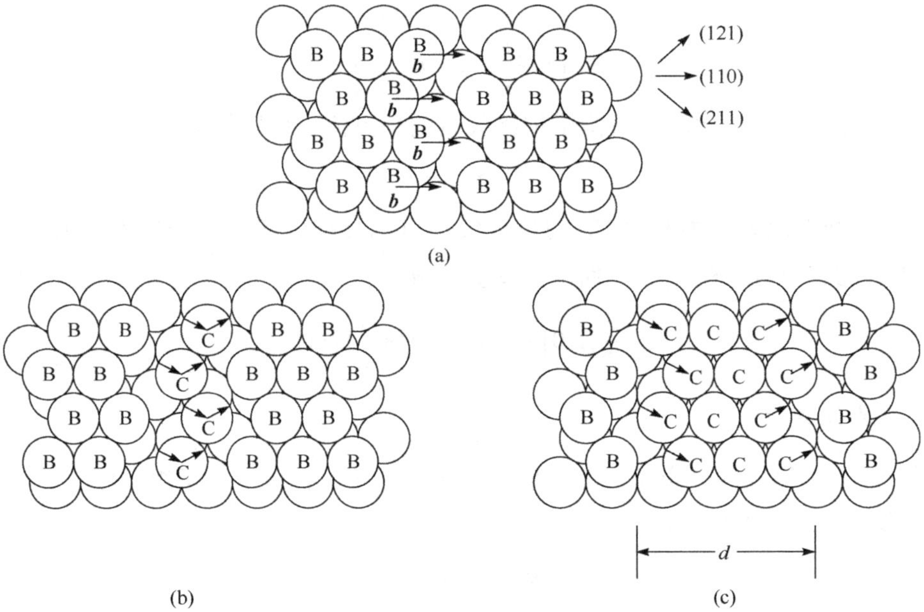

图 2-27　面心立方晶体中的特征位错分解成扩展位错的示意图

和 $\boldsymbol{b}_2 = 1/6[\bar{1}2\bar{1}]$。$\boldsymbol{b}_1$、$\boldsymbol{b}_2$ 相交的角 α 为 60°，因此两条位错线互相排斥，使层错区扩大。当层错区的层错能与位错间的排斥力作用平衡时，层错区宽度 d 一定。从而在滑移面上形成了两条互相平行的肖克利半位错和它们中间夹的层错区组成的位错组合——扩展位错，如图 2-27(c)所示。该扩展位错称为柏氏矢量 $\boldsymbol{b} = 1/2[\bar{1}10]$ 全位错的扩展位错。

扩展位错的宽度 d 就是扩展位错中层错区的宽度。它可以根据两条肖克利半位错间的斥力与位错的层错能平衡求得

$$d = K\frac{Gb}{8\pi\varepsilon} \tag{2-9}$$

式中，K 是与特征位错类型有关的常数，$K = \dfrac{2-\nu}{1-\nu}\left(1-\dfrac{2\nu}{1-\nu}\cos\phi\right)$，$\phi$ 是特征位错线与它的柏氏矢量间的夹角；ε 为层错能。由式(2-9)可知：扩展位错宽度除了与晶体的弹性模量 G 和位错的柏氏矢量 $\boldsymbol{b}$ 有关，还与层错能有关。层错能越大，扩展位错宽度越小。具有面心立方结构的不同种金属，层错能不同，因此它们的扩展位错宽度也不一样。奥氏体不锈钢的层错能 $\varepsilon = 13\text{erg/cm}^2$，金、铜、镍的层错能分别为 30erg/cm^2、40erg/cm^2、80erg/cm^2，铝的层错能很高，达 200erg/cm^2。低层错能的金属如金等相应的扩展位错宽度可达 20～30 个原子间距，而高层错能的金属如铝，扩展位错宽度仅为 1～2 个原子间距。

当一条螺型特征位错分解为扩展位错时，由于两条肖克利半位错不能离开层错面(原来的滑移面)，所以扩展位错要实现交滑移，必须束集成特征位错，然后才能进行交滑移。图 2-28 为扩展位错束集的交滑移过程。扩展位错束集也不是在整条位错线上同时进行的，它首先在位错线上某点 A 开始，然后扩展成一线段 AA'，被束集为特征位错后进行交滑移，接着在新的滑移面上重新扩展，继续滑移，逐步把扩展位错转移到新的滑移面上。从扩展位错交滑移可知，层错能低的金属，扩展位错宽度大，束集困难，不易交滑移。而层错能高的铝，扩展位错宽度小，束集容易，因而容易进行交滑移。

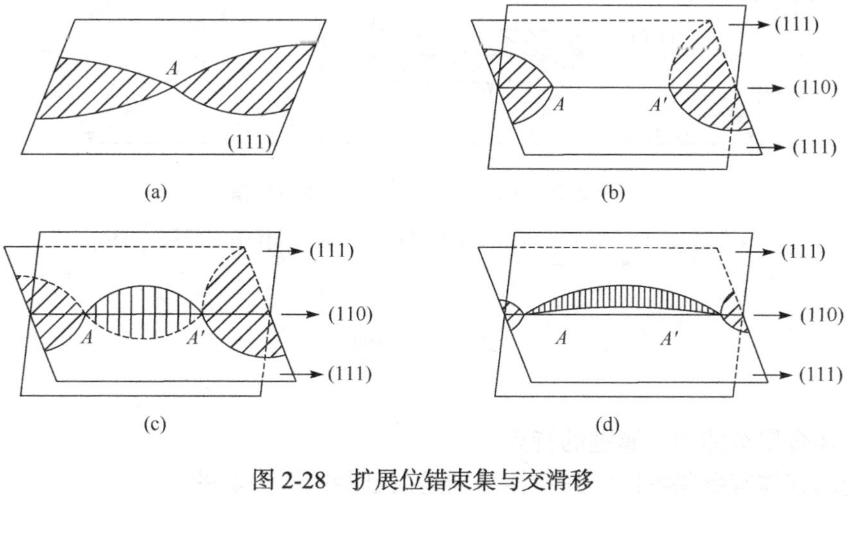

图 2-28　扩展位错束集与交滑移

3. 面角位错

在面心立方晶体中两个滑移面上各有一条特征位错，它们滑移相遇后会发生位错反应，形成一个不动的位错群。该位错群在晶体中成为位错运动的障碍。它对金属的加工硬化及断裂行为有着重要的影响。

图 2-29 表示了在相交的两个滑移面(111)和$(11\bar{1})$上各有一条特征位错线。它们的柏氏矢量分别是$\boldsymbol{b}_1=\frac{1}{2}[10\bar{1}]$、$\boldsymbol{b}_2=\frac{1}{2}[011]$，在各自的滑移面上以扩展位错的形式存在。其位错反应如下：

$$\frac{1}{2}[10\bar{1}]\longrightarrow\frac{1}{6}[2\bar{1}\bar{1}]+\frac{1}{6}[11\bar{2}]$$

$$\frac{1}{2}[011]\longrightarrow\frac{1}{6}[112]+\frac{1}{6}[\bar{1}21]$$

当这两个扩展位错在各自的滑移面上滑移并在两滑移面相交处相遇时，领先的两条肖克利半位错首先相遇合并，其位错反应式如下：

$$\frac{1}{6}[\bar{1}21]+\frac{1}{6}[2\bar{1}\bar{1}]\longrightarrow\frac{1}{6}[110]$$

合并后的位错线，柏氏矢量$\boldsymbol{b}_3=\frac{1}{6}[110]$，位错线方向为$[\bar{1}10]$。它们互相垂直并在同一个晶面(001)内。所以合并后的位错线是一条刃型位错线。它通过(111)和$(11\bar{1})$滑移面上的两个层错区与另外两条肖克利半位错相连接，成为一个不动位错。由此可见，在面心立方晶体中，两个密排面的相交处形成了由三个不全位错(半位错)和两个层错区构成的面角状位错群。这种位错群称为面角位错。人们以它的提出者 Lomer 和 Cottrell 命名为洛莫-柯垂耳位错。

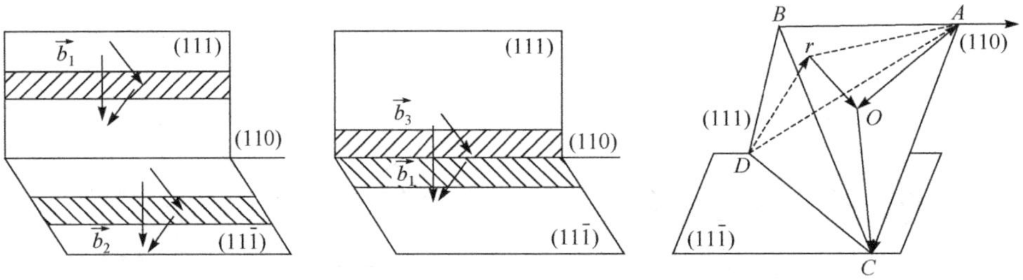

图 2-29　面心立方晶体中的面角位错

$\overrightarrow{AC}=\frac{1}{2}[10\bar{1}]$；$\overrightarrow{DA}=\frac{1}{2}[011]$；$\overrightarrow{AO}=\frac{1}{6}[2\bar{1}\bar{1}]$；$\overrightarrow{rA}=\frac{1}{6}[\bar{1}21]$；$\overrightarrow{rO}=\frac{1}{6}[110]$

习　　题

1. 简述金属客体中金属键的特点。
2. 金属客体有哪些特性？其特性分别是由哪些因素决定的？

3. 简述固体客体分类的依据。

4. 晶体和非晶体客体有什么本质区别?

5. 同样的原子、分子和离子构成晶体的性能是否一样?

6. 晶体结构与晶格有什么区别?

7. 晶体的内部结构如何表示?

8. 常见的晶格类型及其特点是什么?

9. 如忽略体积变化，并以 R_1 和 R_2 分别代表面心立方和体心立方结构最近邻原子间的距离，请计算 $\frac{R_1}{R_2}$ 的数值。

10. 空间中某点 P 的坐标为(2,4,6)，确定 OP 的晶向指数。

11. 已知同一晶类族<100>、<111>，试分别写出它们的晶向指数。

12. 某一晶面在 x、y、z 轴上的截距分别为 3、2、1，试描述该晶面并写出晶面指数。

13. 某一晶面在 x、y、z 轴上的截距分别为 $2a$、$3b$、$6c$，求该晶面的晶面指数。

14. 在立方晶系晶胞中画出下列晶面指数和晶向指数：(001)与[$2\bar{1}0$]，(111)与[$11\bar{2}$]，($1\bar{1}0$)与[111]，($\bar{3}\bar{2}1$)与[236]，(257)与[$11\bar{1}$]，(123)与[$1\bar{2}1$]。

15. 定性描述晶体结构的参量有哪些？定量描述晶体结构的参量又有哪些?

16. 简述位错反应。任何两个位错相遇均会发生位错反应吗?

17. 常见的金属客体晶体结构有哪几种?

18. 为何单晶体具有各向异性，而多晶体在一般情况下不显示出各向异性?

第 3 章　金属的塑性变形原理及规律

金属材料在外力作用下，随外力的增加会发生弹性变形和塑性变形，直至断裂。金属材料获得广泛应用的一个重要原因，是它具有优良的抗塑性变形能力。塑性变形时所施加的力或能，应足以克服位垒，使大量的原子群能多次、定向地从一个平衡位置移到另一个平衡位置，由此而产生宏观的塑性变形。金属在塑性变形时，形状和尺寸的不可逆变化是通过原子的定向位移来实现的，根据原子群移动所发生的条件和方式不同，具有不同的变形机制。

3.1　塑性变形的主要机制

弹性和塑性变形是金属变形的两种形式。其中弹性变形是可逆的，即在载荷全部卸除后，变形可完全恢复；而塑性变形是不可逆的，当载荷全部卸除时，塑性变形会保留下来。在常温环境中，单晶材料的塑性变形有滑移和孪生两种基本方式。其中滑移是常温下最基本、最重要的塑性变形方式。孪生通常在低温高速变形条件下才起作用，这种变形机制在对称性较低的密排六方结构的金属材料中尤为重要。

塑性变形的其他机制还有以下三种：①不对称变形；②非晶机制；③晶界滑移。第一种通常是变形协调机制，第二、第三种一般是高温下起作用的变形机制。本章重点介绍滑移和孪生，其他三种变形机制主要介绍非晶机制和晶界滑移。

3.1.1　滑移

1. 滑移现象

将锌单晶体的圆柱试样表面抛光后拉伸，在试样表面就会出现一系列平行的变形痕迹(图 3-1)。用光学显微镜观察，这些变形痕迹实际上是晶体表面上形成的浮凸，它由一系列滑移迹线所组成，称为滑移带。

图 3-1　在 300℃下拉伸的锌单晶体

对试样进行 X 射线结构分析，发现其晶体结构和晶体位向均未发生改变，只是其中一部分晶体沿着某一晶面(原子排列紧密的晶面)和晶向(原子排列紧密的方向)相对于另一部分晶体发生了相对滑动，称此变形方式为滑移。

滑移具有以下特点。

(1) 滑移是在切应力作用下进行的，是切应力作用的结果，与正应力无关。试验表明，欲使单晶体发生滑移，作用于滑移面上的切应力在滑移方向上的分量必须达到某临界值，这个临界值称为临界分切应力。

(2) 滑移总是沿着原子排列最密的原子面方向进行。因为这些晶面的面间距最大，面与面之间的结合力最弱，切变阻力最小，最容易沿这些晶面发生滑移。一个滑移面和此面上的一个滑移方向组成一个“滑移系”，晶体的滑移是沿滑移系进行的。相邻滑移线间的晶体片层称为滑移层，滑移层厚度约为 100 个原子间距。每条滑移线所产生的台阶高度称为滑移量，滑移量约为 100 个原子间距，滑移带之间的距离约为 10000 个原子间距(图 3-2)。

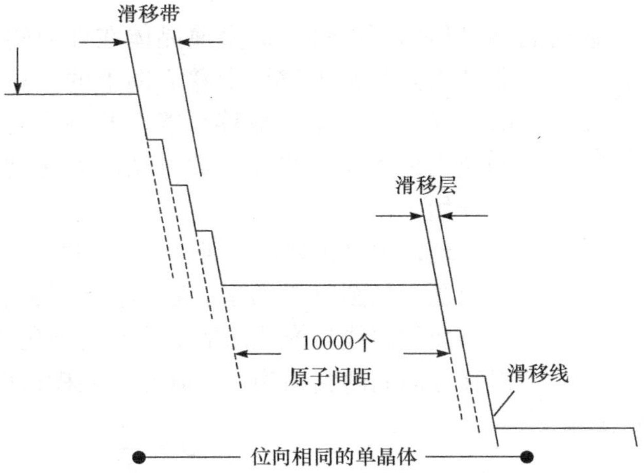

图 3-2 滑移带、滑移层和滑移线示意图

(3) 滑移的结果产生滑移带，滑移的距离是原子间距的整数倍。滑移必然在晶体表面造成一系列微小台阶，在光学显微镜下，这些台阶表现为由很多相互平行的滑移线组成的滑移带。在具体的晶体中，滑移面和滑移方向不是任意的。因此，滑移系是有限的。在不同晶体结构中，滑移面数与滑移方向数的乘积就是该晶体的滑移系数。表 3-1 列出了几种典型金属结构的滑移面、滑移方向与滑移系数量。

表 3-1 典型金属结构的主要滑移面、滑移方向和滑移系

晶格	体心立方晶格		面心立方晶格		密排六方晶格	
滑移面	{110}×6	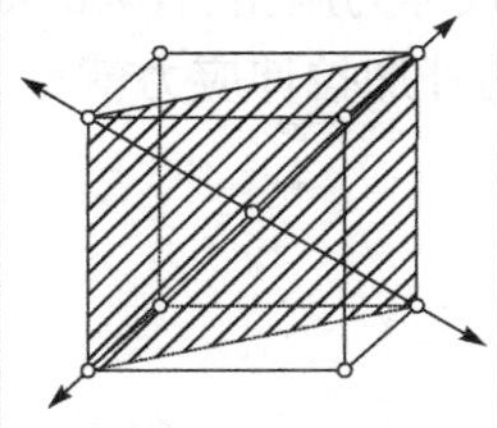	{111}×4	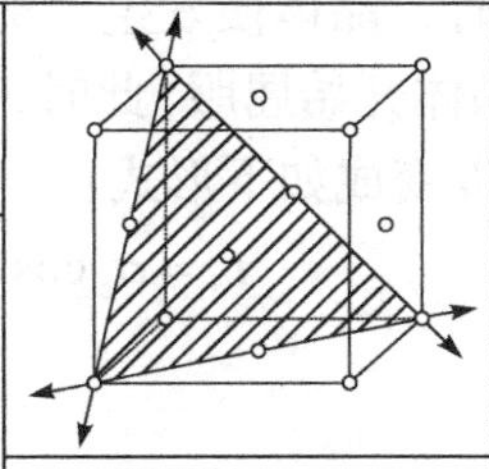	六方底面×1	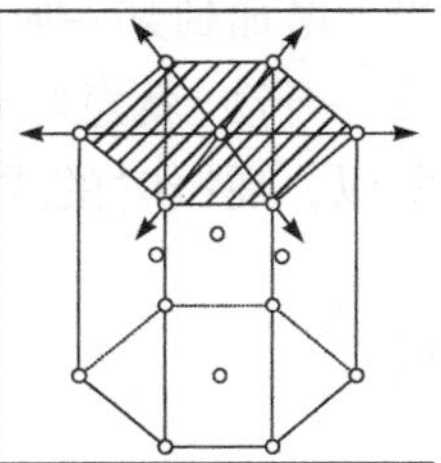
滑移方向	<111>×2		<110>×3		底面对角线×3	
		滑移系 6×2=12		滑移系 4×3=12		滑移系 1×3=3

面心立方结构的金属，如铜、铝、银、镍等，其滑移面是{111}密排晶面，滑移方向是<110>密排晶向；在体心立方的金属中，如 α-铁、铬、钼、钨等，其滑移面是{110}晶面，滑移方向是<011>晶向；在密排六方金属中，如锌、镉、镁等，其滑移面是{0001}晶面，滑移方向是<1120>晶向。在体心立方金属中，其滑移面除{110}外，在{112}、{123}晶面上也常发生滑移，这样体心立方金属的滑移系共有 48 个。

滑移系多的金属要比滑移系少的金属变形协调性好，塑性高，如面心立方金属比密排六方金属塑性好。对一定结构的晶体来说，一般滑移方向是固定的，但滑移面随温度不同有所改变。例如，面心立方金属铝在室温时的滑移面为{111}，在高温时，还可增加新的滑移面{100}。由于在高温下参与滑移的滑移面增多，出现新的滑移系，塑性也相应增加。

2. 滑移时的临界分切应力

滑移系只提供了金属晶体滑移的可能性，而金属晶体在外力的作用下产生滑移的驱动力乃是沿滑移面滑移方向上的分切应力。当晶体受力时，晶体中的某个滑移系能否开动取决于沿该滑移系的分切应力的大小，只有当此分切应力达到一定数值时，滑移才开始。

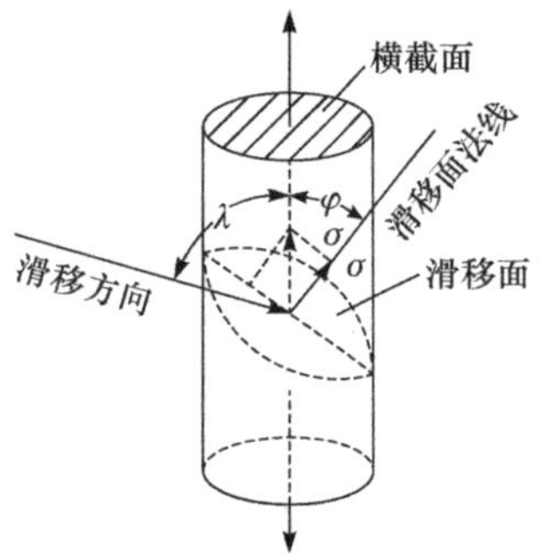

图 3-3　单晶试棒的单向拉伸

现以单晶体单向拉伸为例，来讨论滑移时的临界分切应力问题，如图 3-3 所示。若圆柱形单晶体的横截面积为 A。滑移面的法线与横截面的法线间的夹角为 φ，轴向拉力 P 与滑移方向间的夹角为 λ，则作用在横截面上的正应力为

$$\sigma = \frac{P}{A_0} \tag{3-1}$$

作用在滑移面上沿滑移方向的全应力为

$$S = \frac{P}{A} = \frac{P}{A_0}\cos\varphi = \sigma\cos\varphi \tag{3-2}$$

在滑移面上沿滑移方向的分切应力为

$$\tau = S\cos\lambda = \sigma\cos\varphi\cos\lambda \tag{3-3}$$

作用在滑移面上的正应力为

$$\sigma_0 = S\cos\varphi = \sigma\cos^2\varphi \tag{3-4}$$

由式(3-3)可知，当外加应力 σ 增加时，作用在滑移面滑移方向上的分切应力 τ 也增加。当 τ 增加到某一临界值 τ_0 时，晶体便发生了滑移，此式称为施密特(Schmid)定律。滑移系一开动，就意味着金属晶体开始屈服，此时，所对应的外加拉伸应力就是屈服应力 σ_s。所以，屈服时的式(3-3)可以变成如下形式：

$$\tau_c = \sigma_s\cos\varphi\cos\lambda$$

或

$$\sigma_s = \frac{\tau_c}{\cos\varphi\cos\lambda} \tag{3-5}$$

由此可知，临界分切应力就是能够引起滑移系开动的分切应力。它是标志金属特性的物理量，其数的大小与金属的晶体结构、化学成分、变形温度、变形速度等有关。

许多研究结果指出，特定的金属在一定的变形温度和变形速度条件下，开始产生滑移变形所需的临界分切应力之值为常数，它是个材料常数，它与滑移面和滑移方向与外力间的方位无关。

式(3-3)中的 $\cos\varphi\cos\lambda$ 称为取向因子(或施密特因子)。图 3-4 为镁单晶拉伸时，屈服应力与取向因子的关系。图中的小圆圈表示实验结果，曲线则是按式(3-3)的理论计算所得。由此可见，理论值与实验值符合得很好。此图说明，只有当 τ_c 一定时，$\cos\varphi\cos\lambda$ 与 σ 才能构成如图 3-4 所示的函数关系。在室温下从不同方向拉伸铁单晶体，开始发生塑性变形时的临界分切应力 τ_c 大体上都等于 20MPa，即临界分切应力 τ_c 的大小与取向因子无关，如图 3-5 所示。由式(3-5)可知，τ_c 亦与滑移面上的正应力 σ_s 无关。

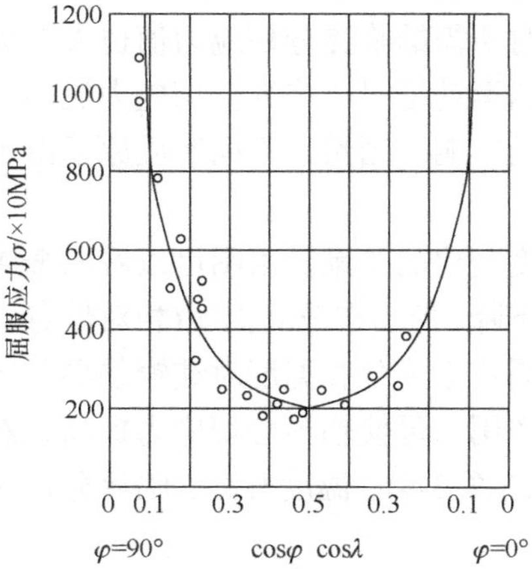

图 3-4　拉伸时 Mg 单晶体的取向因子与屈服应力的关系

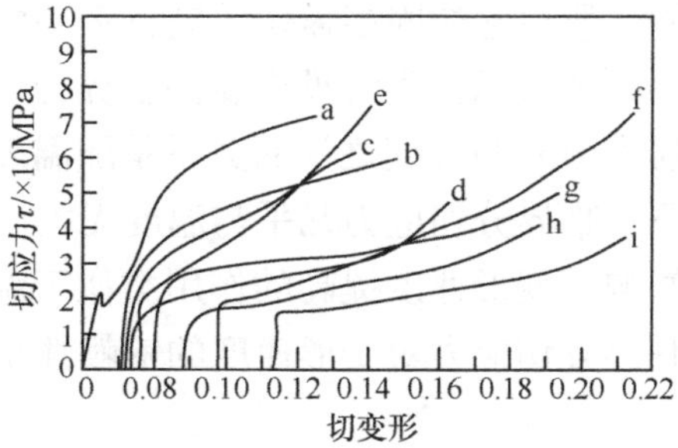

图 3-5　室温下铁单晶体切应力-切应变曲线

a, b,⋯, i 表示从不同方向对铁单晶体的拉伸

由式(3-3)可知，当某一滑移系的取向因子最大时，作用在该滑移系的分切应力值也最大。对任意给定的 φ 角来说，取向因子最大值出现在 $\lambda=90°-\varphi$ 时，此时滑移面法线、滑移方向和外力 P 三者处于同一平面，此时投影分解的分切应力值最大。将 $\lambda=90°-\varphi$ 代入式(3-3)，则有

$$\tau=\sigma\cos\varphi\cos(90°-\varphi)=\sigma\cos\varphi\sin\varphi=\frac{\sigma}{2}\sin 2\varphi \tag{3-6}$$

当 $\tau=\tau_c$ 时，则 $\sigma=\sigma_s$，所以

$$\tau_c=\frac{\sigma_s}{2}\sin 2\varphi$$

导出

$$\sigma_s=\frac{2\tau_c}{\sin 2\varphi} \tag{3-7}$$

可见，当 $\lambda=\varphi=45°$ 时，也就是滑移面和滑移方向与作用力都处于 45° 时，在该滑移面滑移方向上分切应力最大。由式(3-6)可知，$\tau_{\max}=\sigma/2$。当此值达到 τ_c 时，晶体便发生滑移。由式(3-7)可知，此时 σ_s 值最小，且 $\sigma_s=2\tau_s$。所以把等于与趋近于这样方位的取向称为有利方位或软取向，把远离这个方位的取向称为不利方位或硬取向。显然处于软取向的滑移系首先发生滑移。

3. 影响临界分切应力的因素

影响临界分切应力的因素很多，如金属的种类、化学成分、组织结构、变形温度、变形速度和预先变形程度等。如第 2 章所述，从滑移的物理本质上来看，滑移是通过晶体中的位错在切应力作用下逐步移动来实现的。因此，所有造成位错移动阻力的因素均会使临界分切应力提高。

不同种金属其原子间的结合力大小(或弹性模量值)也不一样，原子间结合力大的金属，位错在晶体中移动的点阵阻力也大，此时滑移时所需的临界分切应力值也大。当纯金属中加入溶质原子时会产生固溶强化，从而使位错运动受阻，临界分切应力提高。由图 3-6 可以看出固溶原子对单晶铜的临界分切应力的影响。当然，不同溶质原子由于半径不同，所引起的固溶强化效应也不一样。

图 3-7 表示三类常见金属的临界分切应力随温度变化的关系。由图可以看出金属临界分切应力 τ_c 与温度之间的关系是随温度的升高而下降，但当在较高温度(相对熔点而言)条件下，临界分切应力几乎与温度无关。图 3-8 表明化学成分和温度对纯铜临界分切应力的影响。变形速度提高的作用类似于温度的降低作用，可使临界分切应力提高，然而金属临界分切应力对变形速度的依赖性是极其微小的(图 3-9)。温度升高，临界分切应力

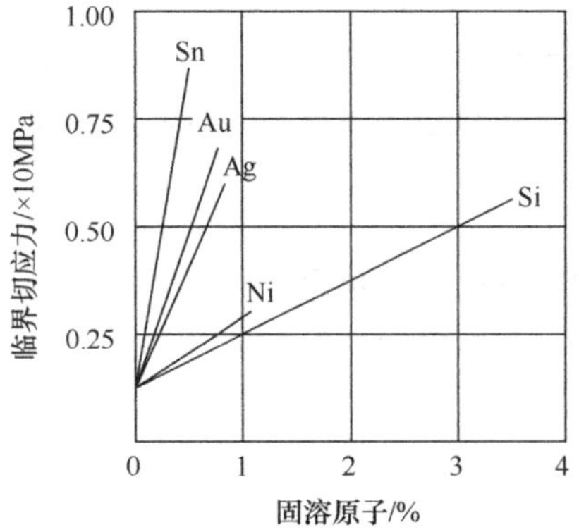

图 3-6　固溶体原子对铜单晶体临界分切应力的影响

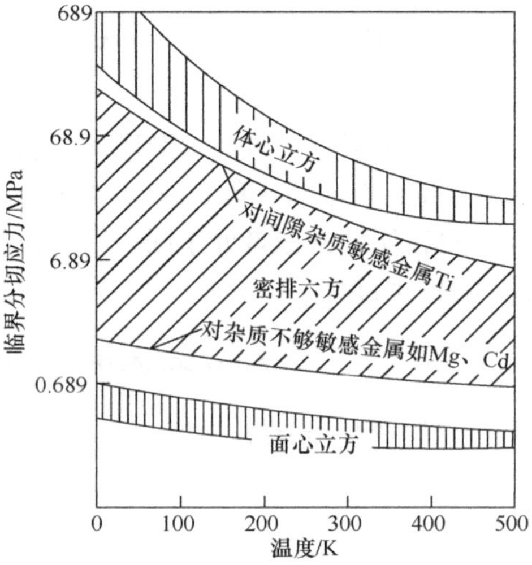

图 3-7　三种常用金属的临界分切应力随温度的变化关系

下降，这是因为原子的动能增大，原子间结合力减弱所致。变形速度增大，临界分切应力增高是由于单位时间内必须驱使更多的位错线移动，加工硬化速率提高的缘故。

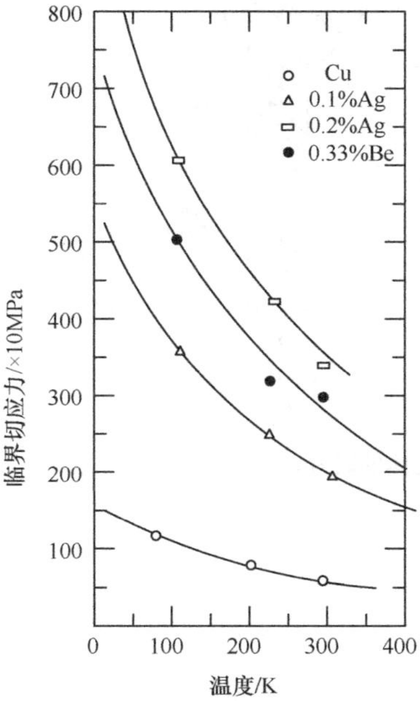

图 3-8　化学成分和温度对纯铜的临界分切应力的影响

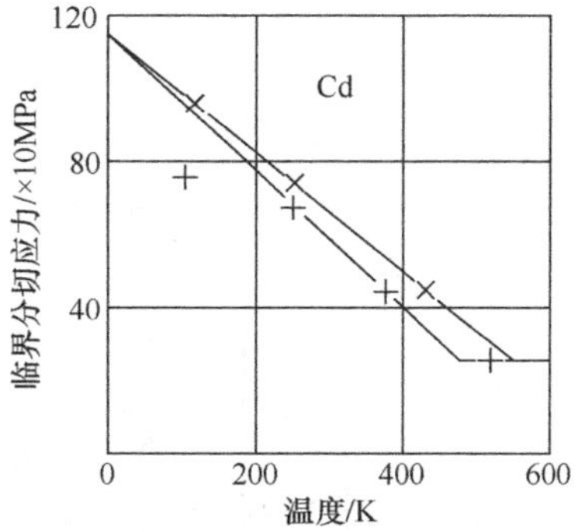

图 3-9　镉单晶的临界分切应力与温度和应变速率的关系

用“×”表示的点比用“+”表示的点应变速率大 100 倍

4. 滑移时晶体的转动

实际变形的情况是复杂的，滑移总会受到各种限制，晶体不会自由地无限制地滑移下去。因此在发生滑移变形的同时，往往伴随有晶体的转动。如图 3-10 所示，单晶试样在外力作用下，拉伸变形时，如果不受拉伸夹头的限制自由滑移变形，晶片之间只进行相对滑移而无转动，见图 3-10(b)，这时拉伸轴线要不断地发生偏移。但事实上由于夹头的限制作用，拉伸轴线方向不能改变。这样势必使滑移面向箭头方向转动，见图 3-10(c)，结果使得 $\varphi' > \varphi$ 。此外，当作用在滑移面上的最大分切应力与滑移方向不一致时，还会发生以滑移面法线为轴向最大切应力方向的转动(图 3-11)。单晶体在压缩时晶面的转动与拉伸时相反，转动的结果使滑移面法线逐渐转向与压力轴线相垂直(图 3-12)。由此可见，在塑性变形过程中，由于滑移使晶体的位向不断地改变，如果原来晶体的位向处于软取向，则经滑移和转动后，取向因子变小，σ_s 增大，使滑移变得困难，产生硬化效果，这种现象称为几何硬化；反之，则称为几何软化。

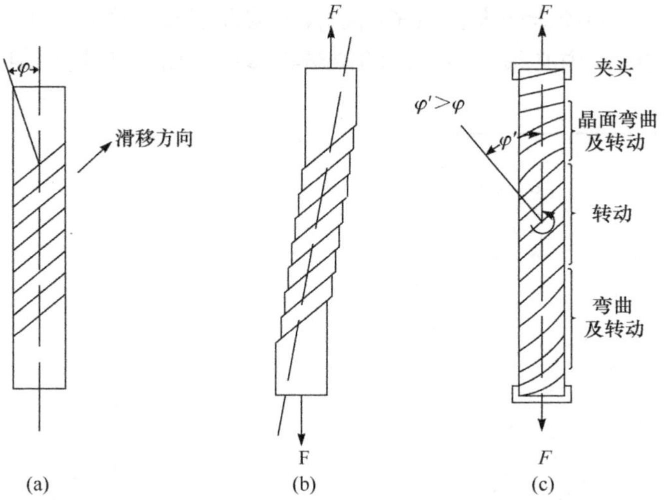

图 3-10　单晶拉伸变形时晶体的转动

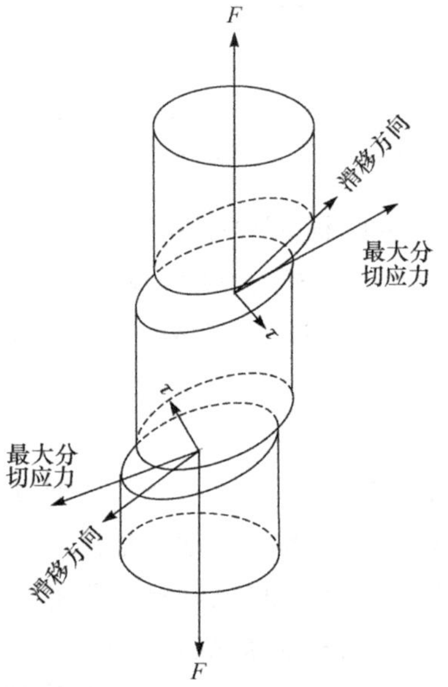

图 3-11　拉伸时晶体转动示意图

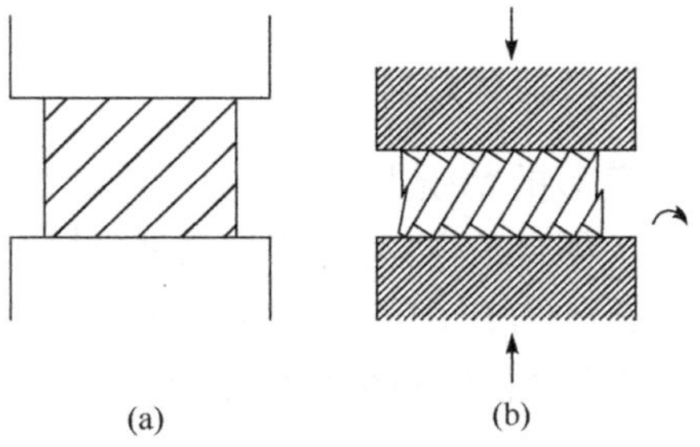

图 3-12　压缩时晶体转动示意图

5. 滑移的基本类型

滑移是通过晶体中的位错在切应力作用下逐步移动来实现的，因此按位错滑移运动的方式，可将滑移变形分为单滑移、多滑移和交滑移三种。图 3-13 为滑移所造成的滑移线形态示意图。

1) 单滑移

一般是金属在塑性变形开始阶段，仅有一组滑移系开动，此种滑移称为单滑移。单滑移的滑移是当外加切应力超过某滑移系的临界分切应力时，由于位错的不断增殖运动和扩展，大量的位错沿滑移面移出晶体表面而发生的，此时会产生滑移量为 Δ 的滑移台阶，见图 3-13(a)。当有柏氏矢量为 $\boldsymbol{b}$ 的 n 个位错移出晶体时，滑移量 Δ 就是柏氏矢量 $\boldsymbol{b}$ 的 n 倍，即 $\Delta = n\boldsymbol{b}$。例如，将抛光后的试样经轻微变形，就会观察到许多平行的滑移线所形成的滑移带。这就是由于单系滑移所造成的结果。单系滑移通常在滑移系比较少或塑性变形刚刚开始阶段出现。

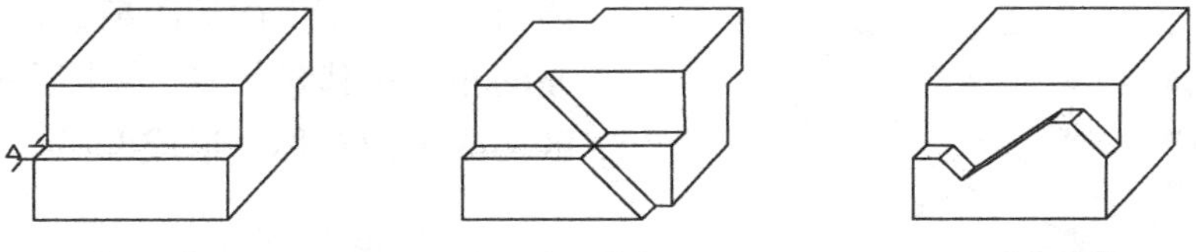

(a) 单滑移线　(b) 多滑移线　(c) 交滑移线

图 3-13　滑移线形态示意图

2) 多滑移

随着变形的进行，晶体发生转动，当晶体转动到外力轴线相对几个滑移系的取向相同时，这几个滑移系的分切应力都达到了临界分切应力 τ_c，它们的位错便同时开动，因此产生了在多个滑移系上的滑移，见图 3-13(b)。发生多系滑移时，在抛光的金属表面上不是一组平行的滑移线，而是两组或多组交叉的滑移线。多系滑移引起位错的交割与缠结，使位错的继续滑动变得困难。因此，当在该阶段变形时，材料的加工硬化效果明显。

3) 交滑移

如前所述，由于螺型位错具有一定的灵活性，当螺型位错滑移受阻时，它可以离开原滑移面沿另一个晶面继续移动。由于位错线的柏氏矢量不变，所以在另一晶面上滑移时，仍保持原来的滑移方向与大小。例如，体心立方金属的变形，可在<111>方向中的任意一个面上发生滑移，它的滑移面很多，包括{110}、{112}、{123}等。因此，滑移后在晶体表面上所看到的滑移线不再是直线而呈折线或波纹状，见图 3-13(c)。交滑移与许多因素有关，通常是变形温度越高，变形量越大，交滑移越显著。

滑移仅是晶体间的相对滑动，并不引起晶体结构的变化。当切应力达到临界值时，滑移面两侧的个别原子对间会造成很大歪扭(切应变)，破坏它们之间的结合，使它们分离，并使其在相邻位置上形成新的原子对，如果这一过程持续下去，则滑移面两侧的晶体间将会发生原有原子对之间的分离和新原子对之间的结合，从而使两部分晶体发生相互滑动(图 3-14)。在这个滑移过程完成之后，晶体即可恢复原来的结构，整个滑移的距离为原子间距的整数倍。

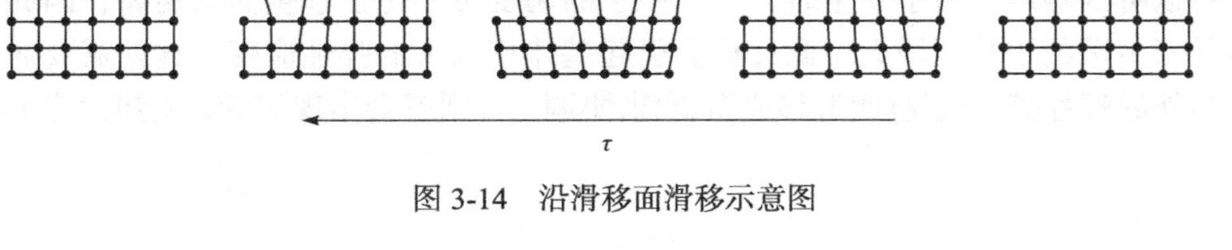

图 3-14　沿滑移面滑移示意图

3.1.2　孪生

孪生是形成孪晶的过程。在切应力作用下晶体中一部分相对于另一部分沿一定晶面(孪生面)和一定晶向(孪生方向)会产生均匀的移动(图 3-15)。此时，每层晶面的移动距离与该面距孪生面的距离成正比，即相邻晶面的相对位移量相等，孪生后移动与未移动区构成镜面对称，形成孪晶。

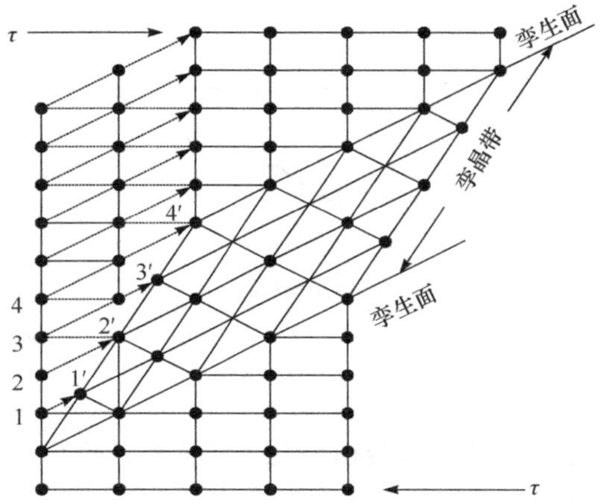

图 3-15　孪生示意图

1. 孪生变形的特点

孪生与滑移类似，也是使晶体发生切变，孪生切变也是沿着特定的晶面和晶向发生的，它们分别称为孪生面和孪生方向，统称孪生系。孪生与滑移各有特点。

(1) 孪生使一部分晶体发生均匀移动，而滑移是不均匀的，只集中在滑移面上。

(2) 发生孪生后晶体变形部分与未变形部分呈镜面对称关系，位向发生变化，而滑移后晶体各部分的位向并未改变。

(3) 孪生需要更大的切应力，对塑性变形的贡献较小，但孪生能够改变晶体位向，使滑移系转动到有利的位置，可以使受阻的滑移通过孪生调整取向而继续变形。

2. 发生孪生变形的条件

一般来说，滑移系多的立方晶系金属易于滑移，不易孪生。例如，面心立方金属 Cu、Al、Ag、Au 等，只有在极低的温度下(4～78K)变形，才发生孪生。α-Fe 只有在变形温度低、变形速度大时，才会出现孪生。在滑移系少的、对称性低的密排六方金属(如 Zn、Cd)中易于孪生，特别是在晶体取向不利于滑移时，在变形一开始就以孪生机制进行变形。通常所观察到的孪生总是发生在滑移之后，所以孪生比滑移难以进行，当滑移已剧烈进行并受到阻碍时，往往在高度应力集中的地方才足以诱发孪生。孪生所需要的切应力要比滑移大得多，如镁晶体孪生所需的切应力为 5.00～35.00MPa，而滑移时的临界分切应力仅为 0.5MPa。

孪生在高应力下形核后，可以在远小于孪晶萌生的应力下扩展。扩展是以相当于声波的速度，极快地沿着孪生面和垂直孪生面的两个方向同时进行。所以在爆发孪晶时，可以听到响声。由于孪生时，每层原子的切变量正比于孪生面的距离，因此，切变量随孪生区的增长而增大。此过程会引起基体相当大的弹性应变，这就需要通过基体的另外的塑性变形机制(如滑移或扭折)来协调，否则就会出现裂缝，使塑性变形难以持续。

3. 孪生与滑移的区别

由孪生的变形过程可知，孪生所发生的切变均匀地影响整个孪生变形区，而滑移变形只集中在滑移面上，切变是不均匀的；孪生变形时原子移动的距离不是孪生方向原子间距的整数倍(而是几分之一原子间距)，而滑移时原子移动的距离是滑移方向原子间距的整数倍；孪生变形后，孪晶面两边晶体位向不同，呈镜像对称，而滑移时，滑移面两边晶体位向不变；孪生改变了晶体的取向，经抛光浸蚀后仍可观察到，而滑移所造成的台阶经抛光浸蚀后不会重现。

3.1.3　其他变形机制

当金属在较低温度变形时，起控制作用的变形机制主要是滑移和孪生。然而随变形时温度的升高，其他变形机制会逐渐成为主要变形方式，并且在一定条件下，对材料的变形起到支配作用。这里主要介绍非晶机制和晶界滑动两种。

1. 非晶机制

非晶机制，是一种最简单的机制，黏性液体和非晶体的流动就是靠这种机制来实现的。在多晶体的金属中，在一定的变形温度和速度条件下，也可观察到。这种机制是原子在应力场和热激活非同步、连续作用下，发生定向迁移的过程。它包括间隙原子和大的置换式溶质原子将从晶体受压缩的部位向宽松部位迁移，同时空位和小的置换式溶质原子将从晶体的宽松部位向压缩部位迁移，大量原子的定向迁移将会产生宏观的塑性变形，其切变应力取决于变形速度和静水压力。在受力状态下，由温度的作用产生的这种变形机制，又称热塑性。这种机制在多晶体的晶界进行得尤其激烈，此时晶界原子的排列是很不规则的，畸变相当严重，尤其当温度提高至 $0.5T_{熔}$ 以上时，原子的活动能力显著增大，沿晶界具有非常高的扩散速度。这种变形机制即使在较低的应力下，也会随时间的延长而持续地进行，只不过此时的变形速度较慢。一般条件下，此种变形机制强烈地依赖于变形时的温度，随温度的升高和晶粒度的降低，形变的速度会增加。

2. 晶界滑动

实际所使用的金属材料绝大部分由多个晶粒构成，这种多晶材料在高温下的塑性变形可通过晶界滑动来进行。晶界滑动是指以晶界为界，两边晶粒发生滑动的现象，晶界滑动机制只是在近些年才提出来的，对其机理还未完全弄清。从多晶体变形的连续性来考虑，在晶界滑动的同时，必须有其他变形机制参与，以起到协调作用。多晶体中的晶界可连成一条曲折的通路，当有一水平切应力作用在晶界上晶粒开始滑动时，晶粒的边角部位会产生应力集中，只有当该应力集中被释放产生应力松弛时，晶界滑动才得以进行。相关研究结果表明，这种应力集中可以通过晶体内部位错滑移，以及在晶体内沿着垂直于滑移面方向上的攀移运动所产生的塑性变形来松弛，或者通过高温长时的非晶机制来协调。晶界滑动不能简单地看成晶粒的相对滑动，此变形机制所产生的变形是不均匀的。沿晶界的不同点，甚至同一位置不同时间其滑动量是不同的。晶界的滑动量可通过以下两种实验方法来观察和测量。其一是用划痕法直接观测两个晶粒表面相交的晶界处的滑动量；其二是观测变形前后的晶粒形状，若全部变形中没有晶界滑动，则晶粒的平均伸长应和试样伸长比例一样，精确测量变形前后晶粒形状的改变就可以确定晶界滑动量。

晶界滑动量与晶界的性质密切相关。如果把具有对称倾斜晶界的金属锌双晶，在高温蠕变条件下测定其晶界滑动量，就可以得到晶界滑动量与晶界性质的关系，即倾角越小，晶界能越低，晶界滑动量越小。这表明，在低角晶界，晶界滑动难以发生；相反，在原子错排严重的大角度晶界，晶界滑动将会比较容易进行。此外，晶界滑动的速度会随变形时间的延长而减慢，即会产生晶界硬化现象。在实际的高温变形过程中，不同的晶界结构和变形温度-速度条件下，变形机制也不相同，这是几种机制综合作用的结果。只有在相当高的变形温度和足够慢的变形速度条件下，晶界滑动机制所产生的塑性变形量才在总变形量中占有相当大的比例。

3.2　多晶体塑性变形的特点

工程中所使用的绝大多数金属材料是由多个晶粒组成的多晶体，多晶体的塑性变形与单晶体无本质差别，每个晶粒的塑性变形仍以滑移等方式进行，只是变形过程比较复杂。从滑移的特点可以看出，滑移实质上是位错线的运动，而晶体滑移时其临界分切应力的大小主要取决于位错运动时所需克服的阻力。对单晶体来说，这种阻力大小取决于金属本质(原子间结合力、晶体结构类型等)、位错的数量、位错与位错及位错与缺陷间的相互作用等因素。对多晶体而言，影响滑移的因素还有晶体中晶粒的位向及晶界对位错运动的阻碍，而且又要与周围晶粒进行相应的配合，以保证变形体的协调性和连续性。

3.2.1　变形的不均匀性

(1) 晶界是相邻晶粒的过渡区域，此处原子排列紊乱，同时也是杂质原子和各种缺陷集中的位置。当晶体位错运动到晶界时，被此处紊乱的原子钉扎起来，滑移被迫停止，产生位错堆积，从而使位错运动阻力增大，金属变形抗力提高。粗晶试样的拉伸试验表明，试样往往呈竹节状(图 3-16)，由于晶界的变形抗力较大，变形较小，故晶界处较粗。

(2) 在多晶体中，相邻晶粒间存在着位向差，它们的变形很难同步进行，变形量也各不相同，当某一晶粒发生塑性变形时，周围晶粒如果不发生塑性变形，则必须产生弹性变形来与之相协调，从而成为该晶粒进一步塑性变形的阻力。

多晶体塑性变形的不均匀性，不仅表现在同一晶粒的不同部位，而且会出现在不同晶粒之间。当外力作用于不同晶粒取向的多晶体上时，每个晶粒滑移系上的分切应力因取向因子不同而存在很大的差异。因此，不同晶粒并不是同时开始塑性变形，也不同时结束。如图 3-17 所示，分切应力首先在软取向的晶粒 B 中达到临界值，优先发生滑移变形；而与其相邻的硬取向晶粒 A，由于没有足够的切应力使之滑移，不能同时进入塑性变形。这样硬取向的晶粒将阻碍软取向的晶粒的变形，于是在多晶体内便出现了应力与变形的不均匀性。同样在多晶体内部力学性能不同的晶粒，由于屈服强度不同，也会产生类似的应力与变形的不均匀分布。

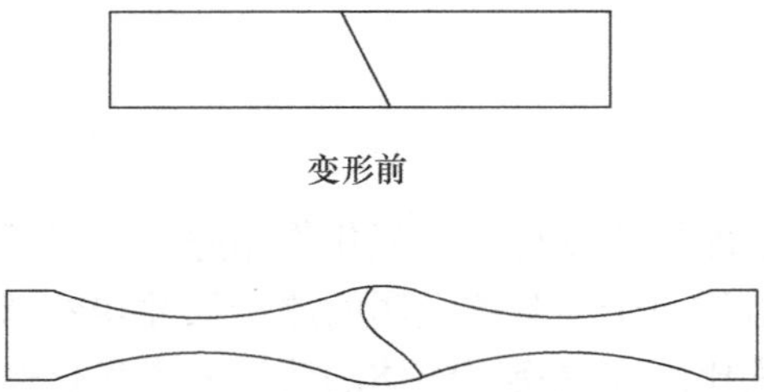

图 3-16　拉伸后晶界处呈竹节状

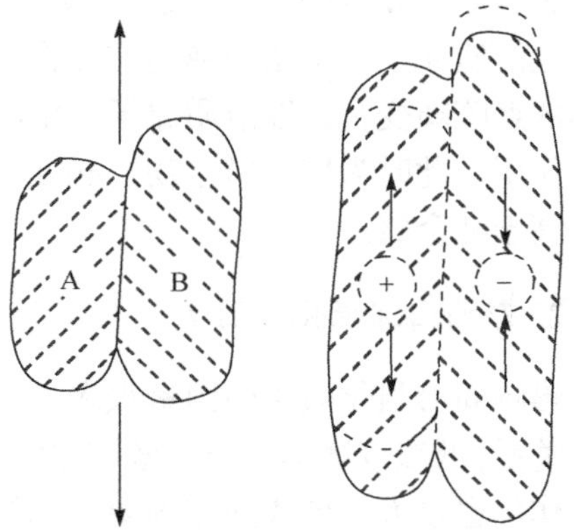

(a)　(b)

图 3-17　变形前(a)和变形后(b)

3.2.2　晶界的作用及晶粒大小的影响

多晶体在发生塑性变形时，滑移并不是在所有晶粒中同时发生，而是在那些取向有利的晶粒中首先发生，然后再扩展到其他晶粒。不过这种扩展会受到限制，滑移常会被终止在晶界。这是晶界和晶粒间的取向差共同作用的结果。实验结果表明，相邻晶粒取向差越大，这种阻碍作用越强烈。因为取向差越大，晶界处原子排列越紊乱，畸变能越高，阻碍效应越明显。此外，取向差越大，滑移转入相邻晶粒时，阻力也越大。晶粒大小对滑移的影响实际上是晶界和晶粒间位向差共同作用的结果。晶粒细小时，其内部的变形量和晶界附近的变形量相差较小，晶粒的变形较均匀，减少了应力集中。随晶粒减小，晶粒的数量会增加，晶界的总变形量可分布在更多的晶粒中，从而使金属能够承受较大的塑性变形而不破坏。因此，当金属材料的晶粒组织细小而均匀时，可同时提高其强度、塑性和韧性(即细晶强化)。细晶强化是一种极为重要的强化机制，不但能提高强度，而且能改善钢的韧性。这一特点是其他强化机制所不具备的。

3.3　合金的塑性变形

纯金属材料的强度一般较低，提高材料强度的一种方法就是合金化，工业上一般使用的就是固溶体合金和多相合金。此类合金塑性变形的基本方式仍是滑移和孪生，但由于组织、结构的变化，其塑性变形各有特点。

3.3.1　固溶体的塑性变形

1. 固溶强化

当合金由单相固溶体构成时，随溶质原子含量的增加，其塑性变形抗力会显著提高，表现为强度、硬度的不断增加，塑性、韧性的不断下降(即固溶强化)。固溶强化的实质主要是溶质原子与位错的弹性交互作用阻碍了位错的运动，由于溶质原子的融入造成了晶体的点阵畸变，并以溶质原子为中心产生应力场。该应力场与位错应力场会发生弹性交互作用，此时为使位错运动，必须施加更大的外力。因此，固溶体合金的塑性变形抗力要高于纯金属。

2. 影响固溶强化的因素

影响固溶强化效果的因素很多，一般溶质原子浓度越高，强化作用越大，但不保持线性关系，低浓度增加时强化效应更为显著；溶质原子与基体金属的原子尺寸相差越大，强化作用也越大；形成间隙固溶体的溶质元素比形成置换固溶体的溶质元素强化作用明显；溶质原子与基体金属的价电子数相差越大，固溶强化作用就越强。

3.3.2　多相合金的塑性变形

单相合金虽然可利用固溶强化来提高强度，但强化效果有限。工业上常以第二相或更多的相来强化，目前使用的金属材料大多是两相或多相合金。下面以两相合金为例，讨论其塑性变形的特点。

根据合金中第二相粒子的尺寸可将合金分成两大类：聚合型合金(即第二相尺寸与基体晶粒尺寸属同一数量级)及弥散型合金(即第二相很细小，且弥散分布于基体晶粒内)。这两类合金的塑性变形与强化规律各有特点，分别介绍如下。

1. 聚合型两相合金的塑性变形

(1) 如果两相均具有较好的塑性，则合金的变形阻力较小，强化作用并不明显。

(2) 当第二相为硬脆相时，合金的性能除与两相的相对含量有关外，在很大程度上取决于脆性相的形状和分布。此时大致可分为 3 种情况。

一是硬脆相的第二相呈连续网状分布在塑性相的晶界上，因塑性相晶粒被脆性相包围分割，其变形能力无法发挥。脆性相越多，网状越连续，合金的塑性越差，甚至强度也随之降低。例如，过共析钢中的二次渗碳体若呈网状分布于原奥氏体晶界上，则钢的脆性增加，强度、塑性下降。

二是硬脆的第二相呈层片状分布在基体相中，如钢中的珠光体组织，由于变形主要集中在基体相中，所以位错的移动被限制在很短的距离内，增加了继续变形的阻力。珠光体越细，片层间距越小，其强度越高，变形越均匀，塑性也越好，类似于细晶强化。

三是硬脆相呈较粗的颗粒状分布于基体相中，如共析钢及过共析钢中经球化退火后的球状渗碳体，因基体连续，渗碳体对基体变形的阻碍作用严重减弱。故强度降低，塑性、韧性得到改善。

2. 弥散型两相合金的塑性变形

当第二相以细小弥散的微粒均匀分布于基体相中时，将产生显著的强化作用。根据第二相微粒是否变形，将强化方式分为两类。

(1) 不可变形微粒的强化作用(图 3-18)。当移动着的位错与不可变形微粒相遇时，将受到粒子的阻挡而弯曲；随外应力的增大，位错线受阻部分弯曲、相遇，留下包围着粒子的位错环，而其余部分则越过粒子继续移动。

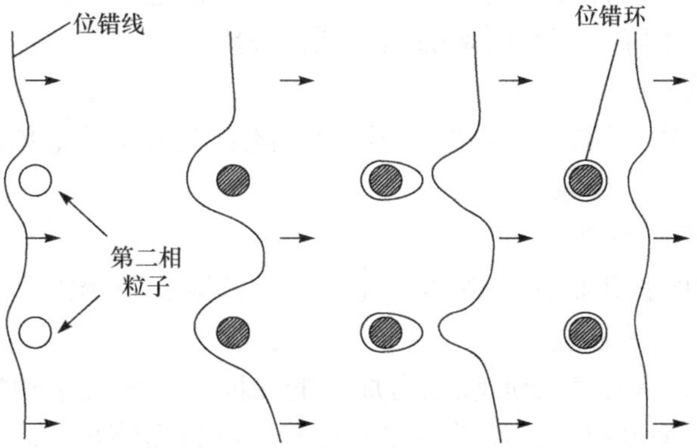

图 3-18 位错绕过第二相粒子的示意图

显然，位错绕过第二相粒子时，既要克服第二相粒子的阻碍作用且留下一个位错环，又要克服位错环对位错源的反向应力，因此，继续变形时必须增大外应力，从而提高强度。一般情况下，减小粒子尺寸或提高粒子的体积分数，都可使合金的强度提高。

(2) 可变形微粒的强化作用。当第二相为可变形微粒时，位错将切过粒子使基体一起变形。

在这种情况下，强化作用取决于粒子本身的性质及其与基体的联系，主要有以下四个方面的作用。

① 由于粒子的结构常与基体不同，故当位错切过粒子时，必然会造成其滑移面上原子错排，需要克服错排能。

② 每个位错切过粒子时，使其生成一定宽度的台阶，需要克服表面能。

③ 粒子周围的弹性应力场与位错产生交互作用，会阻碍位错的运动。

④ 粒子的弹性模量与基体不同，将导致位错能量和线张力的变化。

上述强化因素的综合作用，会使合金强度得到提高。此外，粒子的尺寸和体积分数对合金强度也有影响，增加体积分数或增大粒子尺寸都有利于提高合金强度。

3.3.3 塑性变形对金属组织与性能的影响

1. 晶粒沿变形方向伸长，性能趋于各向异性

金属产生塑性变形时，不但外形发生变化，内部晶粒的形状也将发生相应的变化，通常是沿着变形方向晶粒被拉长。当变形量很大时，各晶粒将会被拉长成为细条状，各晶粒的某些位向趋于一致。此时，金属的性能会具有明显的方向性，呈一定程度的各向异性，纵向的强度和塑性远大于横向。

2. 位错密度增加，形成亚结构，产生加工硬化

经塑性变形后，金属内部的位错数目将随变形量的增大而增加，位错的交互作用使位错运动困难，因而使塑性变形的阻力增大，变形难以进行，此时金属的强度和硬度越来越高，塑性和韧性下降，产生所谓的加工硬化现象。

1) 加工硬化现象

加工硬化现象是指金属在发生塑性变形时，随着变形量的增加，其强度和硬度均上升，而塑性和韧性下降的现象。

2) 加工硬化的实际意义

(1) 是一种有效的强化机制。例如，纯金属、黄铜、防锈铝合金一般都比较软，可通过加工硬化提高它们的强度。

(2) 是金属发生均匀塑性变形和压力加工的保证。金属发生塑性变形时，已变形的部分产生加工硬化后强度提高，使进一步变形难以进行而停止，未变形部分则开始发生变形，从而产生均匀的塑性变形。例如，拉丝时，若无加工硬化，各处强度相等，则因直径不同而拉断。

(3) 是零件安全的保证。例如，设计零件时取σ_b、σ_s，当零件工作受到超过σ_s的力时就会产生加工硬化，使强度提高到σ_b才会断裂。

3. 织构现象的产生

随变形的发生，各晶粒的晶格位向也会沿着变形的方向同时发生转动，故在变形量达到一定程度(70%以上)时，金属中各晶粒的某些取向会大致趋于一致，从而使金属表现出明显的各向异性。金属大量变形后各晶粒某些位向趋于一致所形成的结构称为形变织构。形变织构的形成，在许多情况下是不利的，如用具有形变织构的板材冲制筒形零件时，材料处于不同方向上的塑性差别会很大，深冲之后，零件的边缘不齐，将出现“制耳”现象。此外，由于板材在不同方向上的变形不同，会造成零件的硬度和壁厚不均匀。但织构也有益处，如制造变压器铁心的硅钢片，具有这种织构时可提高材料的磁导率。

4. 残余内应力

残余内应力是指去除外力后，残留于金属内部，且在金属内部达到平衡的应力，它主要是金属在外力作用下，内部变形不均匀造成的，可分为以下三类。

第一类，金属表层与内部变形不均匀或零件一部分和另一部分变形不均匀而平衡于它们之间的宏观内应力。

第二类，相邻晶粒变形不均匀，或晶内不同部位变形不均匀，造成的微观内应力。

第三类，由于位错等缺陷的增加，所造成的晶格畸变应力。

第一、第二类在残余应力中所占比例不大，第三类在残余应力中所占比例可达 90%以上。残余应力对零件的加工质量影响较大，如在圆钢冷拔时，表层的变形量较小，而心部变形量较大，将使表层产生拉应力，心部产生压应力，此时若将其表层去除一层，会使应力重新分布而产生工件变形。

3.4　金属的断裂行为

金属的断裂是指金属材料在变形过程中超过其塑性极限而呈现完全分开的状态。这是因为材料受力时，原子相对位置发生了改变，当局部变形抗力超过原子间结合力时，材料将遭破坏，出现裂纹，裂纹经扩展将使金属断开。

金属的塑性加工是利用金属具有塑性这一特点，通过塑性变形而成形的，金属塑性的好坏其实质反映的是它抑制断裂能力的高低。在塑性加工过程中，尤其对塑性较差的材料，断裂常是人们极为关注的问题。加工时，材料的表面和内部的裂纹，整体性的破断，均会使成品率和生产率降低。本节将介绍断裂的物理本质及其规律，以及有效地防止断裂、尽可能地发挥金属材料潜在塑性的方法和途径。

3.4.1　断裂的基本类型

金属的断裂可呈现许多类型，其分类方法很多。根据断裂前金属是否有明显的塑性变形，将断裂分为韧性断裂与脆性断裂两类。通常以单向拉伸的断面收缩率小于 5%者为脆性断裂；大于 5%者为韧性断裂。此外，按断裂面相对作用力间的取向关系，可将断裂分为正断和剪断两种形式。垂直于最大正应力的断裂称为正断；沿最大切应力方向发生的断裂称为剪断(图 3-19)。从微观上来分析，通常正断沿解理面断裂，而剪断沿滑移面断裂。

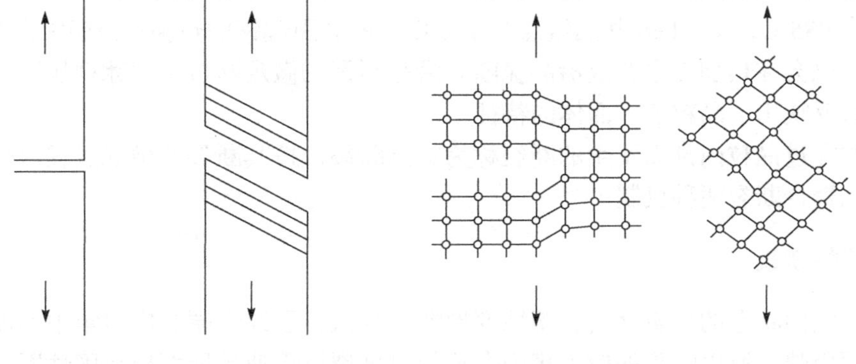

(a) 正断宏观形式　(b) 剪断宏观形式　(c) 正断微观形式　(d) 剪断微观形式

图 3-19　正断与剪断的宏观与微观形式

从微观形态上，按裂纹的走向又可将断裂分为穿晶断裂和沿晶断裂两种方式(图 3-20)。断裂究竟以何种方式进行，决定于裂纹扩展的路径。裂纹的扩展遵循能量消耗最小原理。也就是说，裂纹扩展总是沿着原子键合力最薄弱的面进行。多晶材料沿晶粒边界发生分离而产生的断裂，称为沿晶断裂或晶间断裂。这种断裂是由于某种因素使晶界弱化而发生的。通常是由于晶界处析出脆性第二相、高温作用使晶界弱化或杂质原子向晶界偏聚，以及晶界与环境作用而弱化(如应力腐蚀开裂等)。

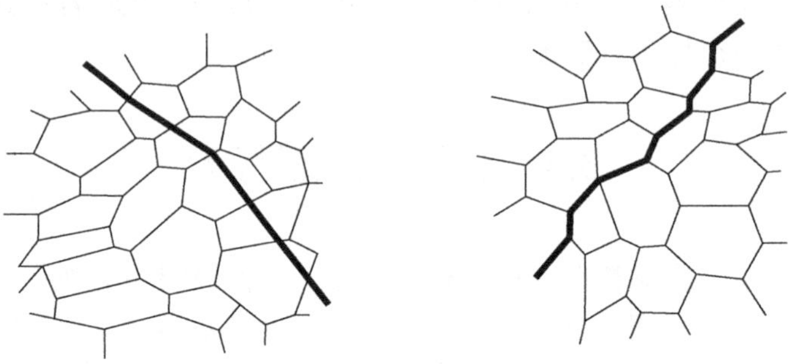

(a) 穿晶断裂　　(b) 沿晶断裂

图 3-20　断裂方式

沿晶断裂可以是沿晶脆性断裂，也可以是沿晶韧性断裂。沿晶韧性断裂，在电子显微镜下可观察到沿晶界断裂面上分布有韧窝特征。韧窝首先是在晶界处很薄的金属层中萌生出微孔，这些微孔长大并聚合而形成。例如，钢中的碳化物或硫化物粒子在晶界上的析出，沉淀硬化铝合金中的合金元素沿晶界附近的贫化，均可使该区强度变小，都会引起此种断裂，这种断裂常在高温蠕变时见到。

沿晶断裂多属脆性断裂。一般认为是晶界脆性开裂，或者是由于沿晶界析出连续的脆性膜所致。例如，含磷量高于 0.08%和含砷高于 0.3%的钢轨，由于低温脆性组织的产生，钢轨在−60～−40℃就已变脆。钢淬火后回火，若回火温度高于 600℃，回火后快冷，不会使钢变脆，但若使钢由 500℃左右缓冷或在 350～500℃保温，钢就会变脆。这是因为有害元素 P、S、Ge、As 等扩展到奥氏体晶界，使晶界偏析导致晶间结合力减弱，在应力作用下产生沿晶断裂。当钢中含有杂质硫时，由于可生成低熔点共晶(如 FeS-Fe 共晶熔点为 985℃；FeO-FeS 共晶熔点为 910℃)，就会引起钢的热脆；当铜中含有铋、锑、铅等时，也会在热加工中造成沿晶脆断。沿晶断裂的微观断口呈“冰糖块”形貌，这是因为断口反映出了晶粒的多面体的特征。

裂纹穿过晶粒内部而发生的断裂称为穿晶断裂，按其断裂的微观过程可分为解理断裂和微孔聚合断裂两种机制。

3.4.2　脆性断裂

处于脆性状态的金属材料，塑性变形能力很低，裂纹尖端的应力集中不能因塑性变形发生而松弛。所以强烈的应力集中会迫使显微裂纹迅速扩展而导致脆性断裂。解理断裂属于穿晶脆性断裂。它是金属在一定条件下(如低温高速及强烈的应力集中情况下)，当应力达到一定数值时，快速沿一定的结晶面(解理面)发展而发生的断裂。例如，低碳钢发生解理断裂时，常沿着铁素体的{100}晶面发生；密排六方金属的解理面，则是{0001}面。这是因为解理面常是原子面间距最大、原子结合键最弱的晶面。

对多晶材料来说，在一定外力作用下，总有某些晶粒处于容易发生解理断裂的有利取向，由于垂直于解理面拉应力的作用，微观解理会首先在这些晶粒中发生。裂纹达到临界尺寸以后，裂纹迅速扩展，而导致整体破断。对于铁，理论断裂强度$\sigma_m \approx \dfrac{E}{10}$。这个数值是很高的，实际的断裂强度比这个值低得多，只是它的$\dfrac{1}{100}$～$\dfrac{1}{1000}$。只有毫无缺陷的晶须才能近似达到理论断裂强度。这一悬殊差别的存在，是因为材料内部存在各种缺陷。

1. 格里菲斯(Griffith)裂纹理论

为了解释实际断裂强度和理论断裂强度的差别，格里菲斯早在 1920 年就提出了这样的设想：由于材料中已有现成裂纹存在，在裂纹尖端会引起强烈的应力集中。在外加平均应力小于理论断裂强度时，裂纹尖端已达到理论断裂强度，从而引起裂纹的急剧扩展，使实际断裂强度大为降低。由于裂纹长度的不同，引起应力集中的程度也不同，对于一定尺寸的裂纹就有一个临界应力σ_c。当外加应力超过σ_c时，裂纹才迅速扩大，最终导致断裂。

严格来说，金属中不存在纯粹的脆性断裂，因为裂纹的形核和传播与局部塑性变形密切相关。因此，格里菲斯理论用来说明金属的断裂问题还要适当加以补充和修正。

2. 裂纹形核

格里菲斯理论提出以后，有很多学者力图用各种方法来观测这种裂纹，然而在原始材料中并没有找到如此大的裂纹存在。却有相当多的试验表明裂纹是由塑性变形产生的，由此可见，裂纹的形核与塑性变形紧密相关。变形与断裂既是相互联系又是互相斗争的，处于同一变形体中的双方。从位错理论的观点来看，金属的塑性变形是位错不断运动和增殖的过程，塑性变形受阻，就意味着运动着的位错遇到了某种障碍。在此处便形成了高度的应力集中，随塑性变形的进行，所累积的应力集中程度越来越大，当此应力达到足以破坏原子间的键合力时，便开始裂纹的形核，并随着变形的发展导致裂纹不断长大，裂纹长大到一定尺寸以后，便失稳扩展，直至最终断裂。

3.4.3　韧性断裂

材料经明显的塑性变形后发生的断裂称为韧性断裂。尽管韧性断裂在塑性加工中是较常见的，但理论的研究尚不充分。塑性加工中，不同的受力方式和变形条件，可发生各种各样的韧性断裂。为简明起见，现以单向拉伸为例，来讨论韧性断裂的过程及特点。

拉伸时的韧性断裂，通常以“颈缩”(局部断面积的减少)为前导。如图 3-21 所示，当载荷超过拉伸应力-应变曲线的最高点 B 时，应变硬化产生的强度增加不足以补偿截面积的减少，试样便产生了集中变形，出现了“细颈”。由于细颈中心承受较强的三向拉应力，见图 3-22(a)，显微孔洞首先在此处形成，见图 3-22(b)，随后长大并聚合成裂纹。在继续加载的情况下，裂纹便沿着与拉伸垂直的方向扩展，长大成一中央裂纹，见图 3-22(c)。最后在细颈边缘处，沿与拉伸轴成 45°方向被剪断，见图 3-22(d)，形成所谓“杯锥断口图”，见图 3-22(e)。

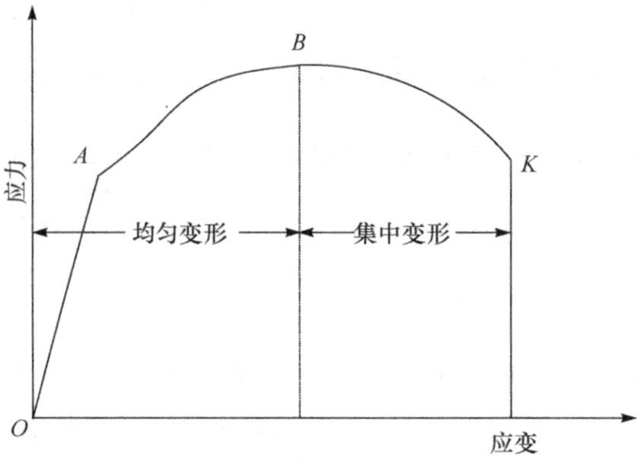

图 3-21　拉伸时的应力-应变曲线

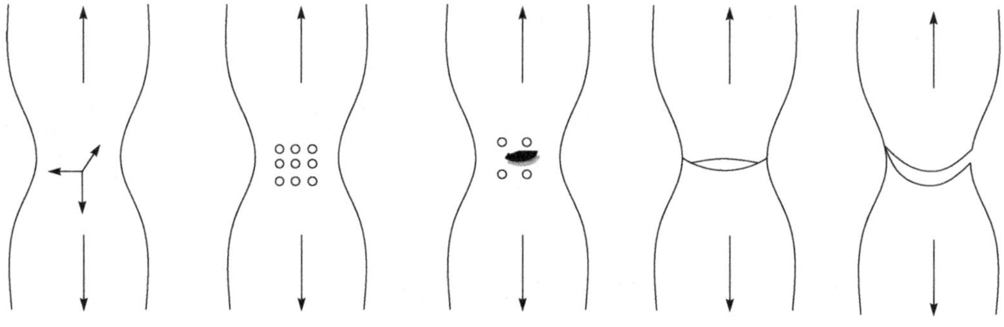

图 3-22　标准断裂(杯锥形过程)

杯锥断口是常见的韧性断口。断口的底部一般与主应力方向垂直。此处金属的晶粒拉长呈现长纤维状，因而韧性断口也称纤维状断口。仔细观察它由许多小窝组成，断裂面由许多在断裂前以薄壁隔开的小孔洞构成，这是在塑性变形过程中，微孔不断扩展和孔壁不断伸长而形成的韧窝。

低碳钢、铝合金和铜合金等的韧性断裂多起源于孔洞。这是由于金属在熔炼过程中混入氧化物、硫化物等夹杂物粒子而造成的。对于多相合金来说，难变形的第二相粒子是造成孔洞的原因。当基体金属变形时，在夹杂物或第二相难变形粒子的相界面处将产生强烈的附加拉应力，若界面的结合力弱，则由于拉应力的作用很容易发生剥离，于是就在相界面上产生了孔洞。夹杂物与第二相粒子的数量、几何形状、尺寸及其与基体结合的强度都是影响断裂的重要参数。夹杂物或第二相粒子引起孔洞而发生断裂，孔洞长大方式明显地受应力状态的影响，在均匀变形阶段孔洞沿拉伸轴向长大，相邻孔洞难以联合。但是，出现细颈以后，由于细颈中心部位具有强烈的三向拉应力的作用，孔洞急剧向横向长大，彼此联结便形成了裂纹。由于细颈的发展，试样的截面积减小，孔洞间的距离变短，孔洞更易于联结，而导致断裂，当然，金属在塑性变形时所承受的应力状态不同，其延性断裂的微观形貌也不同。

综上所述，韧性断裂有如下特点：韧性断裂前已发生了较大的塑性变形，断裂时要消耗相当多的能量，所以韧性断裂是一种高能量的吸收过程；在小裂纹不断扩大和聚合过程中，又有新裂纹不断产生，所以韧性断裂通常表现为多断裂源；韧性断裂的裂纹扩展的临界应力大于裂纹形核的临界应力，所以韧性断裂是个缓慢的撕裂过程；随着变形的不断进行，裂纹不断生成、扩展和聚集，变形一旦停止，则裂纹的扩展也将随着停止。

这里应当指出，金属材料在塑性变形中出现微裂纹，只是孕育着断裂。因为裂纹尖端的应力集中可以通过塑性变形来松弛，这样会在很大程度上减缓甚至终止裂纹的发展。此外，塑性变形的进行还伴随着裂纹的不断扩展和裂纹的“疗复”两个相反的过程，最终的后果取决于它们进行的速度。“疗复”过程是使已失去原子间作用力的原子再重新恢复作用力的过程，这可通过原子扩散、原子吸附使破断面减少，也可以通过增加静水压力促使破断面贴合，所以回复、再结晶、固态相变和强静水压力等都有助于裂纹的“疗复”。如果裂纹的“疗复”速度大于它形成和扩展的速度，塑性变形就可不断继续下去。反之，如果裂纹的“疗复”速度小于裂纹的形核和扩展速度，则变形不会发展很大即会断裂。

3.4.4 影响断裂类型的因素

塑性与脆性并非金属固定不变的属性，如金属钨，虽在室温下呈现脆性，但在较高的温度下却具有塑性。在拉伸时为脆性的金属，在高静水压力条件下却呈现塑性。在室温下拉伸为塑性的金属，在出现缺口、低温、高变形速度时却可能变得很脆。所以，金属是韧性断裂还是脆性断裂，取决于各种内在因素和外在条件。在塑性加工过程中，要了解塑性-脆性转变条件，尽可能防止脆性，向有利于塑性提高的方面转化。

影响塑性-脆性转变的主要因素有变形温度、变形速度、应力状态、组织结构等。实验研究表明，大多数金属材料(除面心立方结构以外)在变形过程中会随变形温度的改变而改变断裂方式，从韧性断裂到脆性断裂的转变温度称为脆性转变温度，以 T_c 来表示。在此温度(T_c)以上是韧性断裂，在此温度以下为脆性断裂。对一定材料来说，脆性转变温度越高，表明该材料的脆性趋势越大。如果变形温度不变，改变其他参数，如晶粒度、变形速度、应力状态等，同样也会出现塑性-脆性转变现象。

对这种现象的解释，一般认为是断裂应力σ_f对温度不敏感，热激活对脆性裂纹的传播所起作用不大，但屈服强度σ_s却随温度变化很大，温度越低σ_s越高。将σ_s与σ_f对温度作图，则两条曲线的交点所对应的温度就是 T_c。当 $T>T_c$ 时，$\sigma_f>\sigma_s$，此时材料要经过一段塑性变形后才能断裂，故表现为韧性断裂；当 $T<T_c$ 时，$\sigma_f<\sigma_s$，此时材料未来得及塑性变形就已经发生断裂，则表现为脆性断裂。

变形速度的影响与此相似，由于变形速度的提高，塑性变形来不及进行而使σ_s增高，但变形速度对断裂抗力σ_f影响不大。所以在一定的条件下，就可得到一个临界变形速度

ε_e，高于此值便产生脆性断裂，变形速度的提高与变形温度降低的作用一样。

应力状态对塑性-脆性转变的影响，可采用不同深度缺口的拉伸试棒来进行。缺口越深且越尖锐，此时试棒所承受的三向拉应力状态越强烈。实验结果表明，拉应力状态越强，材料的脆性转变温度越高，脆性趋势越大。

习　题

1. 金属客体的变形一般有哪几种？有何区别？
2. 简述单晶体客体的塑性变形。
3. 滑移是什么？滑移有哪些特点？
4. 晶体的塑性变形是均匀的吗？
5. 简述温度对金属客体形变的影响。
6. 简述晶体滑移形变和切应力的关系。
7. 请分析常温细晶粒的金属客体强度高，且塑性、韧性好的原因(用多晶体塑性变形的特点予以解释)。
8. 简述客体塑性变形的本质。
9. 单晶体受力时，哪些力可以引起塑性变形？
10. 金属客体有哪些塑性变形的形式？
11. 滑移变形特点是什么？
12. 简述滑移系与金属客体变形之间的关系。
13. 滑移和位错的区别与联系是什么？
14. 孪生与滑移相比有什么不同？
15. 请分析晶粒大小对金属客体塑性变形能力的影响。
16. 简述金属客体的断裂行为及其基本类型和区别。

第 4 章　金属塑性变形的计算原理

客体变形的重要原因是其在外力作用下产生了塑性变形，人类很早就利用塑性变形进行金属材料的加工成形，但只是在 100 多年以前才开始建立塑性变形理论。建立变形理论之前必须了解材料成形过程中物体所受的外力及其在物体内的应力-应变关系，本章将从材料成形过程中物体所受的外力和所呈现的现象入手，介绍成形材料内应力-应变关系的分析及其表示方法，这些都是客体变形的力学基础。

4.1　基本概念和研究方法

4.1.1　应力状态的基本假设

在一定条件下，如果使物体变形，就必须施加一定的力，作用于物体上的力有两种类型，即体积力(质量力)及表面力(外力)，它们皆可使物体在一定情况下产生弹性变形或塑性变形。但对大多数变形材料来说，材料的变形主要是由表面力来完成的，体积力与表面力相比较，在成形过程中所起的作用小，故一般略而不计。

4.1.2　均匀变形与不均匀变形

若变形区某体积内所有点的变形状态都相同，则此体积的变形称为均匀变形。在均匀变形物体中任一点处的立方体，在一般情况下，应变为斜角六面体。立方体的变形状态可用九个变形分量来描述，即

$$
(\gamma\varepsilon)\begin{cases} \varepsilon_{xx}, \dfrac{1}{2}\gamma_{xy}, \dfrac{1}{2}\gamma_{xz} \\ \dfrac{1}{2}\gamma_{yx}, \varepsilon_{yy}, \dfrac{1}{2}\gamma_{yz} \\ \dfrac{1}{2}\gamma_{zx}, \dfrac{1}{2}\gamma_{zy}, \varepsilon_{zz} \end{cases} \tag{4-1}
$$

式中，ε_{xx}、ε_{yy}、ε_{zz} 为法向应变分量；$\gamma_{xy}=\gamma_{yx}$，$\gamma_{yz}=\gamma_{zy}$，$\gamma_{xz}=\gamma_{zx}$ 为剪切应变分量。

均匀变形后任一点的坐标为其变形前坐标的线性函数。当不考虑物体整体的平移运动和转动时，其坐标的变化可用下式表示：

$$
\begin{cases} x' = a_{11}x + a_{12}y + a_{13}z \\ y' = a_{21}x + a_{22}y + a_{23}z \\ z' = a_{31}x + a_{32}y + a_{33}z \end{cases} \tag{4-2}
$$

式中，x、y、z 为变形前某点的坐标；x'、y'、z' 为变形后上述同一点的坐标；a_{11}、a_{12}、a_{13}、a_{21}、a_{22}、a_{23}、a_{31}、a_{32}、a_{33} 为常系数。

均匀变形的基本特点如下。

(1) 变形前的平面和直线于变形后仍为平面和直线，变形前彼此平行的直线和平面在变形后仍然是平行的。

(2) 任何一个二阶曲面变形后仍为二阶曲面，其中变形前的球体于变形后变为椭球体。

(3) 两个几何相似且位置相似的单元体，于变形后仍保持几何相似。

此外，为使物体实现均匀变形，必须满足下述条件。

(1) 变形物体为各向同性。

(2) 变形物体内各点处的物理状态相同，特别是物体内任一点处的温度相同，变形抗力相等。

(3) 接触面上任一点的绝对压下量和相对压下量相同。

(4) 整个变形物体同时处于工具的直接作用下，即变形是在无外端的情况下进行的。

(5) 接触面上完全没有接触摩擦或没有接触摩擦引起的阻力。

可见，在实际变形过程中完全实现均匀变形是非常困难的，甚至是不可能的。但在某些情况下，可采用均匀加热和减少接触摩擦等措施使塑性变形接近均匀。有时在金属塑性变形的研究中，可把具有不均匀变形的变形区域分成许多小体积，并假定其每个小体积的变形是均匀的。

4.1.3　基本应力与附加应力

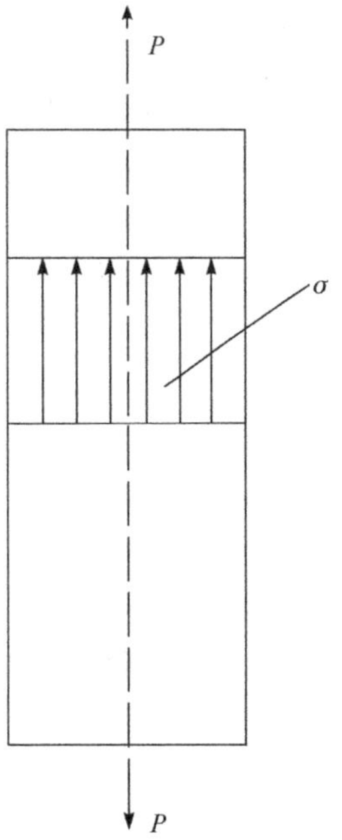

图 4-1　物体拉伸变形时基本应力和基本应力分布图

前已述及，物体在塑性变形过程中通常处于不均匀变形状态。但物体在塑性变形时，其内部各部分相互连接在一起，并保持整体性。所以，当物体产生不均匀变形时，具有不同变形的各部分间将会互相产生影响，出现相互平衡的附加内力。由此内力所产生的应力为附加应力。附加应力是指在物体中，由于其各部分不均匀变形受到物体整体性的限制，而引起的相互平衡的应力。图 4-1 为物体拉伸变形时基本应力和基本应力分布图。例如，用凸形轧辊轧制矩形断面轧件时(图 4-2)，轧件的边缘部分 a 的压下率小于轧件中部 b 的压下率。若轧件的 a、b 部分不为同一整体而各自分离，则压下率大的中间部分 b 将比压下率小的边缘部分 a 有更大的纵向延伸(图中虚线所示)，但实际上轧件为一整体，其边部 a 和中部 b 相互连接在一起，必然产生相互的牵制作用。这时，轧件的中部将给边部以拉力使之增加延伸，而边部给中部以应力使之减小延伸，最后使边部和中部的延伸趋于相等。这时便在变形物体内产生相互平衡内力，结果在中部产生附加压应力，边部产生附加拉应力。

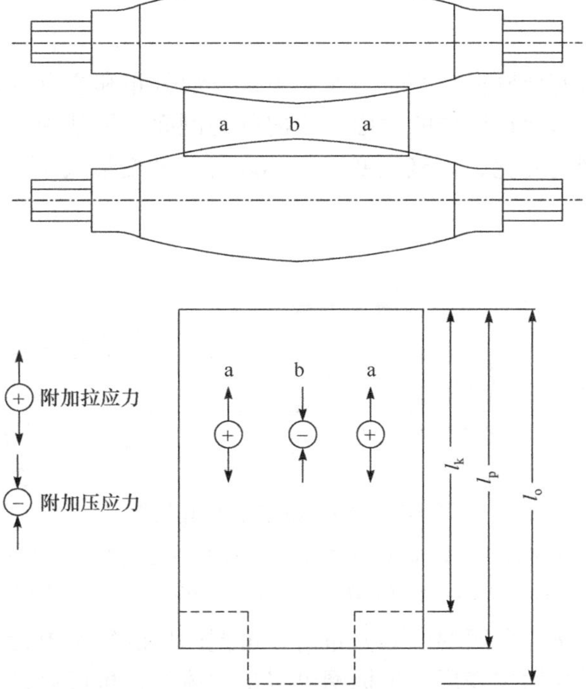

图 4-2　用凸形轧辊轧制矩形件示意图

l_k为变形物体不为一整体时边缘部分轧制后的长度；l_o为变形物体不为一整体对中间部分轧制后的长度；l_p为变形物体为一整体轧后矩形件的实际长度

根据不均匀变形在变形物体内产生区域的不同，附加应力可分为以下三种。

第一种附加应力：在变形物体的大部分间由于不均匀变形所引起的相互平衡的附加应力。图 4-2 所出现的附加应力即第一种附加应力。

第二种附加应力：在变形物体局部的各部分之间(如两个或几个晶粒之间)由于不均匀变形所引起的相互平衡的附加应力。例如，在具有两相晶系的物体中，当变形物体受拉力作用时，屈服点低的晶系在某一方向应比屈服点高的晶系有更大的尺寸变化。但此两晶系不仅彼此相联系，而且与其他晶体发生联系，所以作为一个整体来讲，此两晶系要趋于产生相同的尺寸变化。这样，屈服点高的晶系将给屈服点低的晶系以压力来减小其延伸量。相反，屈服点低的晶系将给屈服点高的晶系以拉力来增加其延伸量，由此在变形物体内部的两相晶系间由于不均匀变形所产生的应力便为第二种附加应力。

第三种附加应力：在变形物体的一个晶粒内各部分间由于不均匀变形所引起的附加应力。例如，多晶体中的某晶粒产生滑移变形时，将会伴随有其滑移面的弯曲和破坏，这样就使滑移面附近的晶格产生畸变，这种畸变的结果是在此区域内引起了相互平衡的附加应力。此外，晶体本身的结构也是不均匀的，会造成其内部应力的分布不均。当此晶体产生变形时，其各部分的变形因受此晶体整体性的限制，便在晶体内的各部分间引起相互平衡的附加应力。

4.1.4　研究变形分布的主要方法

1. 坐标网格法

坐标网格法是研究金属材料在压力作用下，变形分布和质点流动的最广泛的一种方法。这种方法是于变形前在试样的表面上或内部的剖面上用某种方法刻上坐标网，变形后测量和分析坐标网的变化，以确定变形物体内各处的变形大小及分布情况，如图 4-3 所示。

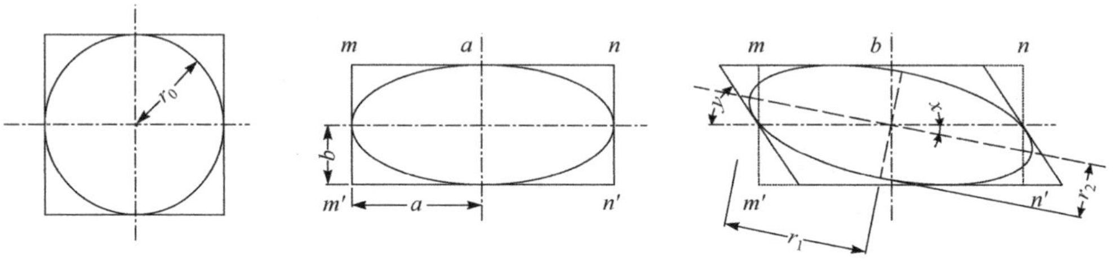

图 4-3　坐标网的方格变化情形

无剪切变形时正方形变为长方形；有剪切变形时正方形变为平行四边形。r_0为原来的内切圆半径；a和b为无剪切变形时椭圆形的轴径；r_1和r_2为有剪切变形时椭圆形的轴径

在用坐标网格法研究金属的变形分布时，可把网格的每个单元看作变形区的单元，在整个变形过程中承受均匀变形。坐标网可以是立体的，也可以是平面的。平面坐标网可以是连续的或分开的。分开的坐标网单元可以是正方形或圆形。显然，圆形在变形过程中变成椭圆形，此椭圆轴的尺寸和方向反映了主变形的大小和方向。对正方形网格而言，当其轴在变形前后始终与主轴重合时，此正方形于变形后变为矩形，此正方形的内切圆变为椭圆，此椭圆的轴与矩形的轴相重合。若主轴的方向相对原来正方形的轴发生了变化，则此正方形将变为平行四边形，此平行四边形的内接圆为椭圆形，此椭圆的轴与新的主轴相重合。

2. 硬度法

金属在常温下的变形过程中由于加工硬化的影响使其硬度增大。变形程度越大，加工硬化越明显，金属的硬度增大越显著。因此，可根据变形金属各处硬度的不同来判断其各处变形程度的大小，从而研究变形的不均匀性。在试验时应注意消除变形前由于组织不均等因素造成原有的加工硬化程度不同的影响。例如，对受机械加工后欲测量硬度的截面应采用电解腐蚀和抛光等方法来消除其表面切削加工的影响。有时对原有试样，可事先测出其相应截面的硬度值，然后根据变形前后的硬度差值来判断变形的分布。

此方法是一种粗略的方法，它只能定性地反映出冷加工变形金属的变形分布情况。只针对那些加工硬化效果明显的金属，随变形程度的增加，硬度才有明显的增大。相反，那些加工硬化现象不显著的金属，因随变形程度的增加硬度变化并不大，此方法所反映的结果就要差些。此外，硬度与变形程度之间也并非是简单的线性关系，这也会影响试验的效果。

3. 比较晶粒法

从再结晶图上可以看出，晶粒的大小与变形程度有关。当变形程度大于临界变形程度时，随着变形程度的增大，晶粒变细。据此，便可根据在变形物体内各处晶粒大小的不同来判断各处所产生的变形程度，确定变形的分布。此方法一般也只能定性地反映变形的分布情况。在确定金属在热加工变形中的变形分布时，此方法仅适用于影响晶粒大小的因素只有变形程度而无其他的情况下。对于冷加工变形后的金属而言，退火后，其晶粒大小将有明显的变化。因此，可以利用退火温度一定，晶粒大小与冷加工变形程度关系的再结晶图，来确定各不同尺寸的晶粒处所具有的变形程度，从而获得变形的不均匀规律。应当指出，当变形程度较大时，随着变形程度的增加，晶粒大小的变化已不明显，此时比较晶粒法将难以应用。

4. 云纹法

此方法是用两系光栅，将其中之一固定于变形物体的某表面上，另一系光栅则作为标准栅。当物体产生变形时，固定其上的光栅也随之变形，之后将标准光栅叠加到变形光栅之上。因此两光栅几何位置有差别，当投射光时便可显示出云纹图。根据云纹图，取得位移分量的数据，经计算得出应力与变形的分布规律。此方法的详细内容与做法在相关实验技术中有详细论述。关于研究变形与应力分布的方法，除了上述常用的几种，还有光学法、示踪原子法等。

4.2　自由变形理论

所谓自由变形是指不由变形工具形成的空间尺寸所限定的变形，如直角六面体在两平面锤头间被压缩、板材在两平轧辊间被轧制时的变形，均属于自由变形。此时，变形的方向称为自由变形方向，发生自由变形的平面称为自由变形平面。

自由变形理论的目的是要确定如下三点。

(1) 自由特性变形彼此间的比值，如轧制时轧件的延伸与宽展之比。

(2) 金属塑性流动的运动学图形。

(3) 由于不均匀变形，位于自由平面内断面的几何形状。

自由变形理论的基础是伊凡·古布金(Ivan Mikhailovich Gubkin)提出的最小阻力定律。按此定律可以得出结论：当物体各质点有在不同方向移动的可能时，变形物体内的每一个质点都将沿其最小阻力方向移动。这样，当在自由变形方向上存在着金属塑性流动的阻力时，便可根据最小阻力定律确定自由变形平面内横断面形状变化的规律。有学者认为，移动各点的轨迹在自由变形平面上的投影，可发现其与位于此平面内的断面周边的最短法线垂直。据此推测，最短法线方向就是最小阻力方向。据此就可以预测变形物体在自由变形平面内的断面形状。

4.3　影响金属变形行为的因素及所呈现的现象

影响金属变形行为的因素有接触摩擦，变形物体的外端、变形物体的几何形状和工具形状、变形物体的温度不均和组织不均性等。由于上述影响因素的不同，金属在塑性变形中所呈现的现象亦异。现分别讨论如下。

4.3.1　接触摩擦

如图 4-4 所示，圆柱体于受压时除了受变形工具的压缩力，在与工具接触的端部还受接触摩擦力的作用，由于此接触摩擦力阻碍金属质点向横向流动的结果，圆柱体在此过程中产生鼓形。此时，可将变形金属的整个体积大致分成三个具有不同变形程度和应力状态的区域：Ⅰ区位于圆柱体端部的接触面附近，受接触摩擦的影响较大，且远离与垂直的作用力轴线呈大致 45° 交角的易产生滑移的区域，在此区域内产生塑性变形较为困难；Ⅱ区处于与垂直作用力大致为 45° 交角的最有利的变形区域，且与端面距离较远，因此在此区域内最易发生塑性变形；Ⅲ区靠近圆柱体表面，大致处于Ⅱ区中心部分的四周，其变形量介于Ⅰ区与Ⅱ区之间。

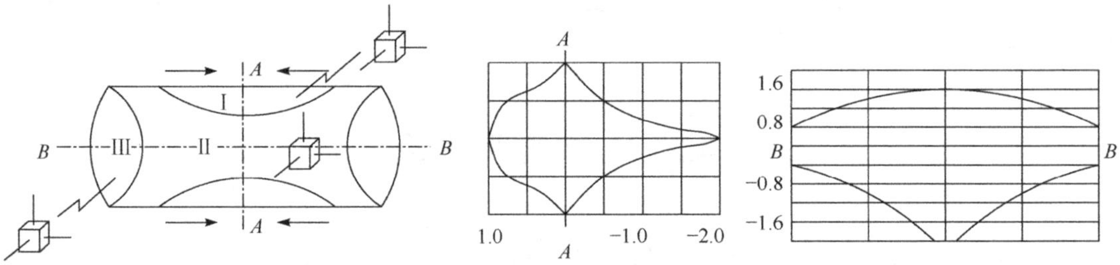

图 4-4　圆柱体镦粗时的变形及体积的分区

Ⅰ区为难变形区；Ⅱ区为易变形区；Ⅲ区为自由变形区

从应力状态角度来看，Ⅰ区内处于强烈的三向压应力状态，虽有不均匀变形而产生的附加拉应力存在，但仍不能改变此三向压应力状态的形式，在Ⅱ区内的应力状态为三向压应力，所产生的附加应力亦为压应力。Ⅲ区由于环向(切向)出现附加拉应力使其应力状态发生变化。此环向拉应力越靠近外层越大，而径向压应力则越靠近外层越小。在此区域内部的应力状态应为两压一拉的应力状态。在实验过程中可见，圆柱体在压缩过程中，随着压下率的增加，其鼓形出现的程度也在不断地变化。

4.3.2　变形物体的外端

在实际变形过程中，许多情况下变形物体不是直接承受变形工具的作用而产生变形的。这样，可将在变形过程中某一瞬间变形物体不直接承受工具作用而处于变形区以外的部分称为外端(或称外区、刚端)。因外端与变形区直接相连，所以在变形过程中外端与变形区要相互发生作用。外端影响着变形区内金属的变形、应力及速度的分布。而变形区金属的变形也会影响与其相连接的外端的一定区域，外端可有封闭形外端和非封闭形外端。

4.3.3　材质不均的影响

当变形金属中化学成分、组织结构、夹杂物、相状态等分布不均时，就会使金属内部的变形抗力等力学性能分布不均。此时会在塑性加工时引起变形物体的变形与应力的不均匀分布。

4.3 节讨论了影响变形金属的变形与应力不均匀分布的诸因素。这些因素在材料实际变形过程中往往不是单一存在的。因此，应根据加工条件对所出现的不均匀变形现象进行具体分析，找出其主要因素。

4.4　残余应力

4.4.1　残余应力的概念

残余应力为塑性变形结束后保留在变形物体内的附加应力。那么残余应力的本质是什么呢？从能量观点来分析，塑性变形的总位能是由释出位能和约束位能两部分所组成的。释出位能用来确定平衡外力作用的内力的数值。而约束位能则用来确定由塑性变形引起的相互平衡内力的数值。因附加应力是由不均匀变形引起的相互平衡的内力所造成的，所以约束位能也同样可确定在每一变形瞬间附加应力的数值。虽然残余应力是变形完毕后保留在物体内的附加应力，但并不是所有的约束位能都用于形成残余应力，部分位能在塑性变形中由于软化而被释放。因此，残余应力的位能应小于在整个塑性变形过程中用于形成附加应力的位能。

4.4.2　残余应力所引起的后果

(1) 物体尺寸和形状的变化。当变形物体内存在残余应力时，物体将会产生相应的弹性变形或晶格畸变。若此残余应力因某种因素消失或其平衡遭到破坏，此相应的变形也将发生变化，从而会引起物体尺寸和形状的改变。对于形状对称的变形物体来讲，仅发生尺寸的变化，形状可保持不变。例如，当用表面层具有拉伸残余应力和心部具有压缩残余应力的棒材在车床上车成圆柱形工件时，切削后由于具有拉伸残余应力的表面层被车削掉，成品工件的长度将有所增加。若加工件是不对称的，则物体除了尺寸变化，还可能发生形状的改变。残余应力的消失或减小的原因，除机械加工外还有时间的延长等因素，有时，具有残余应力的物体在热处理过程中，受到冲击后也会发生尺寸和形状的变化。

(2) 缩短零件的使用寿命。因残余应力本身是相互平衡的，所以当具有残余应力的物体受到载荷作用时，物体内有些部位的工作应力为外力所引起的应力与此残余应力之和，有些部位的工作应力为其差，这样就会造成应力在物体内的不均匀分布。当此工作应力达到材料的屈服强度时，物体将会产生塑性变形；达到材料的断裂强度时，物体将会产生断裂，从而缩短了零件的使用寿命。

(3) 降低金属的再塑性加工性能。当具有残余应力的物体继续进行塑性加工时，由于残余应力的存在可加强物体内的应力和变形的不均匀分布，金属的变形抗力增大，塑性降低。

(4) 降低金属的耐蚀性及冲击韧性和疲劳强度等。

4.5 金属塑性变形时的接触摩擦

接触摩擦是金属塑性加工时的重要变形条件。如前所述，它不仅决定着金属变形时应力与变形的分布，而且影响着金属的塑性、变形抗力及金属的内部组织与性能。因此，了解接触摩擦本身的变化规律具有十分重要的意义。

4.5.1 塑性加工时接触摩擦的特征及摩擦定律

金属塑性加工时所产生的接触摩擦与机器零件间所产生的滑动摩擦不同，其特征如下。

(1) 具有很大的接触压力，在热塑性加工时为 100～500MPa，在冷塑性加工时为500～2500MPa，而在重载荷的机器轴承上的压力一般不超过 20～40MPa。

(2) 变形物体有新的接触面出现，使摩擦系数增加。

(3) 在热塑性加工时在接触面上有很高的温度，有时可达 1200℃。

在塑性加工中常用的摩擦定律如下。

1. 正压力定律

$$T = \mu P_N \tag{4-3}$$

式中，T 为接触表面上的摩擦力；P_N 为接触表面上的正压力；μ 为塑性变形时的接触摩擦系数。

若接触表面上的正压力用正应力 σ_1 表示，摩擦力用其切应力 t 表示时，则式(4-3)可写成如下形式：

$$t = \mu \sigma_1 \tag{4-4}$$

可见，随正压力(或正应力)的增大，摩擦力(或摩擦切应力)也增大。

2. 常摩擦力定律

如前所述，当接触面上的切应力达到其极大值时，根据塑性变形理论可知，摩擦切应力 t 等于金属的剪切屈服应力 τ_s，即

$$t = \tau_s \tag{4-5}$$

在此，按最大切应力不变条件 $\tau_s = 0.5\sigma_s$，按形变能不变条件 $\tau_s = 0.577\sigma_s$。式(4-5)

依据塑性条件只能当变形抗力与静水压力无关时才适用。

如果在工具与变形金属的接触面间涂上一层润滑的黏性介质，并在变形中润滑层保持完整，则此条件应属于润滑摩擦条件。这时，润滑摩擦力与黏度和相对滑动速度成正比，与润滑层的厚度成反比，即

$$T = \frac{\eta F v}{h} \tag{4-6}$$

式中，T 为润滑摩擦力；η 为黏度；F 为滑动表面积；v 为相对滑动速度；h 为润滑层厚度。

单位润滑摩擦力可用下式表示：

$$t = \eta \frac{\mathrm{d}v}{\mathrm{d}h} \tag{4-7}$$

4.5.2　影响接触摩擦系数的因素

1. 加工物体的化学成分

研究结果表明，在热轧时随着含碳量的增加，摩擦系数减小。铬钢(40Cr)中的铬与碳钢相比，无论在高温还是在低温皆能降低其摩擦系数。相反，锰钢(30Mn2)中的锰与碳钢相比能增大其摩擦系数。复杂合金化钢与碳钢相对比，在低温时有低的摩擦系数，高温时有高的摩擦系数。

关于不同金属对摩擦系数的影响，是伊凡·古布金在无润滑剂条件下热镦粗时得出的，摩擦系数减小的顺序是钢、铝合金、镁合金、有色金属合金。也有学者在冷轧(压下率为 40%)时得到的摩擦系数减小顺序是铝(0.188)、铜(0.150)和钢(0.140)。另外也有人得出与此不同的顺序，在不用润滑剂的抛光锤头间镦粗时，其摩擦系数的减小顺序是钢、铜、杜拉铝。总的来看，关于化学成分对摩擦系数的影响研究得还不充分，所得出的不同结果可能与变形物体接触表面的物理-化学状态的不同有关。

2. 变形温度

变形温度对摩擦系数的影响非常复杂。一般认为，摩擦系数随变形温度的变化如图 4-5 所示。在 500～800℃时摩擦系数有最大值，曲线的前半部随温度升高摩擦系数增大是变形金属氧化皮的生成和变形抗力降低的结果。而曲线的后半部，随温度升高摩擦

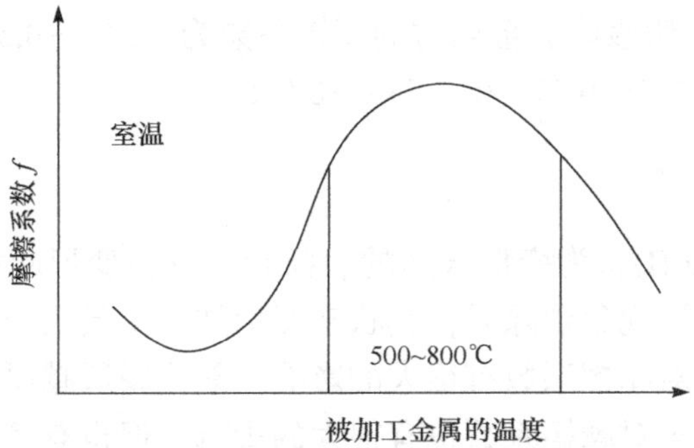

图 4-5　摩擦系数与变形温度的关系

系数减小可能是因温度升高氧化皮变软，甚至起到润滑作用，并且此时金属的粗糙表面变为平滑的结果。

通过对钢的摩擦系数研究可知，在 0～1200℃的温度区间，摩擦系数有 3 个最小值和 2 个最大值。在低温，随温度的升高，摩擦系数增大，并于 450～550℃有最大值；之后摩擦系数下降，于 600～750℃有最小值；温度再升高时摩擦系数又增大，于 900～1050℃时达到第 2 个最大值；再继续升高温度，摩擦系数又下降。一般认为，600～750℃摩擦系数下降是氧化皮中出现了 FeO 新相的结果。

3. 形变速度

通常，形变速度升高时摩擦系数减小。实验结果表明，当轧制速度由 0 增加到 5m/s 时，摩擦系数几乎降低 1/2。在锻锤上锻造时的摩擦系数要比在压力机上锻造时降低 20%～25%。这种现象可能是工具与变形物体间的接触时间较短，使变形物体表面上的凸凹不平部分的塑性变形得不到发展，摩擦面的接触也不够密切的缘故，关于形变速度对摩擦系数的影响，也有的实验得出与上述相反的情况，如当以 50%的变形率轧制铅时，随着轧制速度的逐渐增大，摩擦系数大致增大了 0.8 倍。

4. 变形工具的表面状态

变形工具表面状态对摩擦系数的影响非常显著，其值在 0.05～0.7 变动。决定工具表面状态的首先是工具表面的加工精度。在冷轧时为降低摩擦系数，对轧辊表面进行抛光，在轧制时施加润滑剂。而在轧机上轧制钢锭时，为增大摩擦系数，在轧辊表面上进行刻痕或堆焊。

在研究工具表面状态对摩擦系数的影响时还应注意摩擦的方向性。摩擦的方向性是工具表面的加工状态的不同、出现裂纹网的不同及磨损的不同等因素所造成的。例如，轧辊表面经车床切削加工后，沿轧辊的圆周方向与沿轧辊的轴线方向的摩擦系数将有所不同。有人认为，垂直于机械加工方向的摩擦系数要比沿机械加工方向的摩擦系数大 20%。实验结果表明，随加工工具表面的粗糙度的增加，所有方向摩擦力的绝对值将增大。在接触表面施加润滑剂会使所有方向摩擦力的绝对值减小。当变形工具表面吸附有其他物质时摩擦系数会改变。研究结果表明，在进行过粗磨的轧辊上热轧铜时摩擦系数为 0.269～0.329，而当此轧辊吸附有金属时的摩擦系数为 0.545～0.560。在相应的条件下热轧铝摩擦系数分别为 0.227～0.272 和 0.535～0.558。

5. 变形金属表面状态

翁克索夫(Унксов,E.П)认为变形金属的表面状态仅在变形起始阶段对摩擦系数有影响。变形金属的表面不平现象消除后，其状态便由加工工具表面质量来决定。变形金属表面的氧化物和氧化皮对摩擦系数有很大的影响，氧化膜层越厚，摩擦系数越大。变形金属表面的物理化学状态对摩擦系数也有很大的影响。但也有例外，如对表面已完成精加工的试样，在无氧化物及其他外来物存在的条件下进行冷加工时，其摩擦系数的数值很大，可达到使相互摩擦的金属黏结在一起的程度。

6. 单位压力

研究结果表明，随接触表面单位压力的增加，摩擦系数增大。但也有研究结果与之相反，即随着单位压力的增大，摩擦系数减小。这一矛盾的结果可能是由于尚未准确地建立起表面状态的变化与单位压力关系。可以预测，一方面，单位压力增加时，接触表面不平度将降低，从而使摩擦系数减小；另一方面，单位压力的增大，会使接触表面间的相互作用力增大，从而使摩擦系数增大。宏观摩擦系数的变化是以上两个因素综合作用的结果。

7. 润滑剂

在接触表面添加润滑剂，当形成坚固的润滑膜时可使摩擦系数显著减小，从而降低工业加工的能耗，并减小变形的不均匀性，提高变形物体的表面质量，并通过改变材料表面的应力状态，来提高金属的塑性，减小力学性能的不均匀性。同时，润滑剂还可起到冷却工具和延长其使用寿命的作用。在使用润滑剂时，要求润滑剂能很好地黏附于接触表面，并在经塑性加工后可被容易去除。

在冷塑性加工时可使用不同成分的润滑剂，主要成分有矿物油、植物和动物油、活化添加剂(油酸、硫黄)、中性填充料(石墨、白垩、滑石)及其他稳定剂。在热塑性加工中作为润滑剂的有矿物油、盐溶液、重油、胶体石墨、玻璃等。

4.6　变形力学方程

为了进行力学参数和变形参数的工程计算，需要建立变形力学的有关方程，如静力方程(包括静力平衡方程和应力边界条件)、几何方程(包括应变与位移的关系方程与协调方程)、物理方程(包括屈服准则及应力与应变的关系方程)等。

4.6.1　力的平衡方程

一般情况下，变形体内各点的应力状态是不同的，不能用同一个点的应力状态描述或表示整个变形体的受力情况。但是变形体内各点间的应力状态的变化又不是任意的，变形体内各点的应力分量必须满足静力平衡关系，即力的平衡方程。也就是说，力的平衡方程是研究和确定变形体内应力分布的重要依据。

不同的变形过程具有不同的几何特点，有的适用直角坐标系(如平砧压缩矩形件)，有的适用圆柱面坐标系或球面坐标系(如回转体的镦粗、挤压、拉拔等)。在通常的材料成形加工过程中，由于体积力(惯性力和重力)远小于所需的变形力，所以在力的平衡方程中，可将体积力忽略，但对于高速的材料成形过程来说，惯性力不可忽略。

1. 直角坐标系中力的平衡方程

首先研究平行六面体的平衡问题。将物体置于直角坐标系中，物体内部各点的应力分量是坐标的连续函数。过物体内部一点 $P(x, y, z)$作一垂直于 x 轴的微平面，已知平面上作用的正应力和剪应力为式(4-8)。在无限接近点 P 的点 $P_1(x+\mathrm{d}x, y+\mathrm{d}y, z+\mathrm{d}z)$处也作一垂直于 x 轴的微平面，则该微平面上的应力如图 4-6 所示。

$$\begin{cases}\sigma_x = f_1(x,y,z)\\ \tau_{xy} = f_2(x,y,z)\\ \tau_{xz} = f_3(x,y,z)\end{cases} \tag{4-8}$$

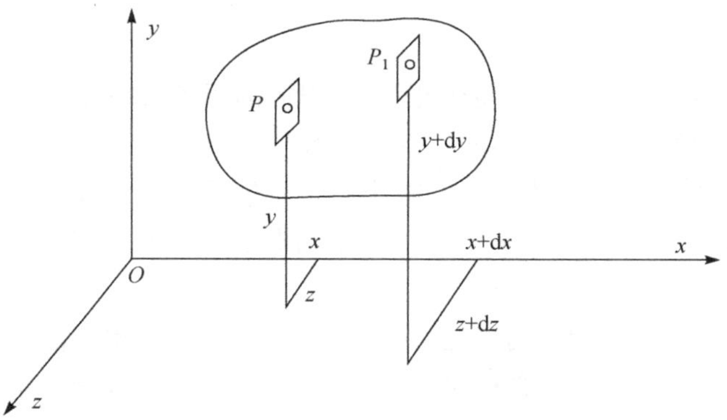

图 4-6　直角坐标系的微平面

2. 柱面坐标系的平衡方程

根据描述的对象不同，应该选择不同的坐标系。例如，轴对称应力状态的变形体，其 θ 平面上的剪应力为零。如果仍按直角坐标系来描述应力状态的变化，就不能利用这个特点，从而使问题复杂化。选用柱面坐标系则可大为简化。

3. 球面坐标系的平衡方程

当研究诸如棒材挤压和拉拔等某些变形过程时，采用球面坐标系将会更为方便。此时，在球面坐标系中，变形体中任意一点的位置可由径向半径及决定该半径在空间位置的两个极角 φ 和 θ 来表明。极角 φ 是两个极射平面间的夹角，即两个极射平面与水平面的交线的夹角；θ 是指由 z 轴起与任意 r 在极射平面上的夹角。

4.6.2　应力边界条件

材料在变形过程中，经常出现的应力边界条件有 3 种情况，即自由表面、工具与工件的接触表面和变形区与非变形区的分界面。

(1) 自由表面，一般情况下，在工件的自由表面上，既没有正应力作用，也没有剪应力作用。只是在某些特殊情况下，如液体静力挤压和镦粗时，工件的自由表面受到来自周围介质的强大压缩正应力作用。

(2) 工件与工具的接触表面，在此边界上，既有压缩正应力 σ_n 的作用，也存在摩擦剪应力 τ_f，有时 $\tau_f = f_{\sigma_n}$ 或 $\tau_f = mk$，有时 $\tau_f = K$。其中，f 为摩擦系数，m 为摩擦因子，m=0～1.0，K 为屈服剪应力。

(3) 变形区与非变形区的分界面。在此界面上作用的应力可能来自两区本身的相互作用，如挤压时变形区与死区之间，既有压缩正应力 σ_n，也有剪应力 τ_f，而且近似取 $\tau_f = K$，也可能来自特意施加的外力作用，线材连续拉拔时的反拉力(作用在模子入口处的线材断面上)。当然，拉拔力本身(作用在模子出口处的线材断面上)也属此类。若这些边界条件处理得好，与实际变形过程相近，则所得的变形力学计算值就可能符合实际，否则，将造成误差。

4.6.3　应变协调方程

式(4-8)描述了应变分量与位移分量之间的微分关系，根据变形体在变形过程中保持连续而不破坏的原则，式(4-8)中 6 个应变分量的函数不能是任意的。容易证明，它们之间存在下列关系。

(1) 在同一平面内的应变分量间，存在

$$\begin{cases} \dfrac{\partial^2 \varepsilon_x}{\partial y^2} + \dfrac{\partial^2 \varepsilon_y}{\partial x^2} = \dfrac{2\partial^2 \varepsilon_{xy}}{\partial x \partial y} \\ \dfrac{\partial^2 \varepsilon_y}{\partial z^2} + \dfrac{\partial^2 \varepsilon_z}{\partial y^2} = \dfrac{2\partial^2 \varepsilon_{yz}}{\partial y \partial z} \\ \dfrac{\partial^2 \varepsilon_z}{\partial x^2} + \dfrac{\partial^2 \varepsilon_x}{\partial z^2} = \dfrac{2\partial^2 \varepsilon_{zx}}{\partial z \partial x} \end{cases} \tag{4-9}$$

若已知线应变的两个方程，则角应变即被两个线应变所确定，如

$$\varepsilon_{xy} = \frac{1}{2}\iint \left(\frac{\partial^2 \varepsilon_x}{\partial y^2} + \frac{\partial^2 \varepsilon_y}{\partial x^2} \right) \mathrm{d}x\mathrm{d}y \tag{4-10}$$

(2) 在不同平面内的应变分量间，存在

$$\begin{cases} \dfrac{\partial}{\partial x}\left(\dfrac{\partial \varepsilon_{zx}}{\partial y} + \dfrac{\partial \varepsilon_{xy}}{\partial z} - \dfrac{\partial \varepsilon_{yz}}{\partial x} \right) = \dfrac{\partial^2 \varepsilon_x}{\partial y \partial z} \\ \dfrac{\partial}{\partial y}\left(\dfrac{\partial \varepsilon_{xy}}{\partial z} + \dfrac{\partial \varepsilon_{yz}}{\partial x} - \dfrac{\partial \varepsilon_{zx}}{\partial y} \right) = \dfrac{\partial^2 \varepsilon_y}{\partial x \partial z} \\ \dfrac{\partial}{\partial z}\left(\dfrac{\partial \varepsilon_{yz}}{\partial x} + \dfrac{\partial \varepsilon_{zx}}{\partial y} - \dfrac{\partial \varepsilon_{xy}}{\partial z} \right) = \dfrac{\partial^2 \varepsilon_z}{\partial x \partial y} \end{cases} \tag{4-11}$$

若已知角应变，则线应变 $\varepsilon_x, \varepsilon_y, \varepsilon_z$ 可确定，如

$$\varepsilon_x = \iint \frac{\partial}{\partial x}\left(\frac{\partial \varepsilon_{zx}}{\partial y} + \frac{\partial \varepsilon_{xy}}{\partial z} - \frac{\partial \varepsilon_{yz}}{\partial x} \right) \mathrm{d}y\mathrm{d}z \tag{4-12}$$

上述两组方程(4-9)和方程(4-11)称为应变协调方程，或变形连续方程。其物理意义是：若应变分量间符合上述方程的关系，则原来的连续体在变形后仍是连续的，否则就会出现

裂纹或重叠。

4.6.4　屈服准则

屈服准则是指在外力作用下，变形体由弹性变形过渡到塑性变形(即发生屈服)，主要取决于变形体的力学性能和所受的应力状态。变形体本身的力学性能是决定其屈服的内因，所受的应力状态乃是变形体屈服的外部条件。对同一材料，在相同的变形条件下(如变形温度、应变速率和预先加工硬化程度一定)，可以认为材料屈服只取决于所受的应力状态，塑性理论的重要研究方向之一即找出变形体由弹性状态过渡到塑性状态的条件，就是要确定变形体受外力作用后的应力分量与材料物理常数之间的关系，这种关系标志着塑性状态的存在，称为屈服准则或塑性条件，在单向拉伸时，这个条件就是$\sigma=\sigma_0$，即拉应力σ达到σ_0时，就会发生屈服，这里σ_0是材料的一个物理常数，它可由拉伸实验获得。下面分析在复杂的应力状态下，材料的屈服条件是如何表达的。

实验表明，对处于复杂应力状态的各向同性物体，有当某向正应力远超屈服极限σ_s时，却并没有发生塑性变形的现象。可以设想，塑性变形的发生不决定于某个应力分量，而决定于一点的各应力分量的某种组合。既然塑性变形是在一定应力状态下发生的，而任何应力状态最简便地是用 3 个主应力表示，故如果所寻求的条件存在，那么这个条件应是 3 个正主应力的函数，即

$$f\left(\sigma_1,\sigma_2,\sigma_3\right)=C \tag{4-13}$$

式中，C为材料的物理常数。下面介绍一种常见的屈服准则，即屈雷斯卡(Tresca)屈服准则(最大剪应力理论)。

1864 年，法国工程师屈雷斯卡在软钢等金属的变形实验中，观察到屈服时出现吕德斯带(Lüders bands)，吕德斯带(是指退火的低碳钢薄板在冲压加工时，由于局部的突然屈服产生不均匀变形，而在钢板表面产生条带状皱褶的一种现象)与主应力方向约成 45°角，于是推想塑性变形的开始与最大剪应力有关。所谓最大剪应力理论，就是假定对同一材料在同样的变形条件下，无论是简单应力状态，还是复杂应力状态，只要最大剪应力达到极限值就发生屈服，即

$$\tau_{\max}=\frac{\sigma_1-\sigma_3}{2}=C \tag{4-14}$$

式中，C可由简单应力状态实验来确定。需要指出的是，式(4-14)所得结论与第 9 章中的第三强度理论是一致的。

4.6.5　塑性应变时的应力-应变关系

前已述及，塑性理论比弹性理论的复杂之处在于其变形连续方程(应力-应变关系)不是线性的。对于理想弹-塑性材料，因为只有 3 个平衡方程和 1 个塑性条件式(屈服准则)，所以，为了求解 6 个应力分量，需要补充 1 组物理方程。一般情况下，只是对于像轴对称的平面问题那种简单情况，因为只有 2 个未知应力σ_r和σ_θ，才可以由 1 个平衡方程式和 1 个塑性条件式求解。而对于应变硬化材料，即使简单问题的求解也要涉及应力-应变关系。

4.7　滑移线理论及其应用

用滑移线理论分析理想刚塑性材料。理想刚塑性材料也称圣维南(Saint Venant)-李维(Livius)-米泽斯(Von Mises)材料，这种材料的特点是完全忽略弹性变形，不考虑加工硬化和变形抗力对变形速度的敏感性，假定材料不可压缩，此时其应力-应变关系为一水平直线，只要等效应力达到某一恒定值，材料便发生屈服，并且在材料的变形过程中，其屈服应力也不发生变化。实际工程中常用滑移线理论来分析理想刚塑性材料的平面变形问题，分析重点是确定变形体内的应力分布，特别是工件和工具接触表面上的应力分布。滑移线理论创立于 20 世纪 20 年代初，到 20 世纪 40 年代后期，形成了较为完善的平面变形问题的正确解法。按照滑移线理论，可以在塑性流动区内作出滑移线场，借助滑移线场求出流动区内的应力分布。

4.7.1　基本假设

(1) 假设变形材料为各向同性的理想刚塑性材料。此种材料在屈服前处于无变形的刚体状态，屈服开始便进入塑性流动状态。

(2) 假设塑性区各点的变形抗力是常数，即认为材料是在恒定的屈服应力下变形的，并且忽略各点的变形程度、变形温度和应变速率对变形抗力 σ_δ 或 k 的影响。这个假设对于变形程度较大、应变速率不太大，而其变形温度超过再结晶温度的热加工及对有一定的预先加工硬化金属的冷加工都是适用的。

此外，还忽略了因温差引起的热应力和因质点的非匀速运动产生的惯性力。应当指出，由于引用了上述假设，不可避免地会产生理论分析结果与实测结果不一致，但已证明，尽管理论有一定的局限性，但在分析挤压、拉拔、锻压和轧制等材料成形过程时，采用刚塑性材料的假设并没有引起大的误差，在工程计算上是允许的。

4.7.2　基本概念

滑移线理论主要用以解析平面塑性变形问题。板材压制，扁带的锻压、挤压和拉拔等均可以认为是平面塑性变形问题。在平面塑性变形时，金属的流动平行于给定的 xOy 平面，而沿 z 轴方向无变形。在平面变形条件下，塑性区内各点应力状态应满足的塑性条件为

$$\tau_{\max} = \pm\sqrt{\frac{1}{4}\left(\sigma_x - \sigma_y\right)^2 + \tau_{xy}^2} = k \tag{4-15}$$

式中，k 是屈服剪应力。按屈雷斯卡屈服准则，$k = \frac{1}{2}\sigma_\delta$；按米泽斯屈服准则，$k = \frac{1}{\sqrt{3}}\sigma_\delta$。

塑性区内任意一点处的两个最大剪应力相等且相互垂直，连接各点的最大剪应力方向并绘成的曲线便得到两族正交的曲线，分别称为 α 和 β 滑移线，两族正交的滑移线在

塑性区内构成的曲线网称为滑移线网，由滑移线网覆盖的区域称为滑移线场，如图 4-7 所示。

下面以图 4-8 为例，说明绘制滑移线场图的步骤。图 4-8 为变形体内任意一点 p，并以滑移线为界，在点 p 处取一曲边单元体。为后续计算方便，须正确标记 α 和 β 两族滑移线。通常若分别以 α 线和 β 线构成一右手坐标系的横轴和纵轴，则代数值最大的主应力 σ_1 的作用线是在第Ⅰ和第Ⅲ象限内；α 线各点的切线与所取的 x 轴的夹角为 φ，逆时针转为正，顺时针转为负(图 4-8 中点 p 处之夹角 φ 为正)。平面塑性变形时，在塑性区内任一点，总会找到两个相互垂直的 α 线方向和 β 线方向，它们二等分主方向，此时单元体产生纯剪塑性变形。

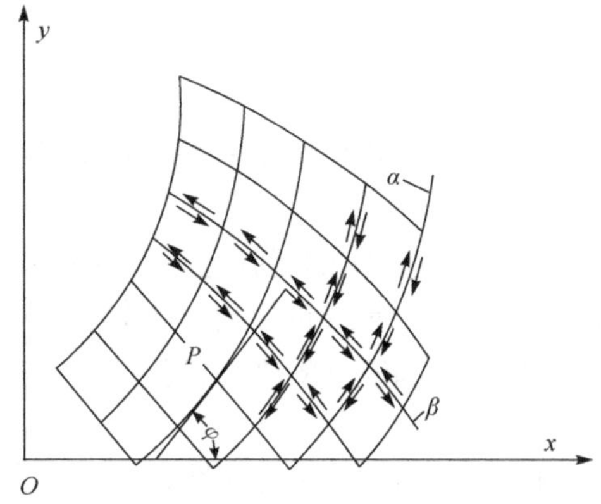

图 4-7　滑移线

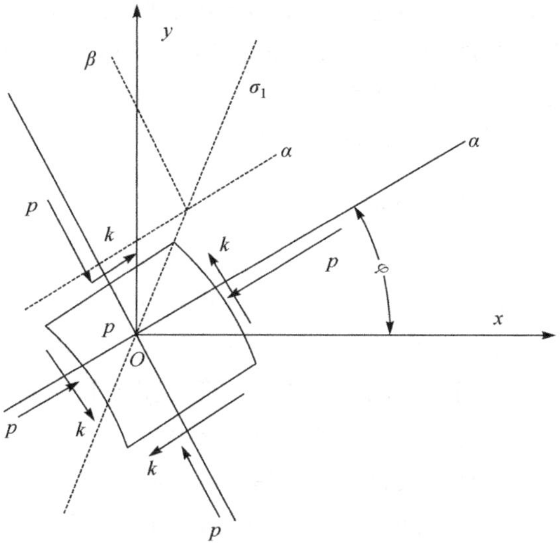

图 4-8　曲边单元体滑移线场

根据滑移线原理分析，其具有以下特点。

(1) 滑移线是塑性流动区内最大剪应力截面与流动平面的交线，即最大剪应力的迹线，是两族正交的曲线，过一点只能有两条滑移线，滑移线与主应力迹线相交为 45°角。

(2) 滑移线分布于整个塑性区中，并一直延伸到变形体的边界。

(3) 力是产生变形的原因，应力场不同，滑移线场也随之而异，由已确定的滑移线场可求出相应的应力场。

(4) 在滑移线场中，各点的 k 值相同且等于最大剪应力，也就是各点的莫尔圆半径均相等，但静水压力 p 不相同，p 值与 φ 的大小相关。

4.8　极限分析原理

如前所述，材料变形过程中要得到应力与应变的真实解，要具备如下条件：①在整个变形体内部必须满足静力平衡方程；②整个变形体内部必须满足几何方程、协调方程与体积不变条件；③必须满足变形材料的物理方程，包括塑性条件与本构方程(应力-应变关系方程)；④必须满足位移(或速度)边界条件 $u_i = \overline{u}_i$ 或 $v_i = \overline{v}_i$，以及应力边界条件。由于实际材料变形过程中，求出满足以上条件的真实解相当困难，所以在极值定理的基础上，放松一些条件寻求解的上界最小值或下界最大值，就称为极限分析法，理想刚塑性材料的极限分析法包括上界法与下界法。

(1) 上界法，对工件变形区设定一个只满足几何方程、体积不变条件与速度边界条件的速度场，称为运动许可速度场，相应条件称为运动许可条件；根据上界定理可知，以上速度场确定的成形功率及相应的成形力值大于真实解，据此寻求其中最小值的解析方法称为上界法。

(2) 下界法，对工件变形区设定一个只满足静力平衡方程、应力边界条件且不破坏屈服条件的应力场，称为静力许可应力场，相应条件称为静力许可条件。以上应力场确定的成形功率及相应的成形力值小于真实解，据此寻求其中最大值的解析方法称为下界法。

实验均已证明真实解介于上界法和下界法两者所计算的值之间，由于任何成形过程都存在诸多满足运动许可条件的速度场与满足静力许可条件的应力场，所以存在诸多上界解或下界解。如何在诸多上界解中寻求最小的或在诸多下界解中寻求最大的才能得到更接近真实的解，这是极值原理解析成形问题的关键。

习　　题

1. 客体变形时，什么条件下的变形是均匀变形？
2. 简述基本应力和附加应力的产生过程。
3. 研究客体变形分布的主要方法有哪些？
4. 自由变形是什么？
5. 简述影响金属变形行为的主要因素。
6. 客体中的残余应力是什么？
7. 简述客体中的残余应力会引起的变化。
8. 金属客体发生塑性变形时，与所接触工具之间产生接触摩擦的特点是什么？
9. 影响接触摩擦系数的因素有哪些？
10. 分析 3 种常见金属客体变形时的应力边界条件。

第 5 章 常用材料及其特点

一般情况下，材料都是用来使用的，这类材料称为工程材料。工程材料是指具有一定性能，在特定条件下能够承担某种功能、被用来制造零件和工具的材料。工程材料种类繁多，常用的材料一般为金属材料、高分子材料、复合材料等。金属是工业中应用广泛的材料，其中钢铁的用量最大。一般金属具有优良的工艺性能和力学性能；高分子材料特别是塑料的使用广泛；复合材料是指由两种或两种以上物理和化学性能不同的物质所组成的材料，复合材料一般综合各组分材料的优良性能，在生活用品、机器制造等各个领域已得到广泛应用。

5.1 碳钢的分类、牌号和用途

钢是指以铁为主要元素，碳的质量分数一般在 2.11%以下，并含有其他元素的材料。工业用钢按化学成分可分为碳素钢和合金钢两大类。其中碳素钢是指含碳量低于 2.11%的铁碳合金；合金钢是指为了提高钢的性能，在碳钢基础上有意加入一定量合金元素所获得的铁基合金。工业上实际应用的碳钢中，除了铁碳元素，还含有少量的锰、硅、硫、磷、氧、氮、氢等元素。这些元素并非为改善钢材质量有意加入，而是在矿石及冶炼过程中带入的，故称为杂质元素。这些元素中既有有益元素，也有有害元素。此类元素的存在势必会对钢的性能造成影响。

5.1.1 碳钢的分类

碳钢的分类方法有很多，现介绍常用的三种分类方法。

1. 按钢的含碳量分

(1) 低碳钢：含碳量≤0.25%。
(2) 中碳钢：含碳量 0.25%～0.6%。
(3) 高碳钢：含碳量>0.6%。

2. 按钢的质量分

钢的质量是以磷、硫的含量来划分的，分为普通质量钢、优质钢、高级优质钢和特级优质钢。根据现行标准，各质量等级钢的磷、硫含量如表 5-1 所示。

表 5-1　钢按质量分类

钢类	碳素钢/%		合金钢/%	
	P	S	P	S
普通质量钢	≤0.045	≤0.045	≤0.045	≤0.045
优质钢	≤0.035	≤0.035	≤0.035	≤0.035
高级优质钢	≤0.030	≤0.030	≤0.025	≤0.025
特级优质钢	≤0.025	≤0.020	≤0.025	≤0.015

3. 按用途分

(1) 碳素结构钢。主要用于制造各种机械零件和工程结构件，其碳的质量分数一般都小于 0.7%。此类钢常用于制造齿轮、轴、螺母、弹簧等机械零件，用于制作桥梁、船舶、建筑等工程构件。

(2) 碳素工具钢。主要用于制造各种工具，如模具、刃具、量具等，其碳的质量分数一般都大于 0.7%。

5.1.2　碳钢的牌号及用途

1. 碳素结构钢

这类钢是工程应用最多的钢种，使用性能以强韧性为主，工艺性能以可焊性、淬透性为主。

碳素结构钢的牌号由屈服点字母(Q)、屈服点数值、质量等级符号、脱氧方法等四部分按顺序组成。Q 表示“屈服强度”，屈服强度值单位是 MPa；质量等级符号为 A、B、C、D、E，由 A 到 E，其中 P、S 含量依次下降，质量提高。脱氧方法符号如下：沸腾钢——F；镇静钢——Z；半镇静钢——b；特殊镇静钢——TZ。例如，碳素结构钢牌号表示为 Q235AF、Q235BZ。碳素结构钢按 GB/T 700—2006 分为五类，如表 5-2 所示。碳素结构钢的冷弯试验如表 5-3 所示。

表 5-2　碳素结构钢的牌号、化学成分、力学性能和用途(GB/T 700—2006)

牌号	等级	化学成分/%					脱氧方法	力学性能			用途
		C	Mn	Si	S	P		σ_s/MPa	σ_b/MPa	δ_s/%	
				不大于							
Q195	—	0.06～0.12	0.25～0.50	0.30	0.050	0.045	F、b、Z	(195)	315～390	≤33	塑性较高，有一定强度，通常轧制成薄板、钢筋、钢管、型钢等，用作桥梁、钢结构等，也在机械制造中作为地角螺栓、螺钉、铆钉、轴套、开口销、拉杆、冲压零件等

续表

牌号	等级	化学成分/%					脱氧方法	力学性能			用途
		C	Mn	Si	S	P		σ_s/MPa	σ_b/MPa	δ_s/%	
				不大于							
Q215	A	0.09～0.15	0.25～0.55	0.30	0.050	0.045	F、b、Z	≤215	335～410	≤31	塑性较高，有一定强度，通常轧制成薄板、钢筋、钢管、型钢等，用作桥梁、钢结构等，也在机械制造中作为地角螺栓、螺钉、铆钉、轴套、开口销、拉杆、冲压零件等
	B				0.045						
Q235	A	0.14～0.22	0.30～0.65	0.30	0.050	0.045	F、b、Z	≤235	375～460	≤26	强度较高，可用作转轴、心轴、拉杆、摇杆、摇杆、吊钩、链等
	B	0.12～0.20	0.30～0.70		0.045						
	C	≤0.18	0.35～0.80		0.040	0.040	Z				
	D	≤0.17			0.035	0.035	TZ				
Q255	A	0.18～0.28	0.40～0.70	0.30	0.050	0.045	Z	≤255	410～510	≥24	强度更高，可用作工具：主轴、摩擦离合器、刹车钢带等
	B				0.045						
Q275	—	0.28～0.38	0.50～0.80	0.35	0.050	0.045	Z	≤275	490～610	≤20	

注：① Q215A,B 级沸腾钢锰含量上限为 0.6%；

② 碳素结构钢的牌号是以钢材厚度(或直径)不大于 16mm 钢的屈服点(σ_s)数值划分的，例如，Q215 钢当钢材直径不大于 16mm 时，屈服点(σ_s)等于 215MPa；当直径大于 16mm 时，屈服点(σ_s)小于 215MPa

表 5-3　碳素结构钢的冷弯试验

牌号	试样方向	冷弯试验 B=2a，180°		
		钢材厚度(直径)/mm		
		60	>60～100	>100～200
		弯心直径 d		
Q195	纵	0	—	—
	横	0.5a		
Q215	纵	0.5a	1.5a	2a
	横	a	2a	2.5a
Q235	纵	a	2a	2.5a
	横	1.5a	2.5a	3a
Q255		2a	3a	3.5a
Q275		3a	4a	4.5a

注：B 为试样宽度，a 为钢材厚度(直径)

碳素结构钢特点及用途：①含碳量小于 0.4%，磷、硫及非金属夹杂物较多；②有良好的塑性和可焊性；③不进行专门热处理，热轧空冷态下使用；④使用状态下的组织为 F+P(铁素体+珠光体)；⑤常以热轧板、带、棒及型钢使用，用量约占钢材总量的 70%，用于建筑结构，适合焊接、铆接、拴接等。常见的碳素结构钢如图 5-1 和图 5-2 所示。

图 5-1　螺纹钢

图 5-2　圆钢

2. 优质碳素结构钢

优质碳素结构钢中有害杂质及非金属夹杂物含量较少，化学成分控制较严格，塑性和韧性也不错，多用于制造重要零件。这类钢的牌号用两位数字表示。这两位数字表示钢平均含碳量的万分之几。例如，45 号钢是平均含碳量为万分之四十五(即 0.45%)的优质碳素结构钢。优质碳素结构钢的牌号、化学成分、力学性能见表 5-4。

表 5-4　优质碳素结构钢的牌号、化学成分、力学性能

钢号	ω_C	ω_{Si}	ω_{Mn}	力学性能				
				σ_b/MPa	σ_s/MPa	δ_s/%	ψ/%	α_k/(J/cm^2)
				不小于				
8	0.05～0.12	0.17～0.37	0.35～0.65	330	200	33	60	—
10	0.07～0.14	0.17～0.37	0.35～0.65	340	210	31	55	—
15	0.12～0.19	0.17～0.37	0.35～0.65	380	230	27	55	—
20	0.17～0.24	0.17～0.37	0.35～0.65	420	250	25	55	—
25	0.22～0.30	0.17～0.37	0.50～0.80	460	280	23	50	90
30	0.27～0.35	0.17～0.37	0.50～0.80	500	300	21	50	80
35	0.32～0.40	0.17～0.37	0.50～0.80	540	320	20	45	70
40	0.37～0.45	0.17～0.37	0.50～0.80	580	340	19	45	60
45	0.42～0.50	0.17～0.37	0.50～0.80	610	360	16	40	50
50	0.47～0.55	0.17～0.37	0.50～0.80	640	380	14	40	40
55	0.52～0.60	0.17～0.37	0.50～0.80	660	390	13	35	—
60	0.57～0.65	0.17～0.37	0.50～0.80	690	410	12	35	—
65	0.62～0.70	0.17～0.37	0.50～0.80	710	420	10	30	—
70	0.67～0.75	0.17～0.37	0.50～0.80	730	430	9	30	—
80	0.77～0.85	0.17～0.37	0.50～0.80	1100	950	6	30	—
85	0.82～0.90	0.17～0.37	0.50～0.80	1150	1000	6	30	—
15Mn	0.12～0.19	0.17～0.37	0.70～1.00	420	250	26	55	—
20Mn	0.17～0.24	0.17～0.37	0.70～1.00	460	280	26	50	—

续表

钢号	ω_C	ω_{Si}	ω_{Mn}	力学性能				
				σ_b/MPa	σ_s/Mpa	δ_s/%	ψ/%	α_k/(J/cm^2)
				不小于				
25Mn	0.22～0.30	0.17～0.37	0.70～1.00	500	300	22	50	90
40Mn	0.37～0.45	0.17～0.37	0.70～1.00	600	360	17	45	60
45Mn	0.42～0.50	0.17～0.37	0.70～1.00	630	380	15	40	50
50Mn	0.48～0.56	0.17～0.37	0.50～0.80	660	400	13	40	40
60Mn	0.57～0.65	0.17～0.37	0.70～1.00	710	420	11	35	—
65Mn	0.62～0.70	0.17～0.37	0.90～1.20	750	440	9	30	—
70Mn	0.67～0.75	0.17～0.37	0.90～1.20	800	460	8	30	—

说明：① 含 Mn 量为 0.7%～1.0%时，在两位数字后加元素符号“Mn”，如 40Mn；
② 对于沸腾钢和半镇静钢，在钢号后分别加字母 F 和 b，如 08F、10b；
③ 高级优质钢在钢号后加字母 A，如 20A

优质碳素结构钢的应用如下：8～25 号钢塑性好，适合制作要求高韧性的冲击件、焊接件、紧固件，如螺栓、螺母、垫圈等，渗碳淬火后可制造强度低的耐磨件，如凸轮、滑块等。30～55 号钢综合力学性能良好，适合制作负荷较大的零件，如连杆、曲轴、主轴、活塞杆(销)，表面淬火齿轮、凸轮等。60～85 号钢应用范围基本与普通含锰量的优质非合金钢相同。

3. 碳素工具钢

碳素工具钢特点如下：含碳量高(0.65%～1.35%)，随含碳量提高，碳化物量增加，耐磨性提高，但韧性下降。由于碳工钢热硬性、淬透性差，只用于制造小尺寸的手工工具和低速刃具。

这类钢的编号方法是在“碳”或“T”后加数字。其中 T 表示“碳素工具钢”；数字表示平均含碳量的千分之几，如 T8 其平均含碳量为千分之八(0.8%)。碳素工具钢质量等级都是优质以上的，在钢号后加“A”，如 T8A。

碳素工具钢共有七个牌号：T7～T13。其中 T7～T9，制造承受冲击的工具，如木工工具手锤、木工钻、木工凿等，如图 5-3～图 5-5 所示；T10～T11，制造低速切削工具，如钻头、丝锥、车刀等，如图 5-6 所示；T12～T13，制造耐磨工具，如锉刀、锯条等，如图 5-7 所示。

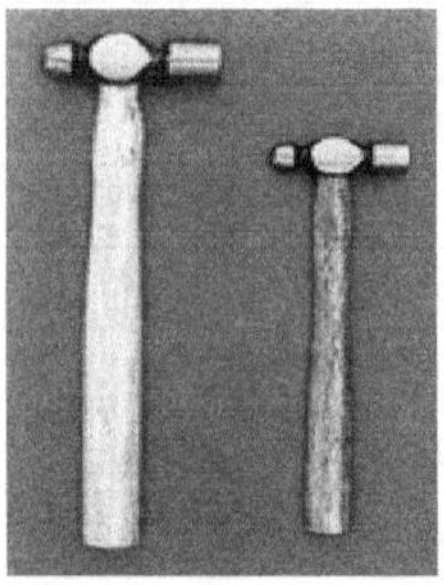

图 5-3　手锤

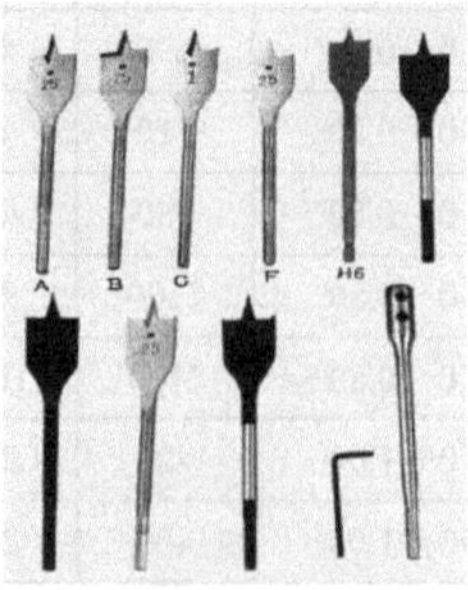

图 5-4　木工钻

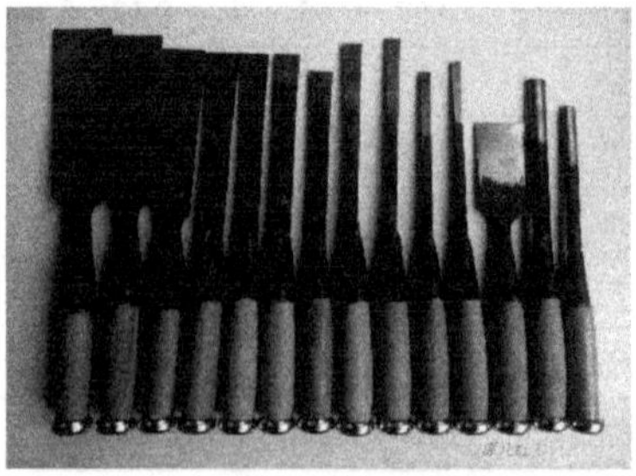

图 5-5　木工凿

图 5-6　丝锥

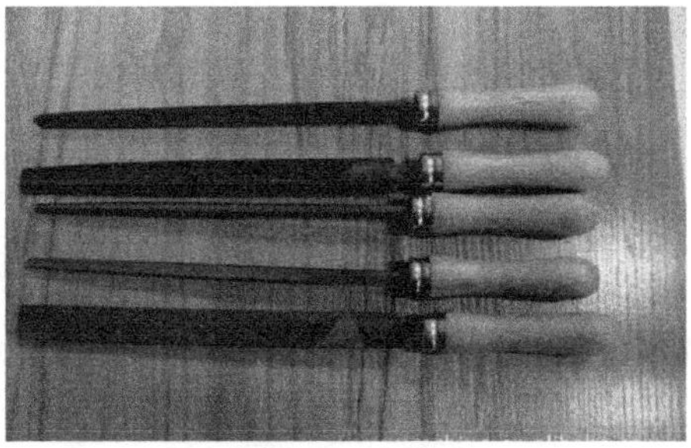

图 5-7　锉刀

碳素工具钢的牌号、化学成分及性能如表 5-5 所示。

表 5-5　碳素工具钢的牌号、化学成分及性能

牌号	化学成分/%					退火钢的硬度 HBS 不大于	淬火温度/℃及冷却剂	淬火后的硬度 HRC 不小于
	C	Mn	Si	S	P			
T7	0.65～0.74	≤0.40	≤0.35	≤0.030	≤0.035	187	800～820 水	62
T8	0.75～0.84	≤0.40	≤0.35	≤0.030	≤0.035	187	780～800 水	62
T8Mn	0.80～0.90	0.40～0.60	≤0.35	≤0.030	≤0.035	187	780～800 水	62
T9	0.85～0.94	≤0.40	≤0.35	≤0.030	≤0.035	192	760～780 水	62
T10	0.95～1.04	≤0.40	≤0.35	≤0.030	≤0.035	197	760～780 水	62
T11	1.05～1.14	≤0.40	≤0.35	≤0.030	≤0.035	207	760～780 水	62
T12	1.15～1.24	≤0.40	≤0.35	≤0.030	≤0.035	207	760～780 水	62
T13	1.25～1.35	≤0.40	≤0.35	≤0.030	≤0.035	217	760～780 水	62

热处理方式是正火+球化退火+淬火+低温回火，其中球化退火目的为：①降低硬度，便于加工；②为淬火做组织准备。使用状态下的组织为：回火马氏体+颗粒状碳化物+奥氏体(少量)。图 5-8 和图 5-9 为碳素工具钢热处理可以得到的组织状态显微照片。

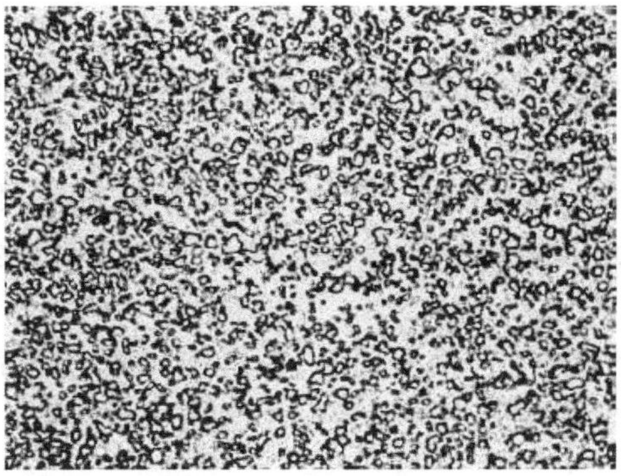

图 5-8　球状珠光体

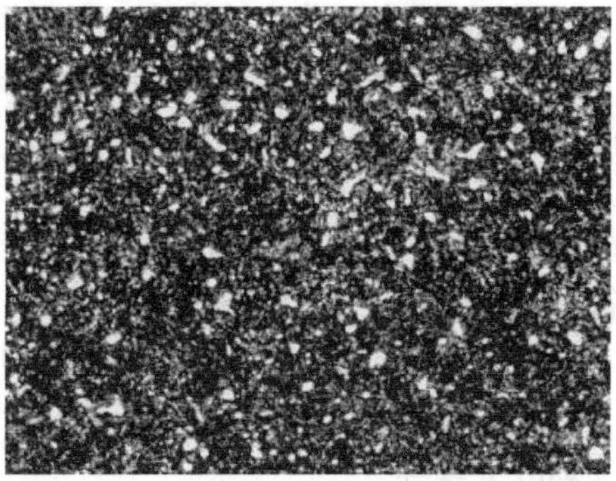

图 5-9　碳素工具钢热处理组织状态

5.2 合 金 钢

目前钢铁总产量中碳钢占绝大多数，由于其冶炼、加工简单，价格低廉，得到了非常广泛的应用。但随着科技的发展，对材料的性能提出了越来越高的要求，仅仅通过热处理来提高碳钢的性能并不能够满足所有的使用要求。具体来说，碳钢在如下 4 个方面存在不足。

(1) 综合力学性能不足，强度和屈强比有待提高。

(2) 淬透性差。碳钢要求水淬，最大淬透直径为 15～20mm，在制造大尺寸和形状复杂的零件时，不能保证性能的均匀性和几何形状不变。

(3) 回火稳定性差。

(4) 不能满足某些特殊性能的要求，如抗氧化、耐腐蚀、耐热、耐低温、耐磨及特殊电磁性能。

合金钢是为了改善和提高碳素钢的性能，在碳素钢的基础上添加一定的合金元素所炼制的一类钢。我国发展合金钢的资源十分丰富，常见的合金添加元素除了 Cr、Co 不足、Mn 的品位较低以外，W、Mo、V、Ti、Nb 和稀土元素储量都比较丰富。

5.2.1 合金钢的分类及牌号

1. 合金钢的分类

合金钢种类繁多，为了便于生产、管理和使用必须进行分类。合金钢的分类方法有很多种。

(1) 按照合金元素的含量，可分为低合金钢(合金元素总含量<5%)、中合金钢(合金元素总含量 5%～10%)、高合金钢(合金元素总含量>10%)。

(2) 按照所含主要合金元素可分为铬钢、铬镍钢、锰钢、硅钢、硅锰钢等。

(3) 按照正火或铸造态的组织可分为珠光体钢、马氏体钢、铁素体钢、奥氏体钢、莱氏体钢等。

(4) 按照用途可分为结构钢、工具钢、特殊性能钢。

其中，按照合金钢的用途进行分类是最方便的，也是最常用的分类方法。下面对其作简单介绍。

合金结构钢：专指用于制造各种工程结构(船舶、桥梁、车辆、压力容器等)和机器零件(轴、齿轮、连接件等)的钢种，主要包括低合金高强钢、合金渗碳钢、合金调质钢、弹簧钢、轴承钢、易切削钢等。

合金工具钢：专门用于制造各种加工工具的钢种，包括刃具钢、模具钢和量具钢等。

特殊性能钢：指具有特殊物理、化学或力学性能的钢种，包括不锈钢、耐热钢、耐磨钢和电工钢等。

2. 合金钢的牌号

世界各国合金钢的编号方法不一样，我国合金钢是按照合金钢的碳含量、合金元素的种类和数量及质量级别来编号的。不论结构钢还是工具钢均采用数字+化学元素+数字的方法表示。

在牌号首部用数字标明钢的含碳量。为了表明用途，规定结构钢以万分之一为单位的数字(两位数)、工具钢和特殊性能钢以千分之一为单位的数字(一位数)来表示含碳量(新标准有所变化，请参考相应标准)，而工具钢含碳量超过 1%时，含碳量不标出。在表明含碳量的数字之后，用元素符号表明钢中主要合金元素，含量由其后数字标明，平均含量少于 1.5%时不标数，平均含量为 1.5%～2.49%、2.5%～3.49%……时，相应地标以 2、3……。高速工具钢的牌号比较特殊，不论碳含量多少，都不予标出。但当合金成分相同，仅含碳量不同时，对高碳含量者牌号前冠以“C”字。例如，牌号 W6Mo5Cr4V2 与 CW6Mo5Cr4V2，前者碳含量为 0.80%～0.90%，后者碳含量为 0.86%～0.94%。

根据以上编号方法，40Cr 钢为结构钢，平均含碳量为 0.40%；主要合金元素为 Cr，其含 Cr 量在 1.5%以下。5CrNiMo 钢为工具钢，平均含碳量为 0.5%，含有 Cr、Ni、Mo 三种主要合金元素，含量皆在 1.5%以下。CrWMn 钢，也为工具钢，平均含碳量大于 1.0%，含有 Cr、W、Mn 合金元素，合金元素含量都少于 1.5%。

专用钢用其用途的汉语拼音首字母来标明。例如，滚珠轴承钢钢号前标以“G”字。GCr15 表示含碳量约 1.0%、铬约 1.5%(含铬量以千分之一为单位的数字表示 1)的滚珠轴承钢。对于高级优质钢，则在钢号的末尾加“A”字表明，如 20Cr2Ni4A 等。

5.2.2　合金元素在钢中的作用

在钢中加入合金元素，能够改变它的使用性能和工艺性能，得到更优良或具有特殊性能的钢。这主要是合金元素加入后改变了钢的组织结构。合金元素的加入产生了合金元素与铁、碳及合金元素之间的相互作用，改变了钢中各相的稳定性，并产生了许多新相，从而改变了原有的组织或形成新的组织。合金元素添加到钢中去后主要起到以下三个方面的作用：①与 Fe 固溶，改变 Fe-C 相图中相区的大小和形状；②和碳、氮元素发生反应，生成碳化物、氮化物；③合金元素之间发生相互反应，形成金属间化合物。

1. 合金元素对 Fe-C 相图的影响

和 C 元素一样，几乎所有合金元素(Pb 除外)都能溶入 Fe 中，形成固溶体。根据 Fe-C 相图，Fe 在加热和冷却过程中，会发生多晶型转变。这会扩大奥氏体区(γ相区)元素包括 Mn、Co、Ni、Cu 和 N，缩小奥氏体区(γ相区)元素包括 Cr、Mo、W、V、Ti、Al、Si、B、Nb、Zr 等。在这些元素中，只有 C、N、B 与 Fe 形成间隙固溶体，其他元素均与 Fe 形成置换固溶体。对某一种元素来说是扩大奥氏体相区还是缩小奥氏体相区与其本身的晶体结构密切相关。一般来说，凡是具有面心立方晶格的元素在奥氏体 Fe 中的固溶度较大，可以扩大奥氏体相区，并且和 Fe 的原子半径越接近，其固溶度越大。相反，具有体心立方晶格的元素，在奥氏体 Fe 中的固溶度较小，可以扩大铁素体相的存在范围，缩小合金的奥氏体相区。

2. 合金中的碳化物与氮化物

合金元素加入钢中后，有些元素可以和钢中的碳和氮元素发生化学反应，形成碳化物和氮化物。碳化物和氮化物是钢铁中的重要组成相，其类型、成分、数量、尺寸大小、形状及分布对钢的性能有着极其重要的影响。

1) 钢中的碳化物

合金元素按照其与钢中碳亲合力的大小，可分为：①碳化物形成元素，如 Mn、Cr、Mo、W、V、Nb、Zr、Ti 等(按照形成碳化物的稳定程度由弱到强的顺序排列)；②非碳化物形成元素，如 Ni、Co、Cu、Si、Al、N、B 等(除了少数在高合金钢中形成金属间化合物外)，基本上固溶于铁素体和奥氏体中。能够与碳形成碳化物的合金元素为位于元素周期表中铁左方的过渡族元素。Mn 与碳的亲合力较弱，少部分溶入渗碳体中，大部分溶入铁素体或奥氏体中。与碳的亲合力较强的 Cr、Mo、W 等，含量较低时基本上与铁一起形成合金渗碳体；含量较高时可形成新的合金碳化物。而与碳亲合力很强的元素 V、Nb、Zr、Ti 等，几乎都是形成特殊碳化物(Mo_2C、W_2C、VC、TiC 等)。

所谓合金渗碳体就是部分铁原子被碳化物形成元素置换后的渗碳体，如 $(Fe,Cr)_3C$ 等，其晶体结构与渗碳体相同，但比渗碳体略稳定，硬度也略高，对提高钢的耐磨性有利。合金碳化物比合金渗碳体的稳定性高，而特殊碳化物的稳定性最高。碳化物越稳定，其熔点和硬度也越高，加热时也越难以溶于奥氏体中，因此对钢的力学性能影响很大。

2) 钢中的氮化物

钢中的氮来源于冶炼时吸收大气中的氮或用氮进行合金化，表面氮化处理时在钢表面也形成各种氮化物。过渡族金属元素与氮发生作用，在钢中形成一系列二元氮化物。与碳化物相似，它们也具有高的硬度、弹性模量和熔点。氮化物之间也可以互相溶解，形成完全互溶或有限溶解的复合氮化物。氮化物与碳化物之间也可互相溶解，形成碳氮化物如 $(Fe,Cr)_{23}(C,N)_6$、V(C,N)、Nb(C,N) 等。在微合金钢中，可应用氮化物来细化奥氏体晶粒和弥散强化。

3. 钢中的金属间化合物

钢中合金元素之间和合金元素与铁之间相互作用，可以形成各种金属间化合物。合金钢中比较重要的金属间化合物有σ相、AB_2相(拉维斯相)及 AB_3相(有序相)，下面分别介绍。

1) σ相

σ相属于正方晶系，周期表中第一长周期的ⅦB 族和Ⅷ族过渡族金属与ⅤB 族和ⅥB 族元素能形成σ相，如 Cr-Mn、Cr-Fe、Cr-Co、Mo-Mn、Mo-Fe、Mo-Co、W-Fe、W-Co 等。在高铬不锈钢、铬镍及铬锰奥氏体不锈钢、高合金耐热钢及耐热合金中都会出现σ相。伴随σ相的析出，钢和合金的塑性与韧性显著下降，脆性、硬度增加。

2) AB_2相(拉维斯相)

AB_2相的晶体结构有三种类型：$MgCu_2$型复杂立方点阵、$MgZn_2$型复杂六方点阵和

$MgNi_2$ 型复杂六方点阵。含有钨、钼、铌和钛的复杂成分耐热钢和耐热合金中，存在 AB_2 相。它是现代耐热钢和合金的一种重要强化相。

3) AB_3 相(有序相)

钢和合金中使用着多种有序结构相，它们各组元之间不能形成稳定的化合物，处于固溶体到化合物之间的过渡状态。其中一部分有序相的有序-无序转变温度较低，超过了就形成无序固溶体，如 Ni_3Fe、Ni_3Mn 等；另一部分其有序状态可以保持到熔点，更接近于金属间化合物，如 Ni_3Al 等。在复杂成分耐热钢中，有序相也是一种重要的强化相。

5.2.3 钢的强韧化机制

钢的强度是指对塑性变形的抗力，通俗地说是指钢在多大的应力下开始变形。金属的塑性变形是由位错的运动引起的，所以凡是能够阻碍位错运动的措施都会使金属强度提高，造成强化。

1. 钢的强化

金属的强化机制主要有固溶强化、细晶强化、第二相强化和位错强化。

1) 固溶强化

添加合金元素与 Fe 形成固溶体后，由于合金元素与 Fe 元素原子大小不同，Fe 的晶格发生畸变，并在周围形成一个弹性应力场，和运动位错的应力场发生交互作用，使位错的运动受阻，从而提高钢的强度。但并不是所有的合金元素都能起到固溶强化的作用。一般来说，间隙式固溶原子的强化效果要比置换式固溶原子好。C、N 的固溶强化效果最大，P 的固溶强化效果也很好，但它增加钢的冷脆性，一般用 Mn、Si 等为强化元素。Ni、Cr 不产生固溶强化效果。

2) 细晶强化

晶界(分大角晶界和小角晶界)能有效阻碍位错运动，使金属强化。钢的晶粒越细，材料中晶界所占的比例越大，强化作用越大。材料的屈服强度(σ_s)和晶粒尺寸(d)之间满足 Hall-Petch 公式：

$$\sigma_s = \sigma_0 + K_y d^{-\frac{1}{2}} \tag{5-1}$$

式中，σ_0、K_y 为材料常数。

V、Ti、Nb 等微合金元素能够和 C、N 反应生成弥散分布的碳化物、氮化物和碳氮化物，这些弥散相都能钉扎晶界，阻碍奥氏体晶粒长大，细化冷却转变后的组织。

3) 第二相强化

位错运动通过位于滑移面上的第二相粒子时，需要消耗额外的能量，从而使合金发生强化。获得高弥散度粒子的方法有两种：一种是依靠热处理从过饱和的固溶体中沉淀析出第二相(称为析出强化或沉淀硬化)；另一种是利用机械、化学等方法引入极细的第二相粒子(分散硬化)。应用 V、Nb、Ti 的微合金化，可使过冷奥氏体发生相间沉淀并从铁素体中析出弥散分布的碳化物和碳氮化物，从而产生沉淀硬化。

4) 位错强化

运动位错碰上与滑移面相交的其他位错时，会发生交割而使运动受阻，从而使钢的强度提高。合金中的相变，特别是低温下伴随有容积变化的相变，如马氏体相变等，都会形成大量的位错，也能使合金强度显著提高。合金钢在淬火形成马氏体后，由于合金元素的存在，在随后的回火过程中得到的回火组织基本上保留了淬火态的细小晶粒和较高的位错密度，也可起到位错强化的作用。

2. 合金元素对钢韧性的影响

韧性指的是材料对抗断裂的能力。金属的断裂是裂纹的形成和扩展的过程，按照断裂的性质可以分为脆性断裂和韧性断裂。钢的韧性常用使用温度下的冲击韧性或断裂功来衡量，冲击韧性或断裂功越高，钢的韧性就越好，实际材料的断裂形式主要与温度和应力状态有关系。低碳钢和高强钢的冲击韧性随温度的变化而变化，一般在低温下发生的是脆性断裂，在高温下发生的是韧性断裂，中间存在着一个从脆性断裂到韧性断裂的转变，转变的温度称为韧脆转变温度(T_c)，对于钢铁材料来说，希望韧脆转变温度越低越好。

钢的强化机制对其韧性也有影响，如图 5-10 所示。从中可以看出，细晶强化和部分元素的置换固溶强化可使 T_c 降低，从而提高了钢的韧性；但间隙固溶和位错强化会降低韧性；析出相强化对韧性的影响较小。

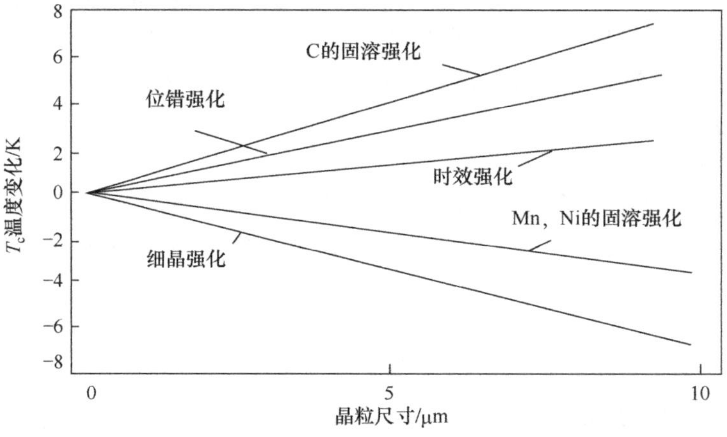

图 5-10 各种强化机制对低合金高强钢韧脆转变温度的影响

提高钢的韧性主要有以下五种途径。

(1) 细化晶粒。一般来说提高材料强度的同时会牺牲其韧性，反之亦然。但通过细化晶粒的途径在提高强度的同时也可以提高材料的韧性，是目前比较普遍采用的钢铁强韧化手段之一。添加碳化物、氮化物形成元素能够细化晶粒。这是因为碳化物、氮化物阻碍奥氏体晶粒的长大，使钢的最终组织细化，增加晶界的面积，从而阻碍裂纹的扩展，显著提高钢的韧性，特别是低温韧性。

(2) 改善基体的韧性。Ni、Mn 等合金元素融入铁素体形成置换式固溶体后，能改变位错的运动特点，使其容易绕过某些障碍，避免产生大的应力集中，而不至于导致解理断裂，可极大地改善钢的韧性。但这并不是普遍现象，只有几种特殊的元素能够起到上述作用。

(3) 提高回火稳定性。加入能够提高回火稳定性的合金元素，可以保证钢在达到相同强度的条件下提高回火温度，充分降低间隙固溶体的固溶度和位错密度，减轻其脆化作用，提高钢的韧性。

(4) 细化碳化物、氮化物等第二相粒子。钢中的碳化物、氮化物及其他脆性相可由于自身断裂，或与基体脱开，成为解理断裂的核心，从而使韧性下降。粗大的碳化物、氮化物对提高材料的强度和韧性都是无益的。因此，钢中为提高耐磨性而必须存在的脆性粒子应尽可能的细小且均匀分布。在组织为铁素体和珠光体的钢中，Mn 元素对碳化物的细化作用最有效。一般，含 Cr 的渗碳体和 Cr、V 的碳化物都比较细小，分布也最均匀，常用于韧性不高的过共析钢中。

(5) 控制非金属夹杂和杂质元素。Mo、W 能抑制杂质元素在晶界的富集，可以消除或减轻钢的回火脆性。稀土元素有强烈的脱氧和去硫能力，对氢的吸附能力也很大，另外还能够改善非金属夹杂的形态。

5.2.4 特殊性能钢

特殊性能钢具有特殊物理或化学性能，用来制造除要求具有一定的力学性能外，还要求具有特殊性能的零件。其种类很多，本节主要介绍不锈钢和耐热钢。

1. 不锈钢

不锈钢是指在大气和一般介质中具有很强耐腐蚀性能的钢种。有时仅把能抵抗大气腐蚀的钢称为不锈钢，而在某些酸性介质中抗腐蚀的钢则称为耐酸钢。一般不锈钢不一定耐酸，而耐酸钢则一般都具有良好的耐腐蚀性能。

不锈钢的成分应具有如下特点。

(1) 含碳量低。碳增加阴极相(碳化物)，特别是碳能够与合金元素铬形成复合碳化物在晶界析出，使晶界周围基体严重贫铬，当铬贫化到耐蚀性所必需的最低含量(约 12%)以下时，即可造成晶间腐蚀。因此，必须降低不锈钢的含碳量，耐蚀性要求越高，碳含量应该越低。但用于制造刃具和滚动轴承等的不锈钢，碳含量应较高，此时必须相应地提高铬含量。

(2) 含合金元素铬。铬能提高基体的电极电位，在含量为 12.5%(原子百分数)时，基体电极电位可由−0.56V 跃升至+0.12V。铬是铁素体形成元素，含量超过 12.7%时，可使钢呈单一的铁素体组织。另外，铬在氧化性介质(如水蒸气、大气、海水、氧化性酸等)中极易钝化，形成致密的氧化膜，使钢的耐蚀性显著提高。

(3) 含合金元素镍。镍是不锈钢中另一主要元素，它可扩大奥氏体区元素，形成单相固溶体，也能提高材料电极电位，但镍资源比较稀缺。钢中镍与铬配合使用则会显著提高其在氧化性及非氧化性介质中的耐蚀性。

(4) 含锰、氮。奥氏体化元素，在钢中可部分代替镍的作用。其中 2%的锰可以代替 1%的镍，以氮代镍的比例为 0.025∶1。

(5) 含合金元素钼、铜。铬在非氧化性酸(如盐酸、稀硫酸)和碱溶液等中的钝化能力差，加入钼、铜等元素，可以提高钢在非氧化性介质中的耐蚀能力。

(6) 含合金元素钛、铌。钛、铌能够优先同碳形成稳定的碳化物，使铬保留在基体中，避免晶间贫铬，从而减轻钢的晶界腐蚀倾向。

2. 耐热钢

耐热钢的发展是高温下工作的动力机械的需要，如火电厂的蒸汽锅炉、蒸汽涡轮，航空工业的喷气发动机，以及航天、舰船、石油和化工等工业部门的高温工作部件。

1) 性能要求

耐热钢都在高温下承受各种载荷，如拉伸、弯曲、扭转、疲劳和冲击等。此外，它们还与高温蒸汽、空气或燃气接触，表面发生高温氧化或气体腐蚀。在高温下工作，钢将发生原子扩散过程，并引起组织转变，这是与低温工作部件的根本不同点。耐热钢的基本要求如下：一是有良好的高温强度及与之相适应的塑性，二是有足够高的化学稳定性。

2) 成分特点

根据使用范围不同，耐热钢可以分为热化学稳定性钢和热强性钢两类。热化学稳定性为钢在高温下对各类介质化学腐蚀的抗力；热强性为钢在高温下的强度性能。

(1) 热化学稳定性钢的合金化。

合金化作用的关键是在钢的表面形成一层完整、致密且稳定的氧化物保护膜。最有效的合金元素是 Cr、Si 和 Al，这些元素能够生成致密的 Cr_2O_3、SiO_2、Al_2O_3 保护膜，阻碍氧化反应的继续进行。但是当 Si、Al 含量较高时，钢材将变脆，所以这些元素只能作为辅加元素，一般都是以 Cr 为主。此外再加入微量的稀土元素 Ce、La、Y 等，还可显著提高钢的抗氧化能力。

(2) 热强钢的合金化。

① 低碳。铁素体基耐热钢的碳含量为 0.1%～0.2%。碳含量越高，组织越不稳定，碳化物容易聚集长大，甚至发生石墨化，使热强度明显降低。奥氏体基耐热钢要利用碳形成碳化物起第二相强化的作用，因此比铁素体基耐热钢碳含量高，多在 0.1%以上，最高可达 0.4%。

② 加入大量铬、镍，总量一般在 25%以上。Ni 为奥氏体形成元素，可保证获得稳定的奥氏体组织；Cr 主要提高热化学稳定性和热强性。

③ 加入钨、钼等可提高再结晶温度，并析出较稳定的碳化物来提高热强性。

④ 加入钒、钛、铝等可形成稳定的第二相(碳化物，如 VC；金属间化合物，如 $Ni_3(Al,Ti)$ 从而提高热强性。

5.3　高分子材料

高分子与低分子的区别在于前者相对分子质量很高，通常将相对分子质量高于约

10000 的分子称为高分子，相对分子质量低于约 1000 的分子称为低分子。相对分子质量介于高分子和低分子之间的分子称为低聚物(又名齐聚物)，一般高聚物的相对分子质量为 10^4～10^6。与低分子相比，高分子化合物的主要结构特点是：相对分子质量大，分子间相互作用力大，分子链有柔顺性；晶态有序性较差，但非晶态却具有一定的有序性。高分子的结构是非常复杂的，整个高分子结构是由不同层次所组成的。由于高分子结构的如上特点，高分子具有如下基本性质：密度小，比强度高，弹性高，可塑性，耐磨性，绝缘性，耐腐蚀性，抗射线性。此外，高分子还有不能气化、常难溶、黏度大等特性。

5.3.1　工程塑料

工程塑料，通常是指用作工程的高分子材料。这类塑料在承受一定的外力下，具有良好的力学性能和尺寸稳定性，较好的绝缘性能，并在高温(>100℃)和低温(<0℃)下仍能保持其优良的力学性能。它们可用来代替金属制作机械结构的零部件，也可用作电绝缘材料等。

1. 工程塑料的分类

工程塑料的品种很多，目前较为常见的分类方法是按其产量和使用范围来划分，可分通用工程塑料和特种工程塑料两大类。此外，还可按化学组成、耐热等级、结晶性及成型加工后制品的种类来分类。在众多的工程塑料品种中，其大分子主链中均含有 O、N 和 S 等杂原子。这些由杂原子参与构成的大分子主链及各个极性基团，是赋予工程塑料优良特性的基本原因。高分子材料受热后会软化，故每种高分子材料都有一定的使用温度范围。通用工程塑料的最高使用温度一般在 100～150℃，而特种工程塑料可高达 200℃(或更高)。从结构来看，耐热的特性与大分子主链中是否含有环状结构或是否有电负性很高的原子存在有关。

2. 工程塑料的特性

通常将具有较好的耐热性、耐高温性聚合物，或新开发的耐热聚合物，称为特种工程塑料，高聚物主链引入杂环结构，有利于提高工程塑料的耐热性能。有机硅聚合物因其主链中含有—Si—O—结构，使它具有优异的特种性能。另外，新开发的液晶聚合物具有独特的分子结构和高度取向性，并呈现出极高的强度，是特殊的高性能聚合物。工程塑料之所以能受到重视，除了因其原料资源丰富、性能优越和价格低廉，更主要的是它具有许多金属和其他材料所无法比拟的特性。

(1) 密度小、比强度高。工程塑料的相对密度为 1.0～2.0g/cm^3，仅为钢铁的$1/8$，铝的$1/2$。其比拉伸强度(拉伸强度/密度)可高达 1700～4000MPa(玻璃纤维增强的工程塑料)，而钢为 1600MPa，铝仅为 400MPa。

(2) 化学稳定性好。工程塑料对一般的酸、碱和有机溶剂均有良好的稳定性，优于金属材料。

(3) 良好的电绝缘性能。

(4) 优良的耐磨、减摩擦和自润滑性能。

(5) 优良的吸震性、抗冲击性、消声性和抗疲劳性能。

(6) 与金属材料相比，易于加工成型，生产效率也较高。

但工程塑料也有它不足之处，如强度、硬度和导热性等不及金属；耐高温方面不及陶瓷；吸水性大、易光化和蠕变。在实际应用中，工程塑料可与金属、陶瓷、玻璃等材料结合，各自发挥其特点和长处。

5.3.2 特种塑料

特种塑料主要有氟塑料(fluoroplastic)、聚砜、聚苯硫醚、聚芳酯、聚醚醚酮、有机硅聚合物、聚酰亚胺类耐高温聚合物。

5.3.3 橡胶材料

橡胶是无定形高聚物，包括天然橡胶和合成橡胶，在该高聚物中加入各种助剂经混炼加工可制得混炼胶，混炼胶再经过加热和反应-硫化之后，成为“硫化橡胶”。

橡胶可分为两种类型：热固性橡胶和热塑性橡胶。所谓热固性橡胶，是指橡胶分子链能与交联剂反应，分子间生成化学键而彼此结合一起，在空间形成三维分子网络的橡胶材料。它能吸收溶剂而膨胀，但不溶解，而且不能简单地通过加热进行再加工，即具备不熔不溶的特点。热塑性橡胶分子链间不是主要通过化学键结合，而是通过分子间作用力或部分分子束进入微区镶嵌作用力相互作用结合。热塑性橡胶选择适当的溶剂可以溶解，加热时可以软化，因此可以反复加工。在许多情况下，热固性橡胶和热塑性橡胶有互换使用功能，但是在某些特定场合，如发动机减震器、轮胎、缓冲橡胶等，最好应选择热固性橡胶，因为热固性橡胶较热塑性橡胶具有更好的弹性、抗变形性和耐久性能。

根据生产生活的需要，为了制得具有某种特定性能的橡胶新材料，往往将不同的化学物质添加到生胶中，设计出新的配方，这称为橡胶共混或橡胶配合改性。典型的配合助剂包括交联剂(也称硫化剂)、增强剂、抗降解剂、加工助剂、增塑剂(增溶剂)和特殊助剂，如增黏剂、发泡剂和着色剂。热塑性橡胶的硬微区起到连接分子的作用，并提供强度和弹性，它们无需交联剂和增强剂。然而对热固性材料来讲，选择适当的交联剂和填料是非常关键的。

5.4 陶瓷材料

陶瓷是一种最古老的材料，是人类征服自然中获得的第一种经化学变化而制成的产品。陶瓷材料的出现比金属材料要早得多，在我国有着悠久的历史，也是我国古代灿烂文化的重要组成部分。根据出土文物考证，我国陶器早在距今 8000～10000 年左右的新石器时代便已经出现。陶器是人类文明的象征之一，也是人类文明史划分的重要依据。

瓷器是我国劳动人民的重要发明之一，它出现于东汉时期，距今已有 1800 多年的历史。我国在唐代时期已经有相当数量的瓷器出口。

最初，陶瓷材料产品主要是日用器皿、建筑材料(如砖、玻璃等)。近年来，随着许多新技术的兴起，以及理论和测试技术的发展，陶瓷材料研究突飞猛进，进入了新的发展期，相继研制成功具有不同性能的陶瓷材料。例如，高温结构陶瓷、各种功能陶瓷(电子材料、光导纤维、敏感陶瓷材料等)得到了越来越广泛的应用，日益受到人们的重视。目前，工程陶瓷材料作为单独的一类工程材料，其研究和开发已经成为材料科学和工程的一个重要组成部分。

陶瓷材料通常可分为传统陶瓷和先进陶瓷。制造传统陶瓷主要的原料是石英、长石和黏土等自然界中存在的矿物，经粉碎、成型、烧结而成产品。其杂质多，常用于制作日用陶瓷、建筑陶瓷、电绝缘陶瓷、化工陶瓷、多孔陶瓷等。先进陶瓷又称特种陶瓷，指利用高纯度人工合成原料(包括氧化物、氮化物、碳化物、硼化物、氟化物等)采用烧结工艺制成的具有特殊力学性能、物理或化学性能的陶瓷，以满足工程上的特殊需要。特种陶瓷按照性能来分，可分为高强度陶瓷、耐磨陶瓷、高温陶瓷、电容器陶瓷、压电陶瓷、磁性陶瓷、电光陶瓷等。按照化学成分来分，又可分为氧化物陶瓷、氮化物陶瓷、金属陶瓷等。此外，按照陶瓷材料的使用性能分类，又可以分为工程(结构)陶瓷(如超硬陶瓷、高强度陶瓷等)和功能陶瓷(如电子陶瓷、超导陶瓷、磁性陶瓷、光学陶瓷和生物陶瓷等)。

5.5　复 合 材 料

复合材料(composites)的使用历史悠久。早在 1000 多年以前，人类就会用泥土和干燥的植物(如稻草)来制作土坯(或称土砖)，这就是复合材料的雏形。至今在许多地区，这种用古老方法制造的土坯仍然还在用于建造房屋或院落的围墙。古代的弓、泥塑像、漆器等都是复合材料使用的实际例子。人或动物的骨头、心脏、肌肉、皮肤，贝壳，以及各种植物的杆、枝、叶等均为自然界里的复合材料。最近 100 年以来，工业技术迅猛发展，对材料的性能提出了更高的要求，除了要求材料具有高比强度、高比模量、耐高温、耐疲劳等性能，还对材料的耐磨性、尺寸稳定性、减震性、无磁性、绝缘性等提出特殊要求，甚至有些构件要求材料同时具有相互矛盾的性能，如既导电又绝热、强度比钢高而弹性又比橡胶强、能焊接等。单一的金属、陶瓷及高分子材料对此是无能为力的，如果采用复合技术，把一些有不同性能的材料复合起来，取长补短，就能实现这些性能要求，于是现代复合材料应运而生。到 20 世纪 90 年代初，先进复合材料的世界总产量已经达到 300 万吨，在许多领域特别是航空航天领域显示了极其重要的地位。

复合材料一般是指由两种或两种以上不同形态的组元经过选择和人工复合，组成多相三维结合且各相之间有明显界面、具有特殊性能的材料。复合材料的组分材料虽然保持其相对独立性，但复合材料的性能却不是组分材料性能的简单相加，而是有着重要的改进。在传统的复合材料中，通常有一组元的体积分数大于 50%，且三维方向上连续，该组元称为基体，其他组元则称为增强体。增强体以独立的形态分布在整个连续的基体中(增强体在三维方向上可以连续，如三维网络结构，泡沫 SiC、SiN、Al_2O_3，也可以非连续，如碳纳米管)，在两组元之间存在着界面。与传统的单一材料相比，复合材料具有以下特点。

(1) 复合材料的成分和它们各组元的相对含量是经过人工选择和设计的。

(2) 复合材料是人工设计制造的，而非天然形成的。

(3) 组成复合材料的组元在复合后仍然保持其固有的物理和化学性能。

(4) 复合材料的性能取决于各组元性能的协同，复合材料具有新的、独特的和可用的性能，这种性能是单个组元材料所不及或不同的。

(5) 复合材料的各组元之间具有明显的界面。

由于复合材料各组分之间“取长补短”“协同作用”，极大地弥补了单一材料的缺点，产生单一材料所不具有的新性能。复合材料的出现和发展，是现代科学技术不断进步的结果，也是材料设计方面的一个突破。它综合了各种材料(如纤维、树脂、橡胶、金属、陶瓷等)的优点，按需要设计、复合成为综合性能优异的新型材料。

5.6　木材和现代家装建筑材料

5.6.1　木材

木材是能够次级生长的植物，如乔木和灌木所形成的木质化组织。这些植物在最初生长结束后，根茎中的维管形成层开始活动，向外发展出韧皮，向内发展出木材。木材是维管形成层向内发展出植物组织的统称，包括木质部和维管射线。根据木材不同的性质特征，人们将它们用于不同途径，工程中所用的木材主要取自树木的树干部分。木材因取得和加工容易，自古以来就是一种主要的建筑材料。在国内外，木材还广泛用于建筑室内装修与装饰，它给人以自然美的享受，还能使室内空间产生温暖与亲切感。

1. 木材的结构和缺陷

1) 木材的结构

木材由树皮、形成层、木质部和髓心组成。树皮是包裹在木材的干、枝、根次生木质部外侧的全部组织；形成层位于树皮和木质部之间，由于形成层的分生功能，木材直径会变粗；次生木质部位于形成层和髓心之间，来源于形成层的分裂生长；髓心一般在树干的中间位置，由木质部包裹，提供幼树生长的养分，生命周期较短。

2) 木材的缺陷

也称疵病，缺陷降低木材的利用价值，主要可分为以下三大类。

(1) 天然缺陷，如木节、斜纹理及因生长应力或自然损伤而形成的缺陷。包含在树干或主枝木材中产枝条部分称为木节，按照连生程度可以分为死节和活节；按照木节材质可以分为健全节和腐朽节。原木的斜纹理常称为扭纹，对锯材则称为斜纹。

(2) 生物虫害的缺陷，主要有腐朽、变色和虫蛀等。

(3) 干燥及机械加工引起的缺陷，如干裂、翘曲、锯口伤等。

为合理使用木材，通常按不同用途的要求，限制木材允许缺陷的种类、大小和数量，将木材划分等级使用。如腐朽和虫蛀的木材不允许用于承重结构，影响结构强度的缺陷还有木节、斜纹和裂纹。

2. 木材的物理性质

1) 密度

木材系多孔性物质，由细胞壁物质及孔隙(细胞腔、胞间隙、纹孔等)构成，因而密度有木材密度和木材细胞物质密度之分。前者为木材(包括孔隙)单位体积的质量；后者为细胞壁物质(不包括孔隙)单位体积的质量。木材密度是木材性质的一项重要指标，根据它可估计木材的实际重量，推断木材的工艺性质和木材的干缩、膨胀、硬度、强度等木材物理力学性质，木材密度以基本密度和气干密度两种最为常用。

2) 含水率

指木材中水重占烘干木材重的百分数。木材中的水分可分两部分，一部分存在于木材细胞壁内，称为吸附水；另一部分存在于细胞腔和胞间隙之间，称为自由水(游离水)。木材的含水率对木材的物理和力学性能影响较大。木材平均含水率随地区、季节及气候等因素而变化，在 10%～18%。

3) 胀缩性

木材吸收水分后体积膨胀，失水则收缩。木材自纤维饱和点到炉干的干缩率，顺纹方向约为 0.1%，径向为 3%～6%，弦向为 6%～12%。径向和弦向干缩率的不同是木材产生裂缝和翘曲的主要原因。

3. 木材的力学性质

木材是有机的各向异性材料，顺纹方向与横纹方向的力学性质有很大差别。木材的顺纹抗拉和抗压强度均较高，但横纹抗拉和抗压强度较低。木材强度还因树种而异，并受木材缺陷、荷载作用时间、含水率及温度等因素的影响，其中以木材缺陷及荷载作用时间两者的影响最大。因木节尺寸和位置不同、受力性质(拉或压)不同，有节木材的强度比无节木材可降低 30%～60%。在荷载长期作用下木材的长期强度几乎只有瞬时强度的 1/2。

5.6.2　人造板材

木材在加工成型材和制作成构件的过程中，会留下大量的碎块、废屑等，将这些下脚料进行加工处理，就可制成各种人造板材(胶合板原料除外)。常用人造板材有以下四种。

1. 胶合板

胶合板是将原木旋切成薄片，用胶黏合热压而成的人造板材，其中薄片的叠合必须按照奇数层数进行，而且保持各层纤维互相垂直，胶合板最高层数可达 15 层。胶合板极大地提高了木材的利用率，其主要特点是材质均匀，强度高，无疵病，幅面大，使用方便，板面具有真实、立体和天然的美感，广泛用作建筑物室内隔墙板、护壁板、顶棚板、门面板，以及各种家具及装修。在建筑工程中，常用的是三合板和五合板。我国胶合板主要采用水曲柳、椴木、桦木、马尾松及部分进口原料制成。

2. 纤维板

纤维板是将木材加工留下的板皮、刨花、树枝等边角废料，经破碎、浸泡、研磨成木浆，再加入一定的胶料，经热压成型、干燥处理而成的人造板材，生产纤维板可使木材的利用率提高到 90%以上。纤维板分硬质纤维板、半硬质纤维板和软质纤维板三种。纤维板的表观密度一般大于 800kg/m^3，适合作为保温隔热材料。纤维板的特点是材质构造均匀，各向同性，强度一致，抗弯强度高(可达 55MPa)，耐磨，绝热性好，不易胀缩和翘曲变形，不腐朽，无木节、虫眼等缺陷。

3. 刨花板

刨花板、木丝板、木屑板是分别以刨花木渣，边角料刨制的木丝、木屑等为原料，经干燥后拌入黏结剂，再经热压成型而制成的人造板材。所用黏结剂为合成树脂，也可以用水泥、菱苦土等无机的胶凝材料。这类板材一般表观密度较小，强度较低，主要用作绝热和吸声材料，但其中热压树脂刨花板和木屑板，其表面可粘贴塑料贴面或胶合板作为饰面层，这样既增加了板材的强度，又使板材具有装饰性，可用作吊顶、隔墙、家具等材料。

4. 复合板

复合板主要有复合地板及复合木板两种。复合地板是一种多层叠压木地板，板材 80%为木质。这种地板通常是由面层、芯板和底层三部分组成，其中面层又是由经特别加工处理的木纹纸与透明的蜜胺树脂经高温、高压压合而成；芯板是用木纤维、木屑或其他木质粒状材料等，与有机物混合经加压而成的高密度板材；底层为用聚合物叠压的纸质层。

复合地板规格一般为 1200mm×200mm 的条板，板厚 8mm 左右，其表面光滑美观，坚实耐磨，不变形、不干裂、不沾污及褪色，不需打蜡，耐久性较好，且易清洁，铺设方便。复合地板适用于客厅、起居室、卧室等地面铺装。复合木板又称木工板，它是由三层胶黏压合而成，其上、下面层为胶合板，芯板是由木材加工后剩下的短小木料经加工制得木条，再用胶黏拼而成的板材。复合木板一般厚为 20mm，长 2000mm，宽 1000mm，幅面大，表面平整，使用方便。复合木板可代替实木板应用，现普遍用作建筑室内隔墙、隔断、橱柜等的装修。

5.7 纺织材料

纺织品不仅用于普通服装，还应用于工业、农业、军事、航天、航海、交通、医疗卫生等诸多领域。纺织材料是纺织原料及由其制得的半成品、制品的统称，具体指纤维、纱线、织物及其复合物。纺织新材料的研发，特别是纳米纤维的开发和使用，突破了传统意义上的纺织材料概念。纺织品的加工过程如图 5-11 所示，一般包括纺纱、织造和后期整理等过程。另外，还有一种不需要纺纱织布而形成的织物，只是将纺织短纤维或者长丝进行定向或随机排列，形成纤网结构，然后采用机械、热黏或化学等方法加固而成，这种织物就是现在比较常见的无纺布。

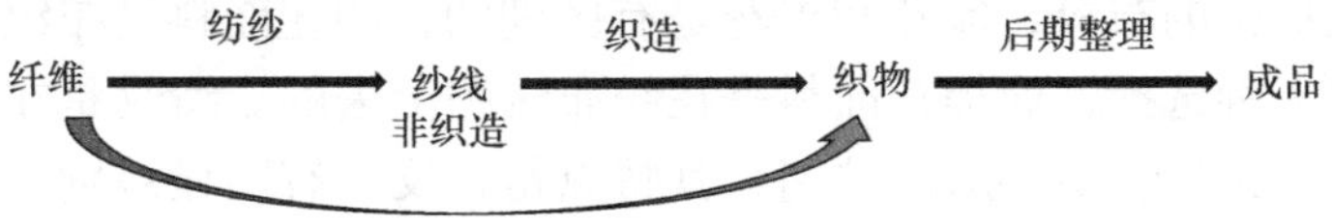

图 5-11　纺织品的加工过程

5.7.1　纺织材料的分类

依据纺织材料的定义，纺织材料包括纤维、纱线及纤维集合体(织物)。

1. 纤维

纤维是纺织材料的基本单元。由于纤维的来源和组成、制备工艺及形态各不相同，其性能极其复杂，并直接影响着其构成物即纤维集合体的性能，决定了纤维的实用性及商业价值。纤维按来源和习惯分为天然纤维和化学纤维两大类，英美又将化学纤维分为人造纤维和合成纤维两类。根据天然纤维的物质来源不同可分为植物(类)纤维、动物(类)纤维和矿物(类)纤维。按原料、加工方法和组成成分的不同，又可分为再生纤维、合成纤维和无机纤维三类。

2. 纱线

由纺织纤维加工而成的纱线呈多样性，不同类型的纤维和不同的纱加工工艺，会生产出不同的纱线结构。不同的纱线结构导致了不同的物理性能和使用特性。纱线按其体系(即纱线的基本构造要素和构造形式)，有“纱”“丝”“线”之分；按纤维组成，有纯纺纱线、混纺纱线、伴纺纱线之分；按混合纤维的分布，有均匀混合纱线、变化混合纱线、组合或复合纱线之分；纱线依其用途可作为半成品或成品使用，即对应着加工用纱线和最终用纱线。

3. 织物

织物，俗称布，是一种主要的纤维制品，也是纺织品的基本形式，是在织机上由相互垂直的两个系统的纱线，按一定的规律交织而成，也就是人们常说的经纬线按一定的规律相互交差，使织物表面形成一定的纹路和花纹，按纹路和花纹的不同有平纹、斜纹、提花、缎纹、无纺布等。

平纹是指在纺织过程中经纱和纬纱一上一下交错搭织所形成的纹路，是所有织物中经纬纱交错次数最多的组织，因而断裂强度大，而且正反面特征相同。斜纹是在纺织过程中经纱和纬纱二上一下交错搭织所形成的纹路。其特点是比平纹经纬纱交错次数少，因而可增加单位长度内的纱支根数，使织物更加紧密、厚实，且具有较好的光泽。提花是纺织物以经线、纬线交错组成的凹凸花纹，是较高档织法，对棉纱的要求较高，质量差的棉纱无法提出成形的图案，提花也分平纹提花和斜纹提花。绣花是一种装饰，一般绣花的都是平纹加密的布料，印花和提花是有区别的，印花面料是布织好以后，再印上去的花，可以有多种选择，而提花面料是在织布时织上去的。缎纹是在纺织过程中经纱和纬纱四上一下交错搭织所形成的纹路，其特点是正反面有明显差别，正面特别平滑且有光泽，而反面则比较粗糙、无光。在织物密度一样的条件下，在纺织物的织造工艺中，它是交错点最少的一种，所以手感柔软，但强度最低。

织物种类不同，其特征也不相同。全棉是指天然纤维，与肌肤接触无任何刺激，吸湿透气性好，但易皱；涤棉混纺(涤黏混纺)不易皱，光洁度较好，撕裂强度较高，但易产生静电起毛球；黏胶纤维(人造棉)的吸湿性、透气性和悬垂性好，成本低，但缩水率大，湿处理强度差，易皱；涤纶的吸湿性透气性差，静电严重起毛球，但保形性良好，撕裂强度高耐磨性好，表面光滑光泽度好。

5.7.2　纺织材料的性能

1. 织物/经纬密度

纱支是指每克纱的长度。纱支越高，纱线会越细，均匀度越好，反之，纱支越低，纱线越粗。纱支标记为“S”，40S 以上称为高支高密，30S 以上称为高支纱，20S～30S 称为中支纱，20S 以下称为低支纱。规定布匹长度方向为经向，布匹宽度方向为纬向，1in(1in≈2.54cm)宽的经纱总根数为经密，1in 宽的纬纱总根数为纬密，织物密度=经密+纬密。

2. 织物的缩水率

织物的缩水率是指织物在洗涤或浸水后，织物收缩的百分数。一般情况下，越易吸水、织物密度越小、织物纱支越粗，其缩水率越大。缩水率与织物的织造、印染工艺有关(经向张力越大、纬向拉幅越宽，缩水率越大)。

纺织材料的性能指标还包括纤维与纤维间、织物与织物间、纤维与织物间、纺织材料与金属之间的摩擦系数，纺织材料的吸湿性、耐日晒、耐候性、抗卷曲性能、燃烧与阻燃性、电绝缘性、抗静电性等。总之，纺织材料物理力学性能直接影响其使用性能。

习　题

1. 工程材料一般包括哪几类？
2. 简述常用材料的分类及其特点。
3. 钢是如何分类的？它的牌号分别代表什么？
4. 简述碳素结构钢的特点及其用途。
5. 碳钢和合金钢有什么区别？
6. 简述合金钢的分类。
7. 简述合金元素在钢中的作用。
8. 提高钢的强度有哪些途径？
9. 提高钢的韧性主要有哪些途径？
10. 常见不锈钢及其成分的特点是什么？
11. 常见高分子化合物的主要结构特点是什么？
12. 简述工程塑料的主要特性。

第二篇

材料力学的基本概念和原理

第 6 章　材料力学基础

材料力学(mechanics of materials)是现代工程技术的重要基础，也是所有工科高校学生必修的课程。在工程实际中常见的高层建筑、桥梁、飞行器、船舶、火车、海洋平台各类型机械设备等(图 6-1)都蕴涵着力学理念，正是力学理论支撑着它们今天的存在和未来的发展。材料力学的发展与社会生产的发展密切相关，材料力学的知识是从生产实践中产生，并逐渐由低级向高级发展起来的。在古代，虽然已有舟车、房屋、堤坝等机械和结构的建造和制作，并已逐渐对构件的受力特点、材料的力学性能和正确使用积累起丰富的经验，但直到 16 世纪之前，在结构和机械的设计中，仍然主要是根据经验或模仿，还没有上升到科学理论的水平。

图 6-1　桥梁、飞机、海洋平台、船舶图例

6.1　材料力学的任务

材料力学作为一门科学，一般认为是从 17 世纪开始建立的。此后，随着生产的发展，各国科学家对构件有关的力学问题进行了广泛深入的研究，使材料力学得到了长足的发展。长期以来，材料力学的概念、理论和方法已广泛应用于土木、水利、船舶与海洋工程、机械、化工、冶金、航空与航天等工程领域。计算机及实验方法和设备的飞速发展与广泛应用，为材料力学的工程应用提供了强有力的手段。

工程师设计任何一个工程结构如一座大桥、一栋大楼、一台机器，首先考虑该工程结构的每一个组成结构的构件都要有足够的承载能力，由这样的构件所组成的结构才能安全、可靠、正常地工作。当然，要单纯地提高构件的承载能力只需片面地增大构件的尺寸，但往往引起负面的结果，增加了构件的自重，并使成本提高。在选择构件的尺寸和材料时，还要考虑经济要求，即尽量降低材料的使用成本；但为了安全，又希望构件尺寸大些，材料质量高些。这两者之间存在着一定的矛盾，材料力学正是在解决这些矛盾中产生并不断发展的。可见，安全可靠与经济合理显然是一对矛盾，合理解决这一对矛盾就是材料力学的任务。

力对物体的作用效应分为两种，一是引起外效应，它会使物体的位置及运动状态发生改变；二是产生内效应，它能使物体产生变形破坏。理论力学研究外效应，而材料力学研究的是内效应。理论力学的研究对象主要是质点或者不变形的刚体，因此，理论力学是一门研究刚体在各种主动力作用下引起的外效应的学科。理论力学的作用就是把客观存在的一些现象物理化，是一个物理建模的过程，然后用数学的方法来解答。材料力学从理论力学的静力学发展而来，理论力学中的刚体是不会变形的，所以在理论力学中不可能解释变形体的问题，但实际上物体没有不发生形变的，材料力学就是研究物体在发生形变以后的一些问题，如刚度、强度、稳定性等。理论力学无法解答超静定问题，但是在材料力学中根据变形协调方程或者一些边界约束条件可以解答超静定问题，另外动载荷和疲劳失效问题材料力学中也有涉及，而且材料力学在解释实际生活中的问题时会把问题工程化，这是材料力学比理论力学更丰富的地方。材料力学的研究对象是变形很小的固体，是一门研究变形固体在外力或温度作用下产生的内效应的学科。

材料力学与理论力学研究问题的主要区别与联系可通过如图 6-2 所示的两个托架来简单加以说明。对于图 6-2 中两个托架而言，都可能存在以下几个方面的工程实际问题：①求各支座的约束反力；②求各杆的内力；③验证托架是否安全(例如，是否破坏？变形是否过大？受压杆是否被压弯？)；④在保证托架安全的情况下，选择各杆的材料，确定各杆截面的形状及尺寸大小；⑤在保证托架安全的情况下，确定托架节点 A 允许的最大载荷 F；⑥求各杆的变形和节点 A 的位移，等等。

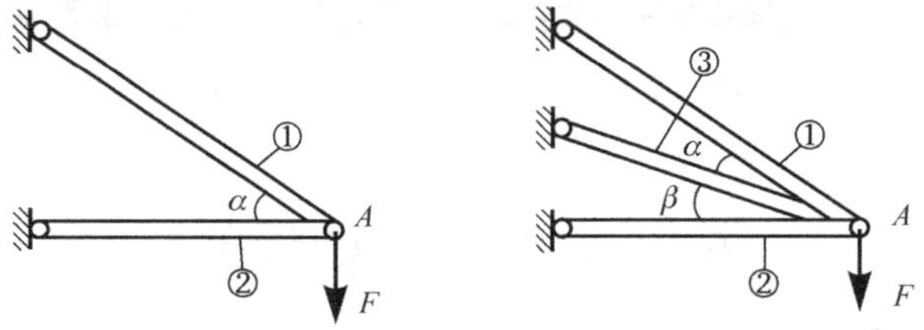

(a) 静定结构托架　　(b) 静不定结构托架

图 6-2　静定与静不定托架结构

对于静定结构托架如图 6-2(a)所示，上述所有 6 个问题中的前两个问题属于理论力学静定问题，它们的求解与杆的材料种类、截面形状大小、杆长等因素无关；而后 4 个问题则属于材料力学所关心的问题，这些问题的求解通常与杆的材料种类、截面形状大小、杆长等因素有关。

对于静不定结构托架如图 6-2(b)所示，则上述所有 6 个问题都属于材料力学所关心的问题，这些问题的求解通常都与杆的材料种类、截面形状大小、杆长等因素有关。也就是说，理论力学只能识别但不能求解静不定问题，而只有通过材料力学才能求解静不定问题。

要保证托架安全，所有的杆件不能破坏，则要求在载荷作用下所有的构件应该具有足够的抵抗破坏的能力，即有足够的强度(strength)。构件抵抗破坏的能力称为强度。构件在外力作用下必须具有足够的强度才不致发生破坏，即不发生强度失效(failure)。要保证托架正常工作，所有的杆件不能有过大的变形，则要求在载荷作用下所有的构件应该具有足够的抵抗变形的能力，即有足够的刚度(rigidity)。构件抵抗变形的能力称为刚度。在某些情况下，构件虽有足够的强度，但若刚度不够，受力后产生的变形过大，也会影响正常工作。因此设计时，必须使构件具有足够的刚度，使其变形限制在工程允许的范围内，即不发生刚度失效。此外，要保证托架安全，托架中的受压杆件(如杆②)不能被压弯，则要求在载荷作用下所有受压杆件应该具有足够的保持原有直线平衡状态的能力，即有足够的稳定性(stability)，构件在外力作用下保持原有形状平衡的能力称为稳定性。例如，图 6-2 中受压力作用的直杆，当压力较小时其直线形状的平衡是稳定的；但当压力过大时，直杆不能保持直线形状下的平衡，称为失稳。构件必须具有足够的稳定性，即不发生稳定失效。强度、刚度、稳定性三方面的能力称为构件的承载能力。

以上三个要求中，强度要求是基本的，只在某些情况下，才对刚度提出要求，至于稳定要求，一方面必须从理论上分析和计算构件受外力(external force)作用产生的内力(internal force)、应力(stress)和变形(deformation)，建立强度、刚度和稳定性计算的方法；另一方面，构件的强度、刚度和稳定性与材料的力学性能(mechanical properties)有关，而材料的力学性能需要通过实验确定。此外，由于理论分析要根据对实际现象的观察进行抽象简化，所得结果的可靠性也要用实验来检验。材料力学的任务就是从理论和实验两方面，研究构件的内力、应力和变形，在此基础上进行强度、刚度和稳定性计算，以便合理地选择构件的尺寸和材料。必须指出，要完全解决这些问题，还应考虑工程上的其他问题，材料力学只是提供基本的理论和方法。

6.2　材料力学的研究对象及基体变形形式

工程中各种结构或机械都是由许多杆件或零部件组成的，这些杆件或零部件统称为构件。根据几何形状的不同，构件可分为三类：①杆，一个方向的尺寸比其他两个方向的尺寸大得多的构件称为杆或杆件，如图 6-3(a)所示。杆的几何形状可用一根中心轴线和与中心轴线正交的横截面表示。根据轴线的形状，可分为直杆和曲杆；根据横截面沿轴线变化的情况，可分为等截面杆和变截面杆。例如，组成桁架的杆多为等截面杆，起重机的吊钩为变截面曲杆。②板和壳，一个方向的尺寸(厚度)比其他两个方向的尺寸小得多的构件称为板或壳，平分厚度的面称为中面，当中面为平面时，该构件称为板(或平板)，如图 6-3(b)所示；当中面为曲面时，该构件称为壳(或壳体)，如图 6-3(c)所示，例如，楼板为平板，有些建筑物屋顶为壳体。③块体，三个方向的尺寸相差不很大的构件称为块体，如机器底座为块体。

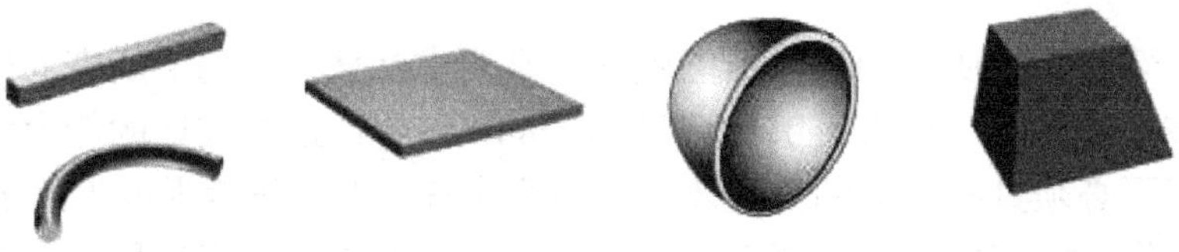
(a) 杆件　(b) 板　(c) 壳　(d) 块体

图 6-3　变形固体

构件在各种形式的外力作用下，其变形形式多种多样，但不外乎是某一种基本变形或几种基本变形的组合。基本变形可分为：①轴向拉伸或压缩，直杆受到与轴线重合的外力作用时，杆的变形主要是轴线方向的伸长或缩短。这种变形称为轴向拉伸或压缩，如图 6-4(a)和(b)所示。②剪切，直杆受一对大小相等、方向相反、作用线相距很近的横向外力作用时，杆的主要变形是横截面沿外力作用方向发生相对错动，这种变形称为剪切，如图 6-4(c)所示。杆件在发生剪切变形的同时，通常还会发生其他变形。③扭转，直杆在受到垂直于轴线的外力或在包含轴线的平面内，受到大小相等、方向相反的力偶作用时，各截面发生相对转动，这种变形称为扭转，如图 6-4(d)所示。④弯曲，直杆受到垂直于轴线外力或包含轴线的平面内的力偶作用时，杆的轴线由直变弯，这种变形称为弯曲，如图 6-4(e)所示。构件在外力作用下，若同时发生两种或两种以上的基本变形，则称为组合变形，本书先研究杆的基本变形问题，然后研究杆的组合变形问题。

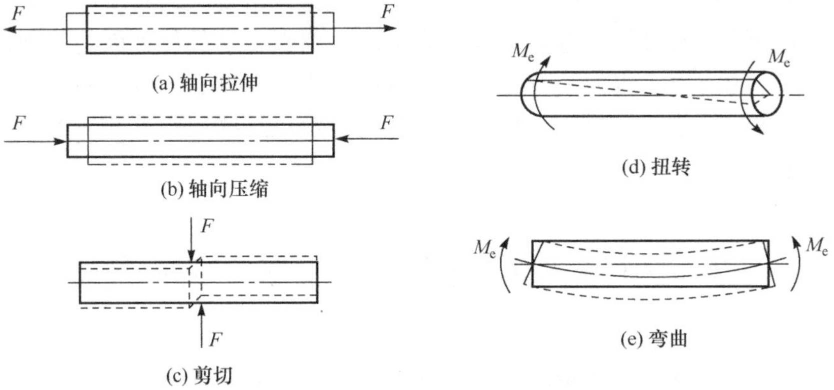

(a) 轴向拉伸　(b) 轴向压缩　(c) 剪切　(d) 扭转　(e) 弯曲

图 6-4　四种基本变形的受力特点与变形特征

6.3　变形固体的概念及其基本假设

固体在外力作用下会产生各种各样的物理现象，而每门学科仅从自身的特定目的出发去研究某一方面的问题。为了研究方便，常常需要舍弃那些与所研究的问题无关或关系不大的特征，而只保留主要的特征，将研究对象抽象成一种理想的模型。例如，在材料力学中研究构件的强度、刚度和稳定性问题，这就必须考虑物体的变形，即使变形很小，也不能将物体看作刚体。研究变形固体的力学称为固体力学或变形体力学，材料力学是固体力学的一个分支。

变形体的组织构造及其物理性质十分复杂，为了使计算简化，经常略去材料的次要性质，并根据其主要性质作出假设，将它们抽象为一种理想模型，作为材料力学理论分析的基础。下面是材料力学对变形固体常采用的四个基本假设。

(1) 连续性假设(assumption of continuity)。假设物体内部充满了物质，没有任何空隙。实际上，组成固体的粒子之间存在空隙，但从宏观方面研究，只要这些空隙的大小比物体的尺寸小得多，就可不考虑空隙的存在，而认为物体是连续的。于是可认为固体在其整个体积内是连续的。基于连续性假设，固体内的一些力学量(如点的位移)就可以用连续函数表示，并可采用无穷小的高等数学分析方法研究。

(2) 均匀性假设(assumption of homogeneity)。由此假设可以认为，变形固体均由同一均质材料组成，因而体内各处的力学性质都是相同的，并认为在其整个体积内毫无空隙地充满了物质。实际上，工程材料的力学性质都有一定程度的非均匀性。例如，金属材料由晶粒组成，各晶粒的性质不尽相同，晶粒与晶粒交界处的性质与晶粒本身的性质也不同；混凝土由水泥、砂和碎石组成，它们的性质也各不相同。但由于材料力学是从宏观的角度去研究构件的强度、刚度和稳定性问题，这些空隙远小于构件的尺寸，而且各颗粒错综复杂地排列于整个体积内，因此，由统计平均值观点看，各颗粒性质的差异和空隙均可忽略不计，而认为变形固体是均匀连续的，物体内各处的力学性质均完全相同。

(3) 各向同性假设(assumption of isotropy)。假设材料在各个方向的力学性质相同。金属材料由晶粒组成，单个晶粒的性质有方向性，但由于晶粒交错排列，从统计观点看，金属材料的力学性质可认为是各个方向相同的。例如，铸钢、铸铁、铸铜等金属材料均可认为是各向同性材料。同样，玻璃、塑料、混凝土等非金属材料也可认为是各向同性材料。但是，有些材料在不同方向具有明显不同的力学性质，如经过碾压的钢材、纤维整齐的木材及冷拔的钢丝等，这些材料是各向异性材料。在材料力学中主要研究各向同性的材料。

(4) 小变形假设(assumption of small deformation)。变形固体受外力作用时将产生变形。如果变形的大小较物体原始尺寸小得多，则这种变形称为小变形。材料力学所研究的构件，受力后所产生的变形大多是小变形。在小变形情况下，研究构件的平衡及内部受力等问题时，均可不计这种小变形，而按构件的原始尺寸计算。当变形固体所受外力不超过某一范围时，若除去外力，则变形可以完全消失，并恢复原有的形状和尺寸，这种性质称为弹性。若外力超过某一范围，则除去外力后，变形不会全部消失，其中能消失的变形称为弹性变形；不能消失的变形称为塑性变形，或残余变形、永久变形。应该指出，对大多数的工程材料，当外力在一定的范围内时，所产生的变形完全是弹性的，而且这些变形与构件原有尺寸相比通常是很小的，所以，在材料力学中，大部分问题只限于对弹性变形的研究，并且在研究构件的平衡与运动时，变形的影响可以忽略不计。

综上所述，材料力学的力学模型为连续、均匀、各向同性且限于小变形的变形固体，而非刚体。材料力学所研究的构件，其变形均属于小变形的范围。构件在载荷作用下，所引起的几何形状和尺寸的改变量与构件本身的原始尺寸相比是一个很微小的量。因而在研究构件的平衡和运动等外效问题时，均可忽略这种小变形量，且按构件的原始尺寸进行计算，使计算大为简化。

6.4　杆件的内力与截面法

6.4.1　内力

构件在外力作用下发生变形的同时，将产生内力。在物理学中，物体内相邻质点之间的相互作用力称为内力。物体未受外力作用时，内力已经存在，正是因为内力的存在，物体才能保持一定的形状。外力作用后，原有的内力会发生改变，这一改变量称为附加内力。材料力学中研究的就是这种附加内力，通常简称为内力，物体受外力作用产生变形和内力的变化，当外力增大使内力超过某一限度时，物体将破坏。

6.4.2　截面法

为了计算内力，需要将物体截开，如图 6-5(a)所示。假想在需求内力的截面 *m-m* 处将杆截开为 *A*、*B* 两部分，两部分在截开处的截面上均存在一分布内力系，且两部分对应点上的内力互为作用力和反作用力。由于杆件是平衡的，所以截开的各个部分也是平衡的，作用在每部分上的外力与所截截面上的分布内力组成平衡力系。一般情况下，截面上的分布内力可以合为一个力(主矢)和一个力偶(主矩)。以下将截面上分布内力的合力(力和力偶)简称为内力。

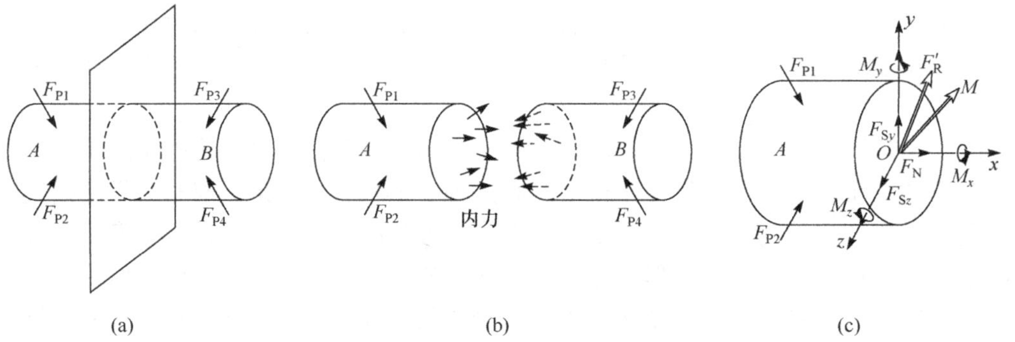

图 6-5　截面法分析

根据 *A* 部分的平衡方程可求出这些内力。同样，也可根据 *B* 部分的平衡方程求截面上的内力。上述求内力的方法称为截面法，其求解步骤如下。

(1) 假想在需求内力的截面处将物体截开为两部分，任取一部分为研究对象。

(2) 在留取的部分上，除了保留作用在这部分上的外力，还要加上移去部分对这部分的作用力，即截开截面上的内力。

(3) 利用平衡方程，即可求得截面上的内力。

6.4.3　应力

实际上，物体总是从内力集中程度最大位置开始破坏的，因此只按理论力学中所述方法求出截面上分布内力是不够的，必须进一步确定截面上各点分布内力的集度。为此，必须引入应力的概念。

在图 6-6(a)中受力物体某截面上某点 M 处的周围有一微面积ΔA，设其上分布内力的合力为ΔF，$\dfrac{\Delta F}{\Delta A}$称为面积$\Delta A$ 上分布内力的平均集度，又称为平均应力。如令$\Delta A\to 0$，则比值$\dfrac{\Delta F}{\Delta A}$的极限值为 $P_{\mathrm{m}}=\lim\limits_{\Delta A\to 0}\dfrac{\Delta F}{\Delta A}$，这表示一点处分布内力的集度，称为一点处的总应力，由此可见，应力是截面上一点处分布内力的集度，为了使应力具有更明确的物理意义，可以将一点处的总应力 P 分解为两个分量；一个是垂直于截面的应力，称为正应力，或称法向应力，用σ表示；另一个是沿着截面的应力，称为切应力，或称切向应力，用τ表示，如图 6-6(b)所示。物体的破坏现象表明，拉断破坏和正应力有关，剪切错动破坏和切应力有关。以下将只计算正应力和切应力而不计算总应力。

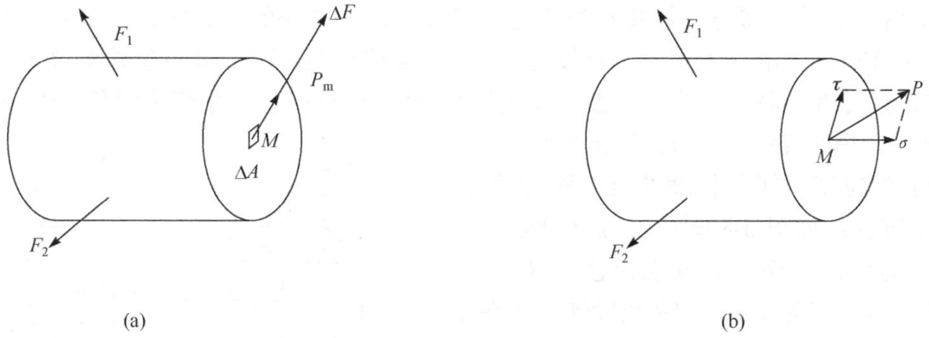

图 6-6　全应力 P 与正应力和切应力

在国际单位制中，应力的单位名称是帕斯卡，符号为 Pa，也可以用兆帕(MPa)或吉帕(GPa)表示，其关系为：$1\mathrm{MPa}=10^6\mathrm{Pa}$，$1\mathrm{GPa}=10^3\mathrm{MPa}=10^9\mathrm{Pa}$。

6.5　位移和应变

物体受力后，其形状和尺寸都要发生变化，即发生变形。为了描述变形，现引入位移和应变的概念。

6.5.1　位移

物体变形时其内任意一点的位置将发生移动，这种点的位置的移动量称为线位移，是指物体中一点相对于原来位置所移动的直线距离。另外，其内的任一线段(或任一平面)

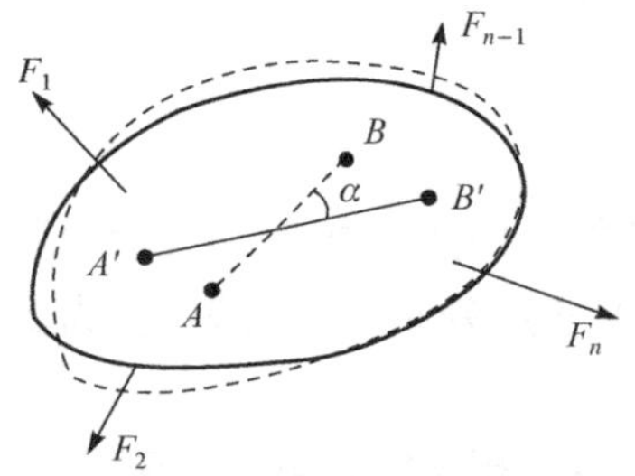

图 6-7　线位移与角位移

将发生转动，这种转动角称为角位移，物体中某一直线或平面相对于原来位置所转过的角度称为角位移。如图 6-7 所示，原来的 A 点、B 点分别移动到 A' 点、B' 点，原来的 AB 线段转过一个角度 α 到 $A'B'$ 位置。$A'A$ 为 A 点的线位移，$B'B$ 为 B 点的线位移，角 α 为线段 AB 的角位移。

当构件没有变形，而是做刚体运动时也会产生线位移、角位移，可见线位移和角位移并不能充分表示变形。但可用线段伸长和缩短、角度的扩大和缩小来描述物体的变形，这样，称线段长度的改变为线变形、角度的改变为角变形。在材料力学中杆件的主要变形一般用轴线上某点的线变形和角变形来度量。本书仅讨论物体的变形位移，物体的刚体位移在理论力学中讨论。一般来说，受力物体内各点处的变形是不均匀的。上述两种位移是变形过程中物体各点做相对运动所产生的，称为变形位移。

6.5.2　应变

线段长度的改变显然随线段原长的不同而变化，为避免线段原长的影响，现引入线应变(既相对变形)的概念。设想在物体内一点 A 处取一微小的长方体，它在 xy 平面内的边长为Δx 和Δy，如图 6-8 所示。物体受力后，A 点位移至 A' 点，B 点位移至 B' 点且微小立方体的尺寸和形状都发生了改变，如边长Δx 和Δy 的变化，直角变为锐角(或钝角)，从而引出下面两种表示该立方体变形的量。

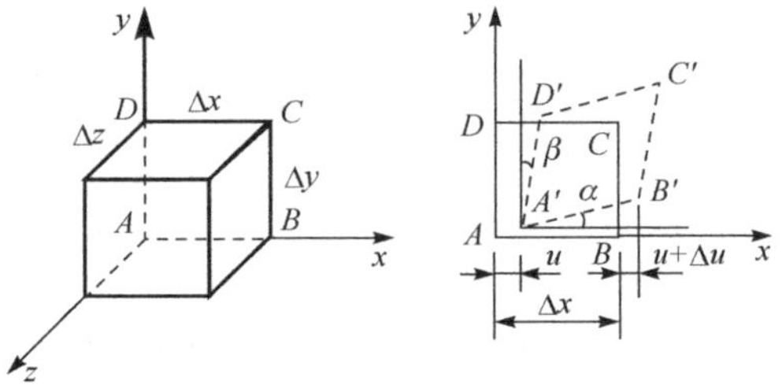

图 6-8　线应变

(1) 线应变，线段长度的改变称为线变形(或正应变)，如图 6-8 所示。A 点位移至 A' 点，沿 x 方向的位移为 u，B 点位移至 B' 点，沿 x 的方向位移为 $u+\Delta u$，AB 线段伸长量在 x 方向的投影为$[(\Delta x+u+\Delta u)-u]-\Delta x=\Delta u$，假设 AB 线段上，线变形是均匀的，称 $\varepsilon_x=\dfrac{\Delta u}{\Delta x}$，如果 AB 线段上各点的变形程度不同，则 $\varepsilon_x=\lim\limits_{\Delta x\to 0}\dfrac{\Delta u}{\Delta x}=\dfrac{\mathrm{d}u}{\mathrm{d}x}$，式中，$\varepsilon_x$为 A 点沿 x 方向的线应变，量纲为 1，同理若过 A 点沿 x、y、z 三个方向的线应变都已知，则过 A 点沿任一方向的线应变可推出。线应变是量纲为 1 的量，规定拉应变为正、压应变为负。

(2) 切应变。通过一点处互相垂直的两线段之间所夹直角的改变量称为切应变，用γ表示。例如，图 6-8 中平面 $ABCD$ 的角变形情况。矩形的相互正交的两棱边 AB 与 AD 间直角的改变量为$\gamma=\angle BAD-\angle B'A'D'$，即 $\gamma=\dfrac{\pi}{2}-\left[\dfrac{\pi}{2}-(\alpha+\beta)\right]=\alpha+\beta$，这就是 A 点处的切应变。切应变通常用弧度表示，也是量纲为 1 的量，其单位为弧度(rad)。

当微小正六面体的各棱边长度趋于零时，三个相互垂直方向上的线应变与三个相互垂直平面上的切应变就共同描述了一点(A 点)的应变情况。每一点应变情况都知道后，整个物体的变形也就确定了。线应变ε_x和切应变γ是描述物体内一点处变形的两个基本量，它们分别和正应力与切应力有联系。

6.6 客体变形的概念

客体在受到外力的作用时，会产生变形，这种变形严格遵守材料的变形原理。因而与普通材料一样，可以将其变形分为两种。第一种为弹性变形，外力取消后，客体变形即可消失并能完全恢复原来形状的性质称为弹性，这种可恢复的变形称为弹性变形。弹性变形的重要特征是其可逆性，即受力作用后产生变形，卸除载荷后变形消失。这反映了弹性变形决定于原子间结合力这一本质现象。第二种为塑性变形，客体在外力作用下产生形变而在外力去除后不能恢复的那部分变形。客体在外力作用下产生应力和应变(即变形)，当应力未超过材料的弹性极限时，产生的变形在外力去除后全部消除，客体恢复原状，这种变形是可逆的弹性变形。若应力超过客体的弹性极限，则产生的变形在外力去除后不能全部恢复，而残留一部分变形，这时客体不能恢复到原来的形状，这种残留的变形是不可逆的塑性变形。当客体在切滑、剪切、打击等破坏过程中，产生的弹性变形比塑性变形要小得多时，通常可忽略不计，此时客体所产生的塑性变形与其直接接触的造痕体直接相关，从而使其变形可反映造痕体的形态，这也是检验鉴定的前提条件。

6.7 材料力学的特点

材料力学是固体力学的一个分支，是一门专业技术基础课程。它的理论、概念和方法无论对工程设计还是对力学分析及较多的后续课程都是必不可少的。材料力学的特点如下。

(1) 内容的系统性比较强。材料力学内容的主线是分析和计算杆的应力和变形，根据杆的危险点处的应力进行强度计算，在某些情况下，求出杆的最大变形进行刚度计算；对一定受力情况下的某些杆进行稳定计算，先研究杆的基本变形，再研究组合变形。主要研究静荷载下的应力和变形问题，再研究一些动荷载问题和交变应力问题，对有些超过弹性范围的问题，只作简单介绍。

(2) 有科学的研究方法。分析杆的应力和变形，必须基于杆件在各种力作用下处于平衡，以及杆件各部分的变形互相协调这两个前提，因而只用静力学的方法是不够的。材料力学的方法是通过实验现象的观察和分析，忽略次要因素保留主要因素，在基本假设之外，再作某些假设，然后综合静力学方面、变形的几何方面和物理方面的条件，即综合应力平衡、变形协调和物理关系三方面的方程，导出应力和变形的理论计算公式，最后通过实验检验理论公式的正确性。在材料力学中采用某些假设，是为了简化理论分析，以便得到便于使用的计算公式。而利用这些公式计算得到的结果，可以满足工程上所要求的精度。

(3) 与工程实际的联系比较密切。材料力学研究的内容既然是工程设计的理论基础，必然会遇到工程实际问题如何上升到理论，在理论分析时又如何考虑实际情况的问题。例如，如何将实际的构件连同其所受荷载和支撑等，简化为可供计算的力学模型；在分析和计算时要考虑实际存在的主要因素及设计制造上的方便性和经济性等。

(4) 概念、公式较多。材料力学中有较多的概念，这些概念对于理解内容、分析问题及正确运用基本公式,以至于对今后从事工作时分析和解决实际问题,都是很重要的,必须引起足够的重视。在学习时切不可只满足于背条文、代公式，不可囫囵吞枣、不求甚解。材料力学中有不少公式，但基本公式并不多。只要能正确理解基本公式，用前后联系、互相对比的方法，并多做习题，就能够熟练地运用这些公式。

了解材料力学的特点后，只要认真学习，勤于思考、善于发现问题，注意培养自己分析问题、解决问题和创新思维的能力，同时注意培养计算能力及实验能力，就一定能学好这门课程。

6.8　材料力学研究的主要问题及方法

1. 材料力学研究的主要问题

材料力学主要研究以下五个方面的问题：①杆件的拉伸；②杆件的扭转；③梁的弯曲；④压杆稳定；⑤疲劳强度。

2. 材料力学研究的主要方法

材料力学主要的研究方法有理论分析和实验研究两类，其中理论分析方法如下。

(1) 简化计算方法，包括载荷简化、约束方式简化、物理关系简化、结构形状简化等。

(2) 静力平衡方法，若杆件整体平衡，则其上任何局部都平衡。

(3) 变形协调分析方法，对于弹性构件或结构，其各部分变形之间必须满足相互协调条件。

(4) 能量方法，将能量守恒定律、虚位移原理、最小势能原理等应用于杆件或杆件系统，得到的若干分析与计算方法。

(5) 叠加方法，在线弹性和小变形的条件下，作用于杆件或杆件系统上的载荷所产生的某些效应是载荷的线性函数，因而力的独立作用原理成立，即作用力可相互叠加。

(6) 类比法。当一些量之间的关系与另一些量之间的关系彼此相似时，可通过类比或比拟的手段来帮助理解较复杂的情形。

另外，材料力学的实验研究也很重要，是该课程的重要组成部分，是理论研究的基础，是检验理论正确程度和解决工程实际问题的依据。随后续章节的展开，将会陆续引入材料力学实验研究的概念和方法。

习　题

1. 材料力学研究的主要任务和方法是什么？

2. 构件的强度、刚度和稳定性分别表示构件的什么能力？

3. 请绘图说明杆件在外力作用下的四种基本变形。

4. 现代工程材料种类繁多，物理力学性能各异。在研究受力后物体(构件)的变形时，一般假设构成材料的介质有哪些特点？

5. 如图 6-9 所示，矩形截面直杆，右端固定，左端在杆的对称平面内作用有集中力偶 M。固定端横截面 A—A 处的内力分布如图 6-9 所示，根据弹性体的特点，分别分析其受力条件。

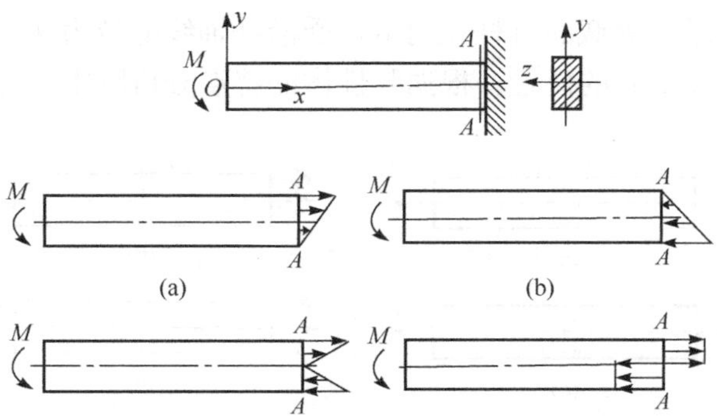

图 6-9

6. 如图 6-10 所示，带缺口的直杆在两端承受拉力 F_P 作用。请根据弹性体的特点分析图 6-10 中 A—A 截面处的内力分布。

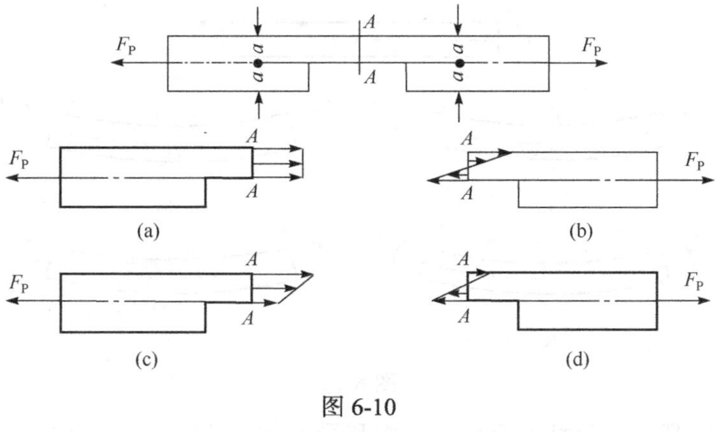

图 6-10

7. 如图 6-11 所示，直杆 ACB 在两端 A、B 处固定，根据图中的约束方式，试分析其两端的约束力。

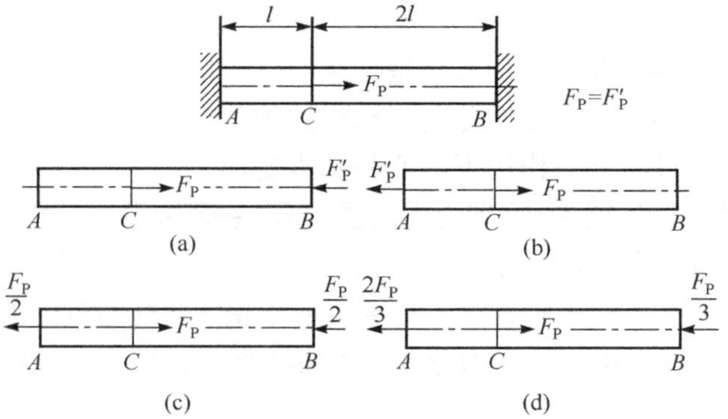

图 6-11

8. 如图 6-12 所示，等截面直杆在两端承受沿杆轴线的拉力 F_P。图中虚线表示杆中点处截面 A—A 在杆变形后的位置，根据弹性体的特点分析图中的变形规律。

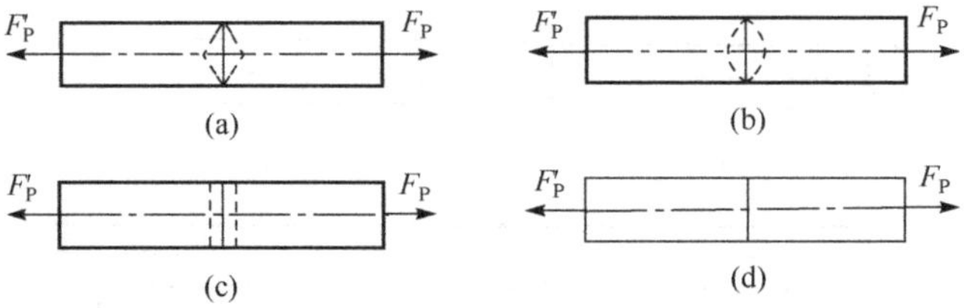

图 6-12

9. 如图 6-13 所示，等截面直杆在两端作用有力偶 M，力偶作用面与杆的对称面一致。此时杆中点处截面 A—A 在杆变形后的位置(对于左端，$A \to A'$；对于右端，$A \to A''$)如图 6-13 所示，试分析其变形结果。

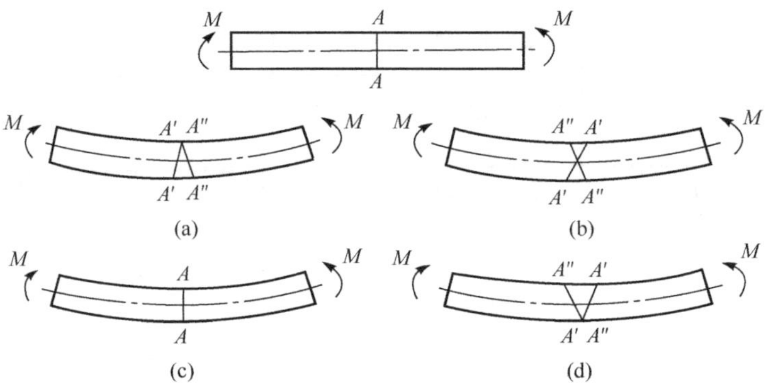

图 6-13

10. 如图 6-14 所示，等截面直杆其支撑和受力方式已标出，当其右端受到集中力 F_P

的作用时，该杆轴线会产生变形，虚线表示变形后的位置，请根据弹性体的特点，分析其变形。

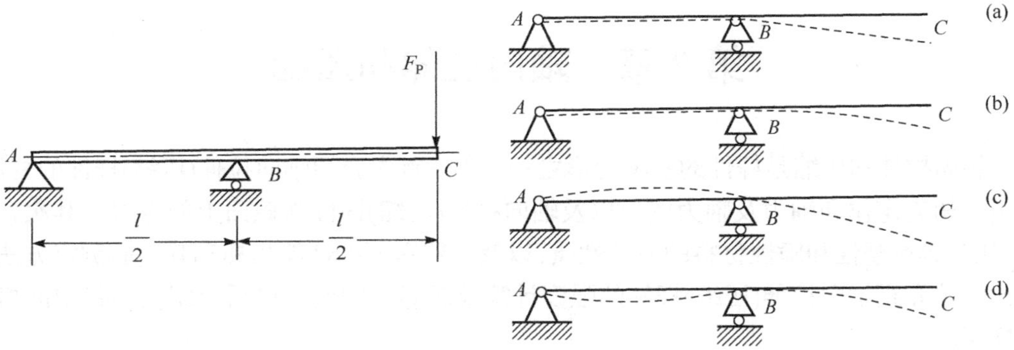

图 6-14

第 7 章　轴向拉伸和压缩

轴向拉伸和压缩是杆件的基本变形之一。本章首先介绍轴向拉伸(压缩)杆件的变形，并引出胡克定律和轴力及轴力图，以及轴向拉伸(压缩)杆件横截面上的应力；其次介绍拉、压时典型塑性和脆性材料的力学性质，以及一些重要的性能指标和其实验测定方法；再次简单介绍轴向拉伸(压缩)杆件的强度计算及超静定问题；最后介绍应力集中的概念和应用。

7.1　概　　述

工程中有一些直杆，在外力作用下，其主要变形是轴线方向的伸长或缩短，如图 7-1(a)中桁架的各杆及支撑桁架的柱子，图 7-1(b)中所示起重机架的各杆及起吊重物的钢索，图 7-1(c)中自卸车机构的活塞杆等。这些杆件，尽管端部的连接方式各有差异，但根据其受力和约束情况，其计算简图均可用轴向拉伸和轴向压缩来表示，这也是杆件的基本变形之一，这类杆件称为轴向拉伸或轴向压缩杆件。杆件的形状和尺寸可由杆的横截面和轴线两个主要几何元素来描述，横截面是指与杆长方向垂直的截面，而轴线是各横截面中心的连线，横截面与杆轴线是互相垂直的。

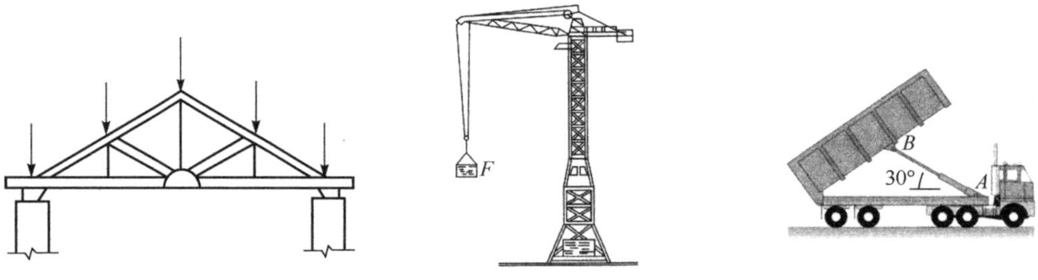

(a)　　(b)　　(c)

图 7-1　工程直杆实例

这类杆件的受力特点是外力的合力作用线与杆轴线重合。图 7-2 为轴向拉伸杆件的受力情况。杆件在受到轴向外力拉伸或压缩时，不仅轴线方向将伸长或缩短，而且横向尺寸将缩小或增大，即同时发生了纵向(轴向)变形和横向变形。如图 7-2 所示的杆，长度为 L，横截面为正方形，边长为 a，当受到轴向拉力时长度变为 L'，截面长度 a 缩短为 a'。实线表示杆受力前的形状，虚线表示杆受力后的形状。

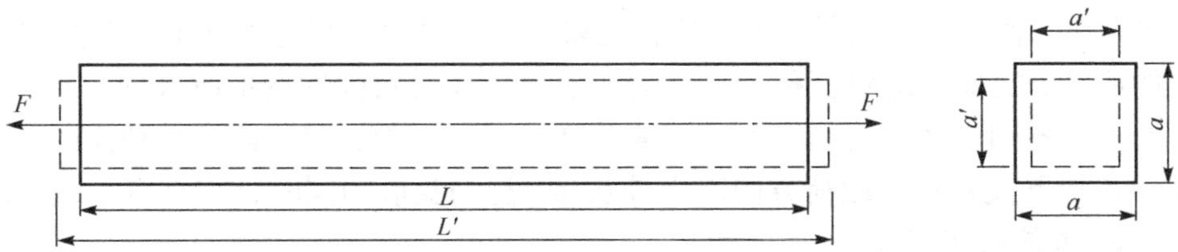

图 7-2　杆件的拉伸

这类杆件的变形特点是杆件的主要变形是轴线方向伸长或缩短，同时杆的横向(垂直于轴线的方向)尺寸缩小或增大。杆的轴向伸长为$\Delta L=L'-L$，这个值称为杆的绝对伸长。实验表明，当杆的变形为弹性变形时，杆的轴向伸长 ΔL 与拉力 F 和杆长 L 成正比，与杆的横截面面积 A 成反比，即

$$\Delta L = K\frac{FL}{A} \tag{7-1}$$

式中，G 为剪切弹性模量，引进比例常数 E，并注意到轴力 $F_N=F$，则上式可以表达为

$$\Delta L = \frac{F_N L}{EA} \tag{7-2}$$

这一关系是由胡克首先发现的，因此称为胡克定律(Hook′s law)，当杆受轴向外力压缩时，这一定律仍然成立。式(7-2)中的 E 称为拉伸(或压缩)时材料的弹性模量。可见 E 的值越大，杆的变形越小；E 的值越小，则杆的变形越大。

其中的 EA 称为杆的拉伸(压缩)刚度，当 F_N 和 L 不变时，EA 越大，则杆的轴向变形越小；EA 越小，则杆的轴向变形越大。由式(7-2)可以求出杆的轴向变形，但需要注意该式的适用条件。该式只适用于 F_N、A、E 为常数的一段杆内，且材料在线弹性范围内。

绝对变形 ΔL 的大小与杆的长度 L 有关，但不足以反映杆的变形程度。为了消除杆长的影响，在均匀变形的情况下，将式(7-2)变形为

$$\frac{\Delta L}{L} = \frac{F_N}{EA}$$

式中，$\frac{\Delta L}{L}=\varepsilon$，称为轴向线应变。它是相对变形，表示轴向变形的程度。又因为 $\frac{F_N}{A}=\sigma$，故上式可以写为

$$\varepsilon = \frac{\sigma}{E} \quad 或者 \quad \sigma = E\varepsilon \tag{7-3}$$

上式表示，当变形为弹性变形时，正应力和同一方向的线应变成正比，这是胡克定律的另一种形式。这一关系式非常重要，在理论分析和实验中经常用到。

如图 7-2 所示，杆件拉伸变形时，其横截面也同时缩小，故横向应变为

$$\varepsilon' = \frac{\Delta A}{A} = \frac{A' - A}{A}$$

显然，在拉伸时，ε 为正值，ε' 为负值；在压缩时，ε 为负值，ε' 为正值。由实验可知，当材料为弹性变形时，横向应变和轴向应变的比值的绝对值为一常数，即

$$\nu = \left|\frac{\varepsilon'}{\varepsilon}\right| \quad 或 \quad \varepsilon' = -\nu\varepsilon \tag{7-4}$$

ν 称为泊松比，由法国科学家泊松首先得出，将材料沿垂直方向上的应变 ε' 与载荷方向上的应变 ε 之比的绝对值称为材料的泊松比。在材料弹性变形阶段内，ν 是一个常数。理论上，各向同性材料的三个弹性常数 E、G、ν 中，只有两个是独立的，因为它们之间存在如下关系：沿载荷方向产生伸长(或缩短)变形的同时，在垂直于载荷的方向会产生缩短(或伸长)变形。

$$G = \frac{E}{2(1+\nu)} \tag{7-5}$$

材料的泊松比一般通过实验方法测定，对于传统材料，在弹性工作范围内，ν 一般为常数，但超越弹性范围以后，ν 随应力的增大而增大，直到 $\nu=0.5$。

7.2　轴力及轴力图

轴向拉伸(压缩)杆件横截面上的内力可用截面法求解。分析轴力的方法称为截面法，它是求内力的一般方法。截面法包括以下三个步骤。

(1) 截开：在需要求内力的截面处，假想地将杆分为两部分。

(2) 替代：将两部分中的任一部分留下，并把弃去部分对留下部分的作用代之以作用在截开面上的内力。

(3) 平衡：对留下的部分建立平衡方程，根据其上的一致外力来计算杆在截开面上的未知内力，应该注意，截开面上的内力对留下部分而言已属外力。

下面用一例题说明。如图 7-3 所示，设一等直杆在两端轴向拉力 F 的作用下处于平衡，欲求任意横截面 m-m 上的内力。为此，假想沿横截面 m-m 将杆截为两段，并取左段杆为研究对象。由于整根杆处于平衡状态，杆的任一部分均应保持平衡，在左段杆上，

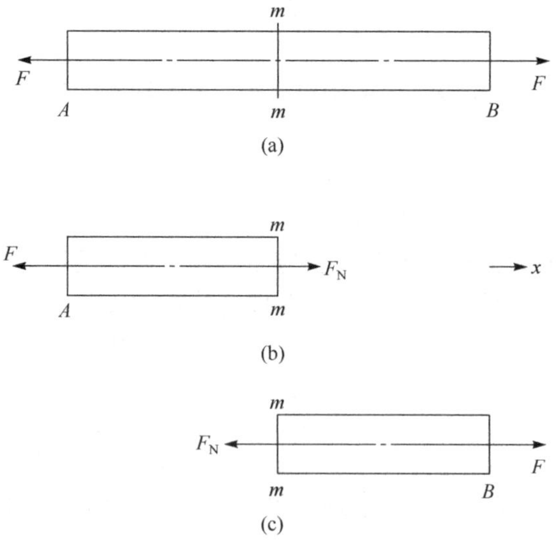

图 7-3　例题图

除外力 F 外，还有横截面上的内力 F_N，故内力 F_N 与其左端外力 F 共线，即与杆的轴线重合，由该段杆的平衡方程，求得 $F_N=F$，F_N 称为轴力。如取右段为研究对象，同样可求得横截面 m-m 上的轴力，其大小与由左段杆求出的相同而方向相反。

为了使由左、右两段杆分别求得的同一截面上的轴力有相同的正负号，规定轴力的正负号为：使杆件发生轴向伸长变形的轴力为正，称为拉力；引起轴向压缩变形的轴力为负，称为压力。可见，拉力指向横截面的外法线方向，而压力则相反。

在工程实际中，有时杆会受到多个沿轴线作用的外力，此时，杆在不同杆段(位置)的横截面上将产生不同的轴力。为直观反映杆的各横截面上轴力沿杆长的变化规律，并找出最大轴力及其所在横截面的位置，通常需要画出轴力图，即以平行于杆轴线的坐标轴为横坐标，其上各点表示横截面的位置，以垂直于杆轴线的纵坐标表示横截面上的轴力，画出的图线即轴力图。习惯上，正的轴力画在横坐标轴的上方，负的轴力画在下方。一般画轴力图过程如下：首先按外力所在位置分段，然后按截面法取各代表性截面脱离体平衡计算，最后按上正下负绘图，并标出其数值。画轴力图时要注意：未知内力假设为正，内力仅与外力大小和作用位置有关，与材料、截面和尺寸无关。在计算上述各横截面的轴力时，通常先假定轴力为正(拉力)，根据计算结果的正负，确定轴力为拉力或压力。另外，也可取左段杆为研究对象，但需要首先由全杆的平衡方程求出左端的约束反力，再计算轴力。

【例 7-1】　一等直杆及其受力情况如图 7-4 所示，试作杆的轴力图。

作轴力图，按前述作轴力图的规则，作出杆的轴力图如图 7-4 所示。由该图可见，杆的最大轴力为 3kN 发生在左侧的各横截面上。由图 7-4 还可看出，由于假设外力是作用在一点的集中力，在集中力作用处左右两侧的横截面上，轴力有突变，突变值即该集中力的大小。通过以上的计算可知，某一横截面上的轴力，在数值上等于该截面一侧上所有轴向外力的代数和。

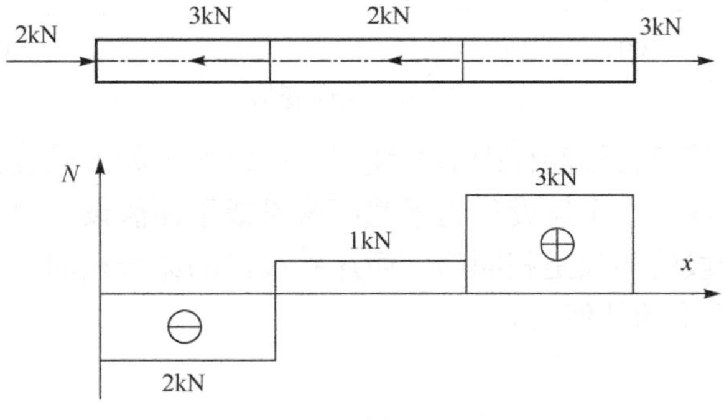

图 7-4　例 7-1 图

7.3　轴向拉伸(压缩)杆件横截面上的应力

7.2 节所计算的轴力，是轴向拉伸(压缩)杆件横截面上的分布内力系的合力，还不能判断杆是否会因为强度不足而破坏，而要判断杆是否会因为强度不足而破坏，就必须知道横截面上的应力。

7.3.1　横截面上的正应力

由于轴力垂直于横截面，且通过横截面的形心，而截面上各点处应力与微面积的乘积的合成为该截面上的内力。显然，截面上的切应力不可能合成为一个垂直于截面的轴力，因而，与轴力相对应的只可能是垂直横截面的正应力，即轴力由微内力合成。但要计算应力的大小，需要先确定横截面上的应力分布规律。而应力的分布和杆的变形情况有关，因此需要通过实验观察杆受力后表面的变形情况，由表及里地作出杆内部变形情况的几何假设，得到杆横截面的变形规律，即变形的几何关系，然后利用变形和力之间的物理关系得到横截面应力分布规律，最后由静力学关系得到横截面上正应力的计算公式。图 7-5 为应力分解图。

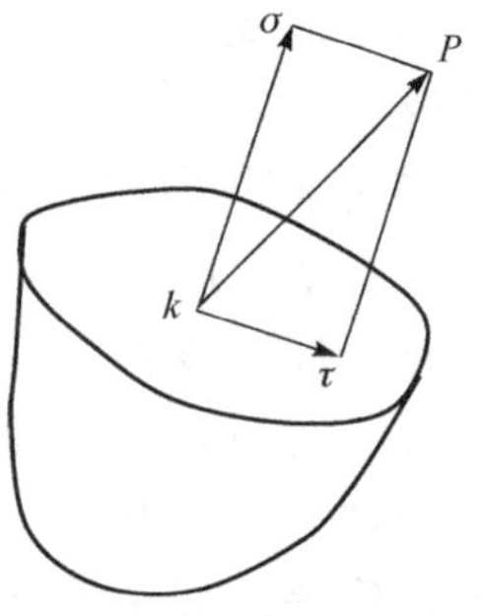

图 7-5　应力分解图

1. 几何关系

取一等直杆在杆的中部表面上描画出一系列与杆轴线平行的纵线和与杆轴线垂直的横线，然后在杆的两端施加一对轴向拉力 F 使杆发生变形，如图 7-6(a)所示。由变形后的情况可见，纵线仍为平行于轴线的直线，各横线仍为直线并垂直于轴线，但产生了平行移动。横线可以看作横截面的周线。

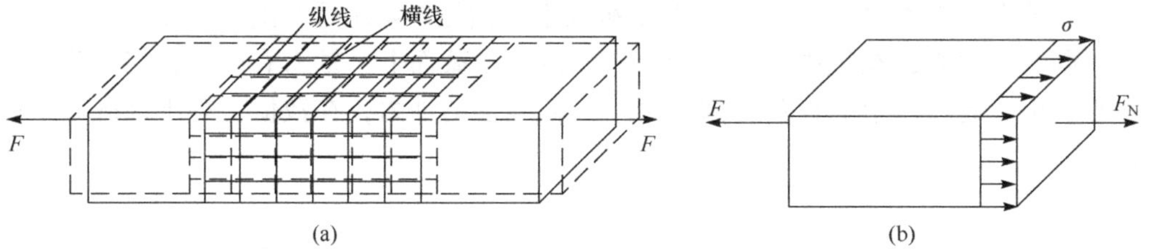

图 7-6　几何变形

根据横线的变形情况去推测杆内部的变形，可以作出如下假设：变形前为平面的横截面，变形后仍为平面，这个假设称为平截面假设或平面假设。由平面假设可知，两个横截面间所有纵向线段的伸长是相同的，而这些线段的原长相同，于是可推知它们的线应变ε相同，这就是变形的几何关系。

2. 物理关系

根据物理学知识，当变形为弹性变形时，变形和力成正比。因各纵向线段的线应变相同，而各纵向线段的线应变只能由正应力引起，即可推知横截面上各点处的正应力相同，即在横截面上，各点处的正应力为均匀分布，如图 7-6(b)所示。

3. 静力学关系

由静力学求合力的方法，可得

$$F_N = \int \sigma dA = \sigma \int dA = \sigma A \tag{7-6}$$

由此可得杆的横截面上任一点处正应力的计算公式为

$$\sigma = \frac{F_N}{A} \tag{7-7}$$

式中，A 为杆的横截面面积。如果杆受到轴向压力，同样可以得到该式。正应力的正负号与轴力的正负号相对应，即拉应力为正，压应力为负。由该式计算得到的正应力大小，只与横截面面积有关，与横截面的形状无关。此外，对于横截面沿杆长连续缓慢变化的变截面杆，其横截面上的正应力也可用式(7-7)作近似计算。

如果杆受到轴向压力，式(7-7)同样适用。正应力的正负号与轴力的正负号相对应，即拉力为正，压力为负。由式(7-7)计算得到的正应力大小，只与横截面面积有关，与横截面的形状和杆的材料无关。此外，对于横截面沿杆长连接缓慢变化的变截面杆，其横截面上的正应力也可用式(7-7)作近似计算。

当等直杆受到多个轴向外力作用时，由轴力图可求得其最大轴力为 F_{max}，代入式(7-7)即可求得杆内的最大正应力

$$\sigma_{max} = \frac{F_{max}}{A} \tag{7-8}$$

最大轴力所在的横截面称为危险截面(critical section)，危险截面上的正应力称为最大工作应力。若杆各横截面上的轴力和横截面的面积都不相同，就需要具体分析哪个截面的正应力最大。

必须指出，式(7-7)只适用于杆上距离外力作用点稍远的部分，而在外力作用点附近，由于杆端连接方式的不同，其应力情况较为复杂。法国科学家圣维南(Saint Venant)指出，当作用于弹性体表面某一小区域的力系统被另一静力等效代替时，对该区域附近的应力和应变有显著的影响，而对稍远处的影响很小，可以忽略不计。这一结论称为圣维南原理(Saint Venant principle)。它已被许多计算结果和实验结果所证实，因此，在轴向拉(压)杆的应力计算中，均以式(7-7)为准。

7.3.2　斜截面上的应力

然而，并不是所有的拉伸(压缩)都发生在横截面上，也存在斜截面的变形，因此也需要对斜截面上的应力进行求解。在横截面上的正应力的基础上，斜截面上的应力其实就是多了一个α的角，如图 7-7 和图 7-8 所示。

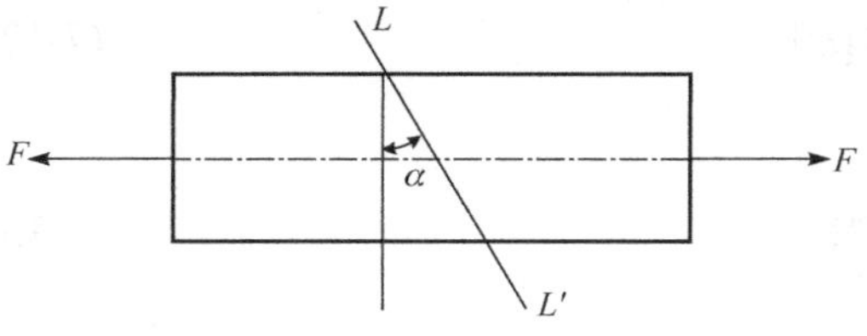

图 7-7　α 斜截面图

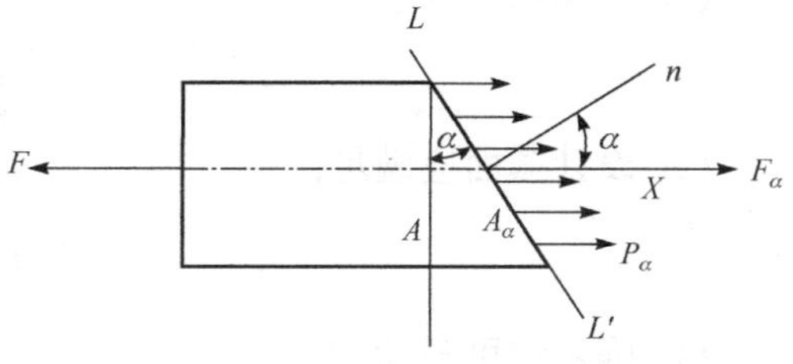

图 7-8　α 斜截面应力图

其中，在斜截面$L—L'$上，即斜截面上受到的力为F_α，斜截面的面积为A_α，斜截面上受到的应力为P_α，$P_\alpha=\dfrac{F_\alpha}{A_\alpha}$。

因为

$$A_\alpha=\frac{A}{\cos\alpha}，\quad P_\alpha=\frac{F_\alpha}{A_\alpha}，\quad \sigma=\frac{F_N}{A}$$

可得

$$P_\alpha=\frac{F_\alpha}{A_\alpha}=\frac{F}{A}\cos\alpha=\sigma\cos\alpha$$

可将应力P_α分为两个分量，一个是沿截面法线方向的正应力σ_α，一个是沿截面切线方向的切应力τ_α，如图 7-9 所示。

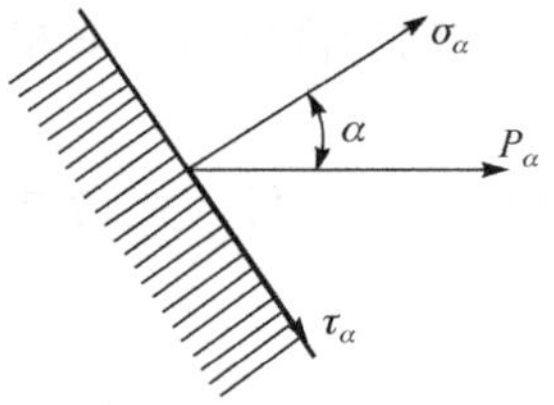

图 7-9　受力分析图

可得

$$\sigma_\alpha=P_\alpha\cos\alpha=\sigma\cos^2\alpha \tag{7-9}$$

$$\tau_\alpha=P_\alpha\sin\alpha=\frac{\sigma}{2}\sin2\alpha \tag{7-10}$$

式中，为了便于计算，对于符号进行以下规定。

α角：①自x转向n，若为顺时针旋转，则α为正号；②自x转向n，若为逆时针旋转，则α为负号。正应力σ_α：当杠杆被拉伸时符号为正号，当杠杆被压缩时符号为负号。切应力τ_α：对研究对象任一点取矩形，顺时针旋转时为正，逆时针旋转时为负。

7.3.3　轴向拉伸(压缩)杆件的强度计算

将材料在外力作用下抵抗破坏(永久变形和断裂)的能力称为强度。强度是机械零部件首先应满足的基本要求。当材料在外力(拉伸外力)的作用下发生变形时，在物体内各部分之间产生相互作用的力以抵抗这种外力作用的变形，并试图使物体恢复到变形前的位置，当外力大于一定的值时，便会发生永久性的非弹性变形甚至断裂，了解并计算这个值，能更好地把握材料的使用情况，避免危害其使用功能甚至人身伤害事件的发生。

可见强度为杆内的最大工作应力不超过材料的许用应力，用数学公式来表达即

$$\sigma_{max}=\frac{F_{Nmax}}{A}\leqslant[\sigma] \tag{7-11}$$

由公式可以得出以下三个基本要求。

(1) 强度校核应满足：

$$\frac{F_{N\max}}{A}\leqslant[\sigma] \tag{7-12}$$

(2) 设计截面应满足：

$$A\geqslant\frac{F_{Nmax}}{[\sigma]} \tag{7-13}$$

(3) 确定许可载荷为

$$F_{Nmax}\leqslant[\sigma]A \tag{7-14}$$

【例 7-2】 有一受轴向拉力 P=100kN 的拉杆如图 7-10(a)所示，其横截面面积 A=1000mm^2，试计算α=0°、α=90°及α=45°各截面上的σ和τ的数值。

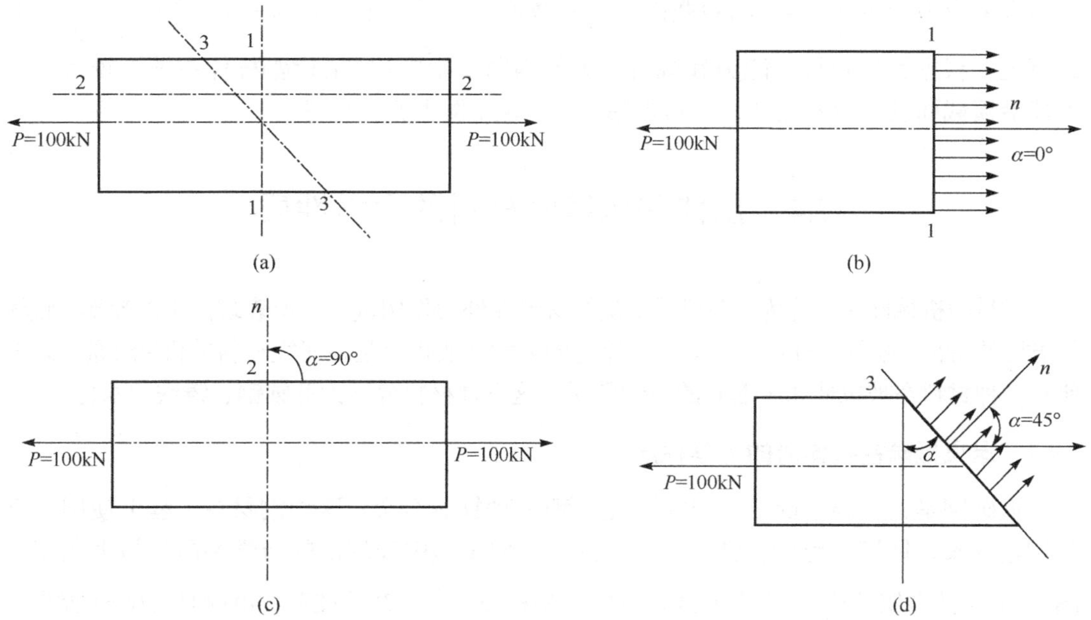

图 7-10　例 7-2 图

解：

(1) α=0°的横截面即杆的横截面，如图 7-10(b)所示，代入所得公式进行计算，得

$$\sigma_\alpha = \sigma\cos^2\alpha = \sigma\cos^2 0° = \sigma = \frac{P}{A} = \frac{100\times10^3}{1000\times10^{-6}}$$
$$= 100\times10^6(\text{N/m}^2) = 100\text{MPa}$$
$$\tau_\alpha = \frac{1}{2}\sigma\sin2\alpha = \frac{1}{2}\sigma\sin(2\times0°) = \frac{1}{2}\sigma\sin0° = 0$$

(2) α=90°的截面为与杆轴面线平行的纵截面，如图 7-10(c)所示，代入所得公式进行计算，得

$$\sigma_\alpha = \sigma\cos^2\alpha = \sigma\cos^2 90° = 0$$
$$\tau_a = \frac{1}{2}\sigma\sin2\alpha = \frac{1}{2}\sigma\sin(2\times90°) = 0$$

(3) 当α=45°时，如图 7-10(d)所示，同样可以代入公式进行计算，得

$$\sigma_\alpha = \sigma\cos^2\alpha = \sigma\cos^2 45° = 100\times\left(\frac{\sqrt{2}}{2}\right)^2 = 50(\text{MPa})$$

$$\tau_\alpha = \frac{1}{2}\sigma\sin2\alpha = \frac{1}{2}\sigma\sin(2\times45°) = \frac{\sigma}{2} = \frac{1}{2}\times100 = 50(\text{MPa})$$

综上计算可得：当α=0°时，σ_α=100MPa，τ_α=0；当α=90°时，σ_α=0，τ_α=0；当α=45°时，σ_α=50MPa，τ_α=50MPa。

可见，在轴向拉伸(压缩)杠杆的横截面上，只有正应力；在与杆轴线平行的纵截面上，既不存在正应力，也不存在切应力；在所有的斜截面上，既有正应力，又有切应力；当α在 0°～90°变动时，最大正应力σ_{max}产生在α=0°的横截面上且等于σ_{max}，即$\sigma_{max}=\sigma$，而最大剪应力产生在α=45°的斜截面上，其数值等于最大正应力的一半，即$\tau_{max}=\frac{\sigma}{2}$。由此可见，根据其材料抗拉能力和抗剪能力的强弱，轴向拉伸(压缩)杆件在轴力较大时，可能沿横截面发生拉断破坏，也可能沿 45°斜截面发生剪切破坏。

7.4 拉伸和压缩时材料的力学性质

材料的机械性质也称为力学性质，是指材料在外力作用过程中所表现出来的变形、破坏等方面的特征。故研究材料在拉伸和压缩时的力学性质也就是在研究材料的机械性能。以下研究三种材料在被拉伸和压缩时的力学性质，这三种材料分别为低碳钢、铸铁和木材。

7.4.1 退火低碳钢拉伸时的力学性质

低碳钢是指含碳量低于 0.25%的碳素钢(一种铁碳合金)。这种钢材在工程上使用广泛，如制造链条、铆钉、螺栓、轴等工具。其在拉伸试验中表现出的力学性质也最为典型。图 7-11 为低碳钢的应力-应变曲线。图中纵坐标$\sigma=\frac{P}{A}$，P是载荷，也就是拉伸时所施加的力，A是材料横截面的原始面积；横坐标$\varepsilon=\frac{\Delta L}{L}$，$\Delta L$是材料的伸长量，而$L$是材料的原始长度。绘出的应力-应变曲线能够直观地表征材料在不同受力阶段的力学性能。

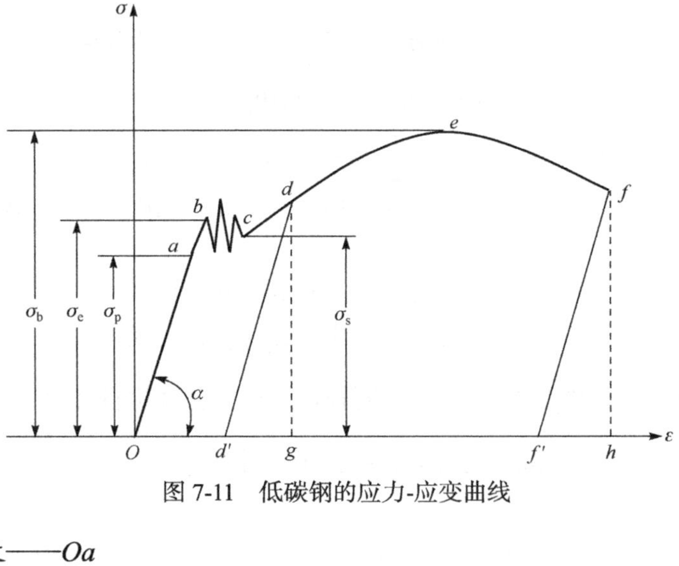

图 7-11 低碳钢的应力-应变曲线

1. 弹性阶段——Oa

据胡克定律：$F=kx$，k是弹性系数，x是形变量，F是这种形变量下的物体产生的弹力。同时σ与P成正比，ε与Δl成正比，在最初σ不断增加时，σ和ε成正比，即$\sigma=E\varepsilon$，E

是材料的弹性模量。此时，a 处的应力称为比例极限，记为σ_p。继续增加拉力，在 Ob 以内，撤去荷载后，材料会恢复原来形状，所有的形变消失，故 b 点处相应的应力称为弹性极限，即σ_e。σ_p 和σ_e 的值非常接近，故 Oa 和 ab 几乎在同一直线上。

2. 屈服阶段——bc

应力超过弹性极限后，如果接触载荷，那么试件的变形只能消失一部分，即原来发生弹性形变的部分，而剩下的不能消失的是塑性变形或残余变形。就像弹簧一样，如果拉力过大，弹簧不能完全恢复到原来的状态，而只能恢复到原始状态的一部分。线段 dd' 的斜率与 Oa 几乎是相同的。其原因在于载荷完全撤去后，试件会部分恢复原状，恢复的部分遵循胡克定律，故会按照原来的弹性系数恢复，余下的 Od' 部分即塑性形变量。

3. 强化阶段——ce

超过强化阶段之后，若继续增加载荷，则材料又恢复了抵抗变形的能力，继续施加载荷，试件将断裂。此处的应力σ_b 称为强度极限。

4. 局部变形阶段

如图 7-11 所示，超过 e 点之后，在试件受力的某一局部范围内，横截面尺寸迅速缩小，使得试件继续变形所需的载荷也越来越小，但在受拉过程中，A 为原始的横截面积，其值保持不变，而随 P 的减小，σ值递减，导致曲线呈下降趋势，直至 f 点试件被拉断。

7.4.2 铸铁的应力-应变曲线

铸铁主要是铁、碳和硅组成的合金的总称，主要用于机械机床制造、电子、电力等行业。铸铁在拉伸时与低碳钢完全不同，如图 7-12 所示。在拉伸时，只有应力较小的初始部分接近直线，在此阶段，其形变直至拉断基本是弹性变形，且形变量很小，而塑性形变几乎没有发生，整个拉伸过程无屈服现象，不出现局部颈缩。它在较小的拉应力作用下就被拉断，是典型的脆性材料。

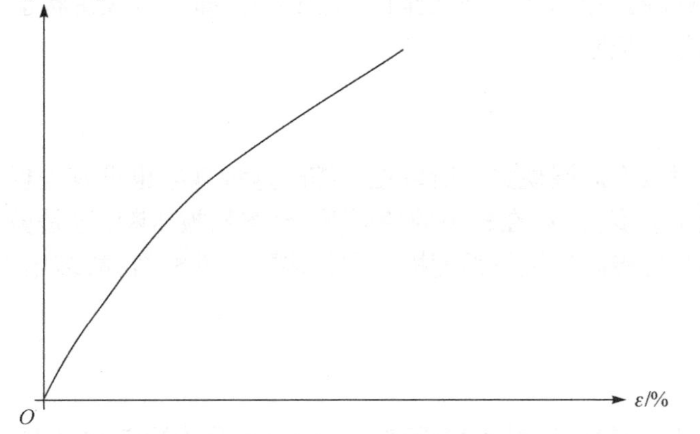

图 7-12　铸铁的应力-应变曲线

由于没有屈服现象，故铸铁拉断时的强度极限是衡量其安全性的唯一指标，由图 7-12 可见，铸铁等脆性材料无屈服现象，不出现局部颈缩，在使用过程中会由于抗应力的作用而突然断裂，不宜作为生产受拉零件的原材料使用。

7.4.3 木材

木材是一种特殊的材料，由于是生物材料，故其力学性质在很大程度上都取决于它的生物性质。木材存在纹线，沿着不同纹线的方向其抗拉强度也是不同的。

一般选择顺着纹线的方向对木材进行拉伸。木材顺纹抗拉强度，是指木材沿纹理方向承受拉力荷载的最大能力。木材的顺纹抗拉强度较大，各种木材平均为 117.7～147.1MPa。木材顺纹拉伸破坏主要是纵向撕裂粗微纤丝和微纤丝间的剪切。微纤丝纵向的 C—C、C—O 键结合非常牢固，所以顺拉破坏时的变形很小，通常应变值小于 3%，而强度值却很高。对于不同的木材，其被拉断时的断口痕迹是不一样的：对于腐朽材和热带地区的木材，这两种材料的共同点在于它们对大气的湿度敏感性增加，极大地削弱了木材的顺纹抗拉强度，微纤丝很容易被拉断而直接破坏，断面处平整，不会出现正常材料断面拉伸破坏时出现的微纤丝滑行的锯齿状纤维；而对于一般的木材，是由微纤丝间的撕裂破坏即微纤丝间的滑行所致，其破坏断面常呈锯齿状，或细裂片状和针状撕裂，其断面形状的不规则程度并不相同。当垂直于木材纹线的方向对木材进行拉伸时，由于木材径向受拉时，除了木射线细胞的微纤丝受轴向拉伸，其余细胞的微纤丝都受垂直方向的拉伸；横纹方向微纤丝上纤维素链间是以氢键(—OH)结合的，这种键的能量比木材纤维素纵向分子间 C—C、C—O 键结合的能量要小得多，所以木材的横纹拉力比顺纹拉力低得多。

7.4.4 压缩时材料的力学性质

1. 低碳钢

前已述及压缩时的低碳钢。因其弹性系数是不变的，在压缩时低碳钢也保持着原来的弹性系数发生形变。超过其原来的形变量之后，即超出弹性极限之后，该试件被破坏，部分产生塑性形变。随后当应力超过屈服极限时，试件越压越扁，横截面积随着载荷不断增大(摩擦使试件两端的横向变形受阻，呈鼓形)，即使压成饼状也不会断裂，因为无法测出压缩时的强度极限。

2. 铸铁

铸铁在拉伸时没有屈服现象，所以在压缩时这种现象也没有表现出来。由于铸铁的抗剪强度弱于抗压强度，所以在较小的变形下，会突然被压断，这是剪应力作用的结果。铸铁是一种抗压强度极限比抗拉强度极限大得多的脆性材料，故多用于制造机器的机座、机床车等。

3. 木材

不同于前述的金属材料，对木材受到压缩的力也分为顺着纹线方向和垂直纹线方向。

当顺着木材纹线施加压力时，受力比较稳定。此时木材的破坏不是因施加的压力所导致的，而是由于木材在纵向上会发生弯曲、产生扭矩，最后导致破坏，所以它已不属于顺纹抗压的范畴。当垂直于木材纹线施加压力时，木材承受横纹全部抗压时，宏观上其纵向管状排列的细胞(管胞或纤维等)受压逐渐变得紧密而被压实，压力越大，管状细胞被压缩得越密实，此时最大值出现的位置难以确定。木材管状细胞在被压紧密实化的同时，已产生了永久变形，理论上木材管状细胞已处于破坏状态。横纹局部抗压试验时，压板两侧的纤维承受拉伸和剪切作用，承压板凹陷入木材，上部的纤维先破坏，而内部的纤维未受影响；当荷载继续增加时，试样未受压的端部会突出，或呈水平劈裂；试样突出部分增加了直接荷载下的木材强度。在木材径向受压时，由于早材强度低于晚材，其抗压曲线由早材弹性阶段(*OA*)、早材破坏阶段(*AB*)和晚材弹性阶段(*BC*)三段曲线组成，见图 7-13。

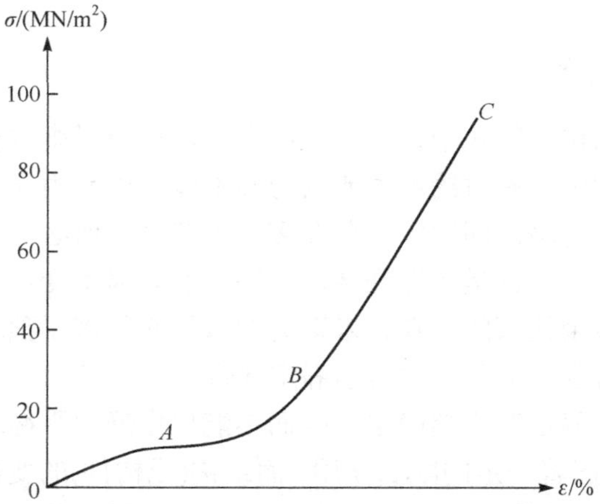

图 7-13　垂直于木材纹线施加压力时的应力-应变曲线

7.4.5　容许应力和安全系数

由 7.4.4 节中材料的拉伸和压缩试验得知，当脆性材料的应力达到强度极限时，材料将会破坏(拉断或剪断)；当塑性材料的应力达到屈服极限时，材料将产生显著的塑性变形。工程上的构件，既不允许破坏，也不允许产生显著的塑性变形。因为显著塑性变形的出现，将改变原来的设计状态，往往会影响杆件的正常工作。因此，将脆性材料的强度极限σ_b(或$\sigma_{0.2}$)作为材料的极限正应力，用σ_u表示。要保证杆件安全正常地工作，其最大工作应力不能超过材料的极限应力。同时，考虑一些实际存在的不利因素，设计时的最大工作应力必须小于极限应力。这些不利因素主要有：①计算荷载难以估计准确，因而杆件中实际产生的最大工作应力可能超过公式计算出的数值；②实际结构与其计算简图的差异；③实际的材料与标准试件材料的差异；④其他因素，如杆件的尺寸由于制造等因素引起的不准确，加工过程中杆件受到损伤，杆件长期使用受到磨损或材料老化、腐蚀等。因此，实际的极限应力往往小于试验所得的结果。此外，还要给杆件必要的强度储备，以应对构件使用期内可能遇到的意外事故或其他不利的工作条件。因此，工程

上将极限正应力除以一个大于 1 的安全系数 n，作为材料的容许正应力，即

$$[\sigma]=\frac{\sigma_u}{n} \tag{7-15}$$

对于脆性材料，$\sigma_u=\sigma_b$；对于塑性材料，$\sigma_u=\sigma_s$(或$\sigma_{0.2}$)。安全系数 n 的选取，除了需要考虑前述因素，还要考虑其他很多因素，如工程的重要性、杆件失效引起后果的严重性及经济效益等，因此要根据实际情况选取安全系数。在通常情况下，对静荷载问题，塑性材料一般取 n=1.5～2.0，脆性材料一般取 n=2.0～2.5。由于脆性材料的破坏以断裂为标志，而塑性材料的破坏则以发生一定程度塑性变形为标志，两者的危险性显然不同，且脆性材料的强度指标值的分散度较大，所以脆性材料的安全系数取值较大。

7.5　超静定问题及其解法

1. 超静定问题的概念

在前面讨论的轴向拉压问题中，其约束或内力均可由平衡方程求出。这类问题称为静定问题。在实际工程中，有时约束力或内力并不能仅由静力学平衡方程解出，这类问题称为超静定问题。在超静定问题中，存在多于维持平衡所必需的约束，习惯上称其为多余约束，这种“多余”不仅是对保证结构的平衡及几何不变性而言的，也可提高结构的强度和刚度。由于多余约束的存在，未知力的数目必然多于独立平衡方程的数目，未知力个数与独立平衡方程数的差，称为超静定次数。

多余约束使结构由静定变为超静定，因而不能仅由静力平衡求解。但是，多余约束对结构(或构件)的变形起着一定的限制作用，而结构(或构件)的变形又是与受力密切相关的，这就为求解超静定问题提供了补充条件。因此在求解超静定问题时，除了根据静力平衡条件列出平衡方程，还必须根据变形的几何相容条件建立变形协调关系(或称变形协调条件)，进而根据弹性范围内力与变形的关系(即物理条件)建立补充方程。将静力平衡方程与补充方程联立求解，就可解出全部未知力，如图 7-14 所示。

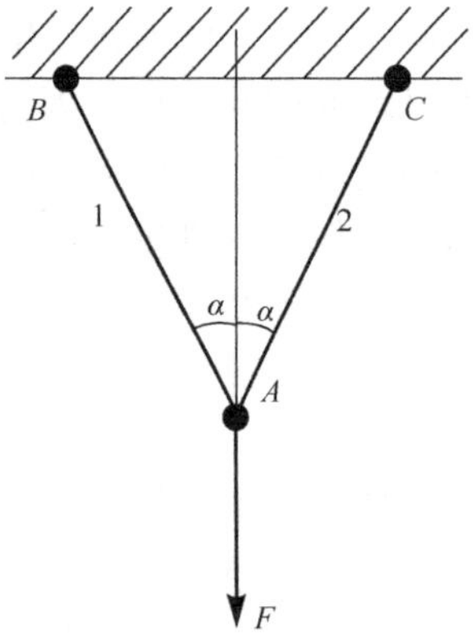

(a) 两杆桁架

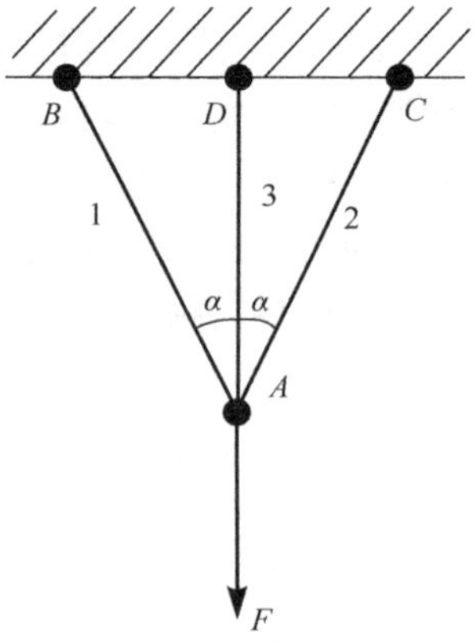

(b) 三杆桁架

图 7-14　超静定问题

两杆桁架受到三方约束能够达到静定状态，水平与竖直方向都不会产生位移，也不会发生转动，达到一种稳定状态。但是变成三杆桁架增加了一个约束，就产生了超静定问题。

$$\sum X = N_1 \sin\alpha - N_2 \sin\alpha = 0$$

$$\sum Y = N_1 \cos\alpha + N_2 \cos\alpha + N_2 - F = 0$$

由公式可知，当两杆桁架变成三杆桁架时，缺一个方程条件，无法求解。因此产生了超静定问题。

2. 超静定问题的求解方法

1) 超静定的次数

未知力数目超过独立平衡方程数的数目，称为超静定的次数。

n=未知力的个数−独立平衡方程的数目

2) 求解超静定问题的步骤

(1) 根据超静定次数，列静力平衡方程。

(2) 根据变形协调条件列变形几何方程。

(3) 将变形与力之间的关系代入变形几何方程得补充方程。

(4) 联立补充方程与静力平衡方程求解。

3) 一般超静定问题举例

【例 7-3】 设 1、2、3 三杆用铰链连接如图 7-15 所示，$L_1=L_2=L$，$A_1=A_2=A$，$E_1=E_2=E$，3 杆的长度为 L_3，横截面积为 A_3，弹性模量为 E_3。试求在沿铅垂方向的外力 F 作用下各杆的轴力。

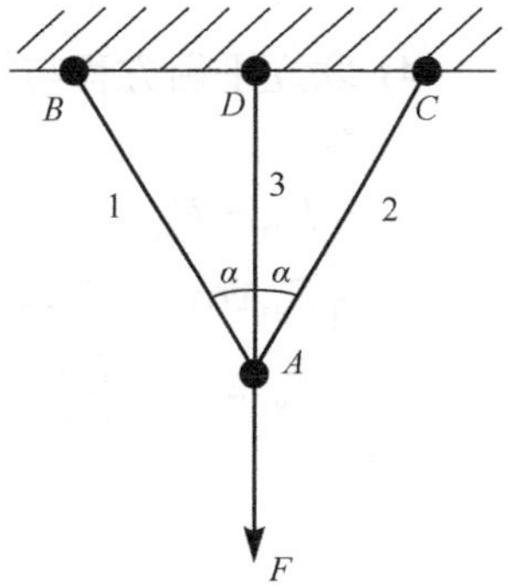

图 7-15　例 7-3 图(1)

解：

(1) 列平衡方程。

y 轴竖直方向力的平衡方程：

$$\sum F_y = 0, F_{N1}\cos\alpha + F_{N2}\cos\alpha + F_{N3} - F = 0$$

x 轴水平方向力的平衡方程：

$$\sum F_x = 0, F_{N1} = F_{N2}$$

(2) 变形几何方程。

由于问题在几何物理及受力方面都是对称的，所以变形后 A 点将沿铅垂方向下移至 A'。变形协调条件是变形后三杆仍铰接在一起，如图 7-16 所示。

将图分析简化后，得到图 7-17。变形几何方程为

$$\Delta L_1 = \Delta L_3 \cos\alpha$$

(变形计算时，L_1 变化量约等于以上方程所得，角度变化忽略不计。)

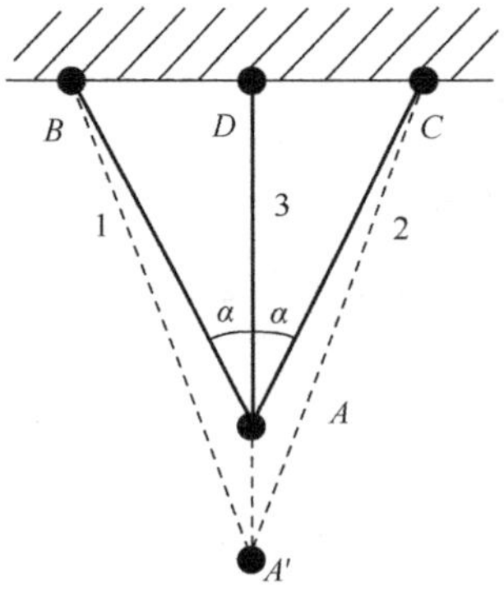

图 7-16　例 7-3 图(2)

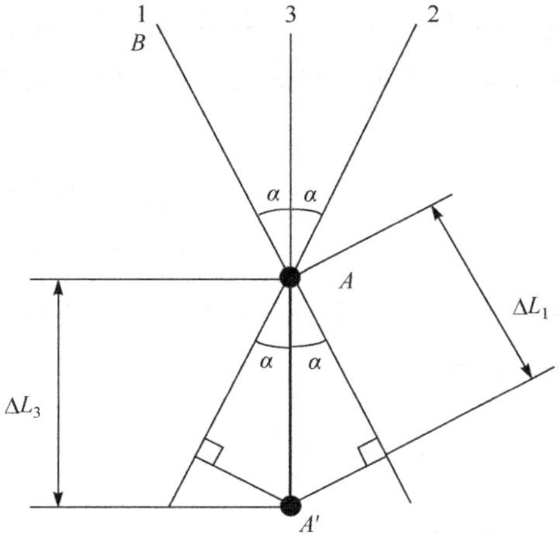

图 7-17　例 7-3 图(3)

物理方程为

$$\Delta L_1 = \frac{F_{N1} L_1}{EA_1}$$

$$\Delta L_3 = \frac{F_{N3} L\cos\alpha}{E_3 A_3}$$

(根据胡克定律 $F=kx$，刚度系数与截面积、弹性模量及原长有关，由此得到物理方程。)

(3) 将几何方程与物理方程代换得到补充方程。

$$F_{N1} = F_{N3}\frac{EA}{E_3 A_3}\cos^2\alpha$$

(4) 联立平衡方程与补充方程求解。

$$\begin{cases} F_{N1} = F_{N2} \\ F_{N1}\cos\alpha + F_{N2}\cos\alpha + F_{N3} - F = 0 \\ F_{N1} = F_{N3}\dfrac{EA}{E_3 A_3}\cos^2\alpha \end{cases} \rightarrow \begin{cases} F_{N3} = \dfrac{F}{1 + 2\dfrac{EA}{E_3 A_3}\cos^2\alpha} \\ F_{N1} = F_{N2} = \dfrac{F}{1 + 2\cos\alpha + \dfrac{E_3 A_3}{EA\cos^2\alpha}} \end{cases}$$

7.6　应力集中的概念和应用

所谓应力集中就是由于尺寸改变而产生的局部应力增大的现象。以此可以分析出，要想产生应力集中现象，物体形状就必须有急剧变化，所以应力集中的现象往往产生在尖角、孔洞、缺口、沟槽，以及有刚性约束处及其附近区域。在应力集中区域，应力的最大值(即峰值应力)与物体的几何形状和加载方式等因素都有关。例如，应力集中会使脆性和塑性材料产生疲劳裂纹，还能引起脆性材料发生静载断裂。

7.6.1　应力集中的概念

局部增大的应力值会随与峰值应力点的间距的增加而迅速衰减。由于峰值应力往往超过屈服极限而造成应力的重新分配，所以，实际的峰值应力常低于按弹性力学计算出的理论峰值应力。简单来说，应力集中就是指构件的局部区域的最大应力值比平均应力值高的现象。其产生形变的原理是在应力集中区域，应力的最大值(就是峰值应力)与物体的几何形状和加载方式等因素有关。局部增高的应力值随与峰值应力点的间距的增加而迅速衰减，也就是说应力的大小随着与最大应力点距离的增大而逐渐减小，两者呈现反比关系。反映局部应力增高程度的参数称为应力集中系数，它是峰值应力与不考虑应力集中时的应力的比值，恒大于 1 且与载荷大小无关。

1898 年德国的 G.基尔施首先得出圆孔附近应力集中的结果，1909 年俄国的 G.V.科洛索夫求出椭圆孔附近应力集中的公式，20 世纪 20 年代末，苏联的 N.I.穆斯赫利什维利等把复变函数引入弹性力学，用保角变换把一个不规则分段光滑的曲线变换到单位圆上，导出复变函数的应力表达式及其边界条件，进而获得一批应力集中的精确解。其他各种实验手段的发展也很快，如电测法、光弹性法、散斑干涉法、云纹法等实验手段均可测出物体的应力集中。目前随着科技的进步，计算机和有限元法及边界元法的迅速发展，为寻找应力集中的数值解开辟了新途径。如图 7-18 所示的带圆孔的板条，使其承受轴向拉伸，即拉力 F 作用。由实验结果可知：在圆孔附近的局部区域内，应力急剧增大，而在离开这一区域稍远处，应力迅速减小而趋于均匀。这种由于截面尺寸突然改变而引起的应力局部增大的现象称为应力集中。在 1-1 截面上，孔边最大应力 $\sigma_{\max}$ 与同一截面上的平均应力 σ_{m}(按实际截面面积计算)之比，用 k 表示。

理论应力集中因数 $k=\dfrac{\sigma_{\max}}{\sigma_{m}}$，$k$ 反映了应力集中的程度，是一个大于 1 的系数。实验结果还表明：截面尺寸改变越剧烈、角越尖、孔越小，应力集中系数就越大。因此，零件上应尽量避免带尖角的孔或槽，在阶梯杆截面的突变处要用圆弧过渡。

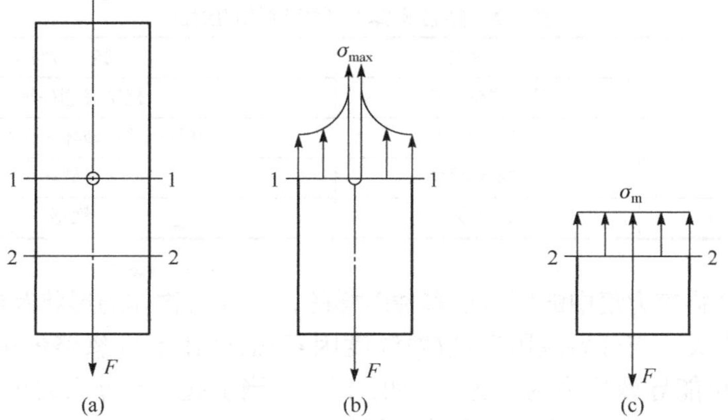

图 7-18　圆孔的应力集中

为了更加直观地了解应力集中在材料上产生的塑性变形过程，以铝板为例通过图 7-18 来进行说明。一铝板两端受拉，其中部横截面上的拉应力(单位面积上的力)均匀分布，此时的平均应力为σ_m。图 7-18(b)是在其中部开了个小圆孔，这时在过圆孔中心的横截面上的拉应力分布不再均布，当小圆孔相对于板很小时，经验表明在小孔的边缘处的拉应力是无小孔时的 3 倍，称小孔边的拉应力集中系数为 3。若圆孔的直径 $2a$ 相对板宽 $2B$ 不是很小，拉应力集中系数则为$2+\left(1-\frac{a}{B}\right)^3$。如在其中部开了个长轴为 $2a$、短轴为 $2b$ 的小椭圆孔，当椭圆孔相对于板很小时，由于 $a>b$，椭圆孔的拉应力集中系数>3，且椭圆越“扁”，应力集中系数越大。当 b 很小时，椭圆孔的拉应力集中系数将非常大。如椭圆孔的中心离板的一边比较近，设距离为 d，应力集中系数与$\frac{a}{b}$和$\frac{a}{d}$有关，例如，当$\frac{a}{b}$为 2 和 4 时，拉应力集中系数随$\frac{a}{d}$的变化见表 7-1。

表 7-1　椭圆孔拉应力集中系数随 a/d 的变化

a/b \ a/d	0	0.1	0.2	0.3	0.4	0.5	1.0
2.0	5.0	5.02	2.09	5.21	5.42	5.74	∞
4.0	9.0	9.03	9.12	9.30	9.60	10.02	∞

注：$a/d=\infty$，是指 $d\to 0$

对于使用脆性材料制成的构件，应力集中现象将一直保持到最大局部应力达到强度极限之前，引起脆性材料断裂，即产生塑性形变。因此，在设计脆性材料构件时，应考虑应力集中的影响。对于由塑性材料制成的构件，应力集中对其在静载荷作用下的强度几乎无影响。所以，在研究塑性材料构件的静强度问题时，通常不考虑应力集中的影响。但是应力集中常常会使塑性材料产生疲劳裂纹。结合圆孔附近的应力集中情况的说明图，可以知道为避免应力集中造成构件破坏，可采取消除尖角、改善构件外形、局部加强孔边及提高材料表面光洁度等措施。表 7-2 是塑性客体和脆性客体的对比，可以看出不同材料的应力集中敏感度。

表 7-2　塑性客体和脆性客体的对比

参数	塑性材料	脆性材料
强度	抗压=抗拉>抗剪	抗压>抗剪>抗拉
变形	有显著变形	在屈服阶段破坏时变形不明显
抗冲击性	通过变形缓解	易破坏
应力集中敏感性	不敏感	敏感

影响实际材料应力集中的因素是多种多样的，不仅与物体的形状及外形结构有关，还与选取材料有关，与外界应用环境(如温度因素)也存在不可忽略的关系。此外，在加工过程中也可能导致应力的改变，例如，回火不当引起二次淬火裂纹、电火花线切割加工显微裂纹、机械设计时也难免导致某部位的应力集中。

7.6.2　应力集中的应用

在日常生活方面，人们平时撕各种包装袋的时候都会发现在封口的侧边或者上面有一些锯齿状的缺口，在这个缺口上只要施加一点力就可以达到破坏客体的目的，如选择其他位置就会较困难，往往需要借助其他工具。在缺口处由于尺寸的突变，在该区域产生应力集中，外力克服其极限应力所需要的力就比较小，即可达到省力的目的。自行车内胎被刺破之后，出现裂纹，应力集中系数明显上升，可用橡胶补块，而补块一般剪成椭圆形或圆形，而非正方形，且边缘剪成斜茬形，下面宽，逐渐向上变窄，以降低整个内胎的应力集中系数，避免补块脱落。

在工程实际中，应力集中往往是构件破坏的原因。图 7-18 中的裂纹若存在于实际构件中将是极其有害的。例如，飞机所用喷气式发动机的燃烧室是由耐高温合金做成的薄壁桶形壳，其壳壁上开有一些孔，空气从桶形壳的小口进入，燃料从壳壁的孔喷入，空气和燃料在壳内混合燃烧形成高温、高速气流，喷出形成推力，燃烧室的工作环境十分恶劣，使用一段时间便会出现裂纹，若任凭裂纹扩展，燃烧室会很快报废，航空工程师发现裂纹后，会在裂纹的尖端打一个小孔，这样就极大地降低了裂纹两端的应力集中系数，阻止了裂纹的扩展，延长了燃烧室的使用寿命。轴是人们几乎处处能见到的一种构件，如汽车的变速器里便有许多根传动轴，一根轴通常在某一段较粗、在某一段较细，若在粗细段的过渡处有明显的台阶，则在台阶的根部会产生比较大的应力集中，根部越尖锐，应力集中系数越大。为减小应力集中，会在轴的粗、细过渡台阶处，尽可能做成光滑的圆弧过渡，可明显降低应力集中系数，延长轴的使用寿命。医学家曾用有限元方法分析股骨头坏死的力学变化，证实坏死骨周围的应力集中是病情进展的主要原因。应力集中可导致股骨头内骨折，不仅影响其局部力学性能，还可阻断坏死组织的修复，使负重区软骨下骨难以恢复。

材料的不均匀，材料中微裂纹的存在，均可导致应力集中，引起宏观裂纹的形成、扩展，直至构件破坏。生产均匀、致密的材料一直是材料科学家的奋斗目标之一。在构件设计时，避免几何形状的突然变化，尽可能做到光滑逐渐过渡；构件若有开孔，可对孔边进行加强(如增加孔边厚度)；开孔、开槽尽可能做到对称等工艺方法，也可有效避免应力集中。

习　　题

1. 轴力是指什么？一般用什么方法求轴力？

2. 一般工程构件在实际工作环境中所能承受的应力是指什么？工件中最大工作应力不能超过此应力，超过此应力时一般会有何种情况发生？

3. 对金属拉伸标准试件有何要求？

4. 在低碳钢拉伸曲线中，其变形破坏全过程可分为哪几个变形阶段？有何特点？

5. 用塑性材料的低碳钢标准试件在做拉伸试验过程中，将会出现四个重要的极限应力，分别指什么？

6. 通过低碳钢拉伸破坏试验可测定客体的强度和塑性指标分别有哪些？

7. 塑性和脆性材料的延伸率分别有何特点？

8. 脆性客体压缩破坏时，其变形和破坏分别有哪些特点？

9. 拉杆或压杆如图 7-19 所示。试用截面法求各杆指定截面的轴力，并画出各杆的轴力图。

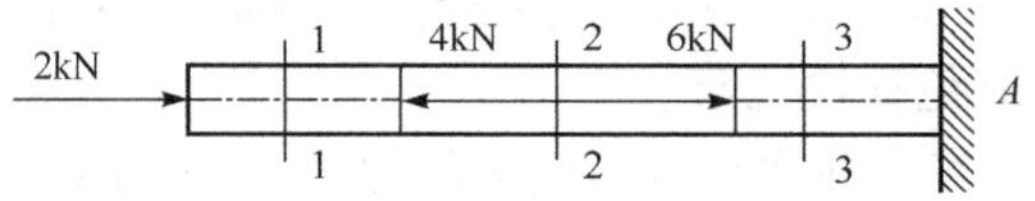

图 7-19

10. 阶梯状直杆受力如图 7-20 所示。已知 AD 段横截面面积 A_{AD}=1000mm^2，DB 段横截面面积 A_{DB}=500mm^2，材料的弹性模量 E=200GPa。求(1)轴力图；(2)该杆的总变形量 Δl_{AB}。

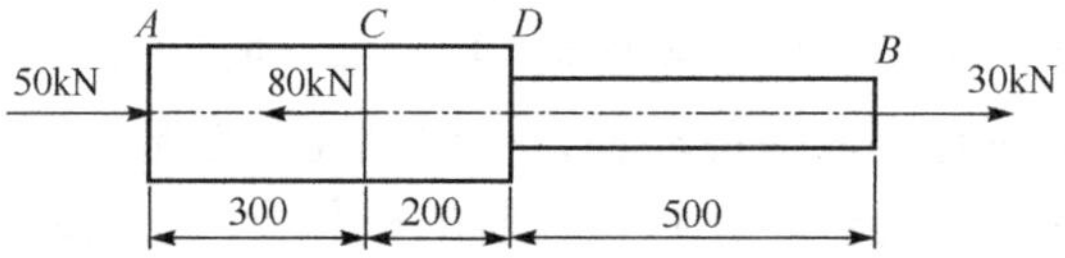

图 7-20

11. 图 7-21 所示正方形截面阶梯状杆件的上段是铝制杆，边长 a_1=30mm，材料的许用应力[σ_1]=80MPa；下段为钢制杆，边长 a_2=20mm，材料的许用应力[σ_2]=140MPa。试求许用荷载[F]。

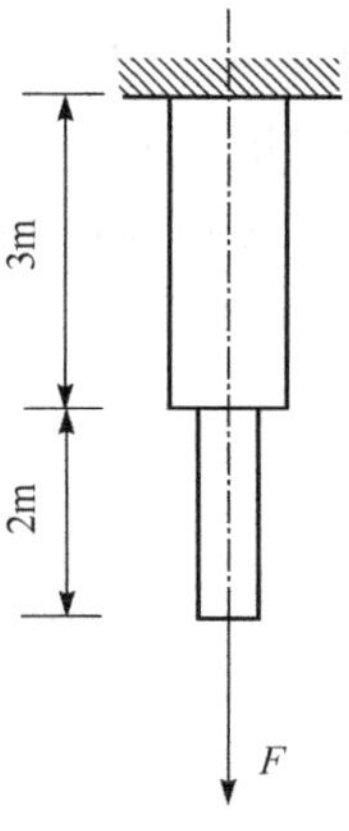

图 7-21

第 8 章　扭转与弯曲

扭转与弯曲是杆件的又一种基本变形，本章着重介绍圆杆扭转与弯曲时的内力、应力、形变和强度、刚度计算，此外，本章对扭转时材料的力学性质和剪切胡克定律也进行介绍，并给出了弹性常数 E、G、ν 三者之间的关系式，最后，本章简单介绍斜弯曲和组合变形。

8.1　扭转与弯曲概述

工程上有一些直杆在外力作用下,其主要变形是扭转。工程上将扭转圆杆通称为轴，如传动机构中的传动轴、水轮发电机的主轴及石油钻机中的钻杆等，这类杆件称为扭转杆件，扭转是杆件的又一种基本变形形式。

扭转杆件的计算简图如图 8-1(a)所示，其受力和变形特点如下。

(1) 受力特点，受作用面位于杆横截面内的平衡力偶系的作用。

(2) 变形特点，所有横截面绕杆轴线进行相对转动，两横截面之间产生的相对角位移，称为扭转角(图 8-1 中的γ)；小变形下，纵线也随之转过一角度。当发生扭转的杆是等直圆杆时，由于杆的物性和横截面几何形状的轴对称性，可用材料力学方法求解。

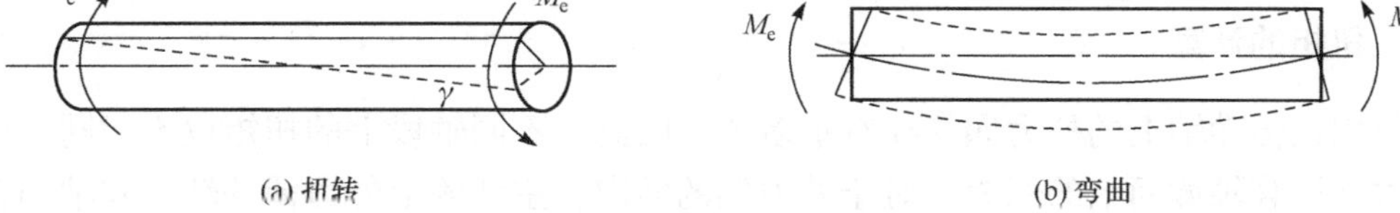

图 8-1　受力图

弯曲的受力特点是作用于杆件上的外力都垂直于杆的轴线，如图 8-1(b)所示，且都在梁的纵向对称平面内(通过或平行形心主轴上且过弯曲中心)，它的变形特点是杆轴线由直线变为一条平面的曲线，一般将主要产生弯曲变形的杆称为梁。

8.2　圆轴扭转时的内力及形变

如图 8-2(a)所示使圆轴产生扭转变形的外力矩与外力偶矩，统称为扭力矩。可见轴的变形以横截面间绕轴线的相对角位移即扭转角表示。可见杆件在绕其轴线的外力偶矩作用下，横截面上受到扭矩的作用而产生形变，一般情况下，扭矩与横截面的位置相关，若以杆件轴线为 x 轴建立一个坐标系，则扭矩随轴线坐标 x 变化的函数为

$$T=T(x)$$

此函数称为扭矩函数或扭矩方程，如图 8-2(a)所示，如果将外力偶矩和扭矩均用矢量表示，按理论力学中的右手螺旋法则，则外力偶矩和扭矩矢量均沿着杆件的轴线方向，如图 8-2(b)所示。

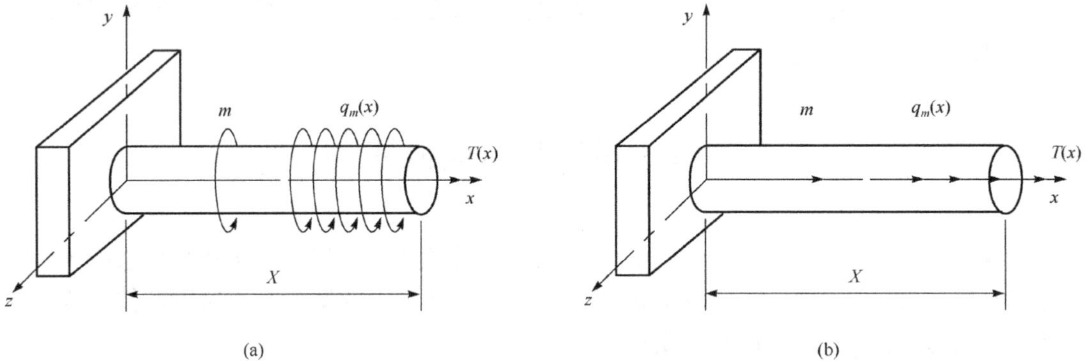

图 8-2　外力偶矩和扭矩及其矢量表示

由图 8-2 可见，计算扭转时杆件的受力情况与杆件拉伸压缩时无区别，杆件扭转时的外力偶矩和扭转函数与拉伸压缩轴向载荷和轴力函数之间可类比，即只需要将拉伸压缩时集中力 F 换为集中力偶矩 m，分布力 $q(x)$换为分布力偶矩 $q_m(x)$，轴力函数 $F_N(x)$换为 $T(x)$，两种基本变形之间的代数值的计算方法是相同的。

8.2.1　扭矩的计算

作用在传动轴上的外力偶往往有很多个，因此，不同轴段上的扭矩也不相同，可用截面法来计算轴截面上的偶矩。对于外力偶的转向，主动轮上外力偶的转向和轴的转动方向相同，而从动轮的外力偶转向则与轴的转动方向相反。工程中常用的传动轴，往往只知道它传递的功率和转速，需要求出使轴发生扭转的外力偶矩。

1. 外力偶矩的计算

图 8-3 中一传动轴，转速为 n，轴传递的功率由主动轮输入，由从动轮输出。可见

$$\{P\}_{\text{kW}}=\{M_e\}_{\text{N·m}}\frac{\{\alpha\}_{\text{rad}}}{\{t\}_{\text{s}}}\times10^{-3}=\{M_e\}_{\text{N·m}}\{w\}_{\text{rad/s}}\times10^{-3}$$

$$=\{M_e\}_{\text{N·m}}\times2\pi\times\frac{\{n\}_{\text{r/min}}}{60}\times10^{-3}$$

于是，得作用在该轮上的外力偶矩为

$$\{M_e\}_{N\cdot m} = \frac{\{P\}_{kW} \times 10^3 \times 60}{2\pi\{n\}_{r/min}} = 9549\frac{\{P\}_{kW}}{\{n\}_{r/min}}$$

式中，M_e为作用在轴上的力偶矩(N · m)；n 为轴的转速(r/min)；P 为轴转动的功率(kW)。由于轴在稳定转动的时候，外力偶在 t 秒钟内所做的功等于其力偶矩 M 与轮在 t 秒钟内的转角 α 的乘积，所以外力偶每秒钟所做的功即功率 P 为

$$\{M_e\}_{N\cdot m} = 9549\frac{\{P\}_{kW}}{\{n\}_{r/min}} \tag{8-1}$$

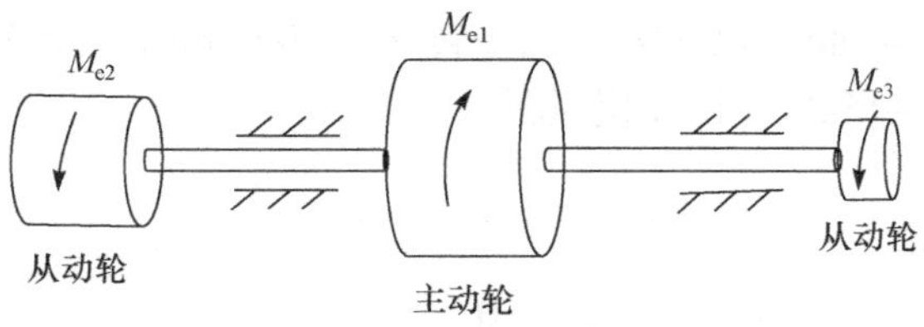

图 8-3　传动轴的转动分析

2. 扭矩图

为表示各横截面上的扭矩沿杆长的变化规律，并求出杆内的最大扭矩及所在截面的位置，应首先画出扭矩图。扭矩图的画法与轴力图的画法相似，即以平行于杆轴线的坐标轴为横坐标轴，其上各点表示横截面的位置，以垂直于杆轴线的纵坐标表示横截面上的扭矩，画出的图线即扭矩图。正的扭矩图画在横坐标轴的上方，负的画在下方。扭矩图可按以下三步作出。

(1) 用截面法求圆轴任意一横截面上的扭矩。

在 n-n 截面处假想将轴截开，取左侧为研究对象，横截面上的内力应是一个力偶，称为该截面的扭矩，如图 8-4 所示。满足以下条件：

$$\sum M_x = 0, \quad T = M_e$$

取右侧为研究对象，则其扭矩与取左侧为研究对象数值相同但转向相反。

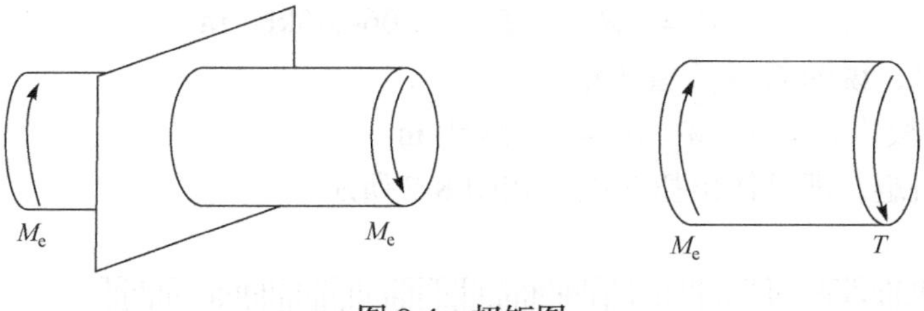

图 8-4　扭矩图

(2) 扭矩符号的规定：扭矩用右手螺旋法则确定符号，右手四指内屈，与扭矩转向相同，则拇指的指向表示力偶矩矢的方向，若力偶矩矢的方向和界面外法线相同规定扭矩为正，反之则为负。

(3) 扭矩图：用平行于杆轴线的坐标 x 表示横截面的位置，用垂直于杆轴线的坐标 T

表示横截面上的扭矩，正的扭矩画在 x 轴上方，负的扭矩画在 x 轴下方，从而绘制出表示扭矩与截面关系的图线，如图 8-5 所示。

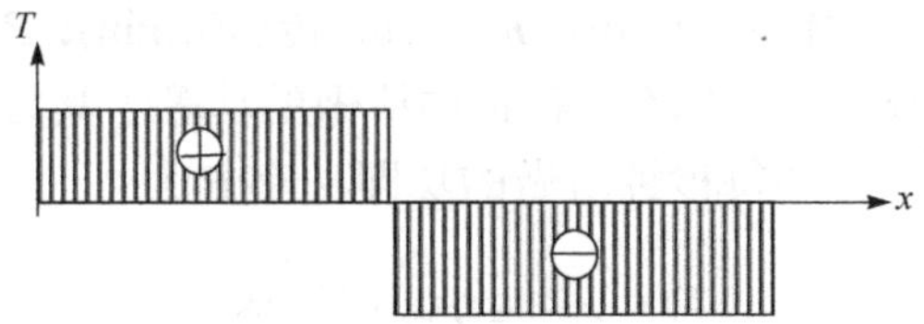

图 8-5　扭矩图

【例 8-1】　一传动轴如图 8-6 所示，已知转速 n=300r/min，主动轮 A 输入功率 P_A=50kW，从动轮输出功率 P_B=P_C=15kW，试作扭矩图。

解：

首先计算外力扭矩

$$M_{e1}=9549\times\frac{50}{300}=1591.5(\text{kN}\cdot\text{m})$$

$$M_{e2}=M_{e3}=9459\times\frac{15}{300}=472.95(\text{kN}\cdot\text{m})$$

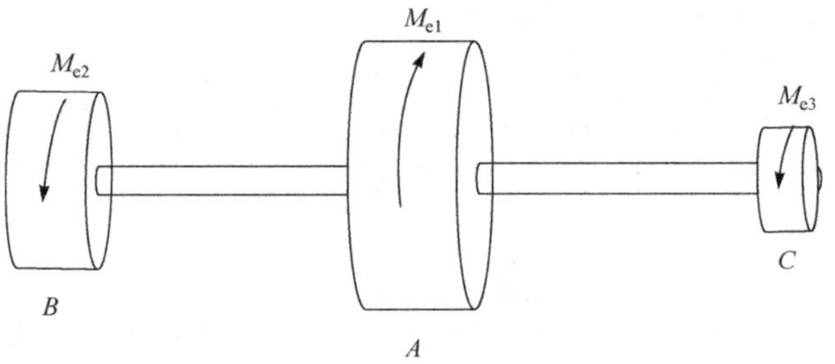

图 8-6　例 8-1 图

计算 CA 段内任意横截面 2-2 截面上的扭矩，假设 T_2 为正值。由平衡方程，$\sum M_x=0$

$$M_1+M_2+T_2=0$$

$$T_2=-M_{e2}-M_{e1}=-2064.45\text{kN}\cdot\text{m}$$

结果为负号，说明 T_2 为负值扭矩。

同理在 BA 段内，$T_1=-M_{e2}=-472.95\text{kN}\cdot\text{m}$

根据这些扭矩，即可作出扭矩图，如图 8-7 所示。

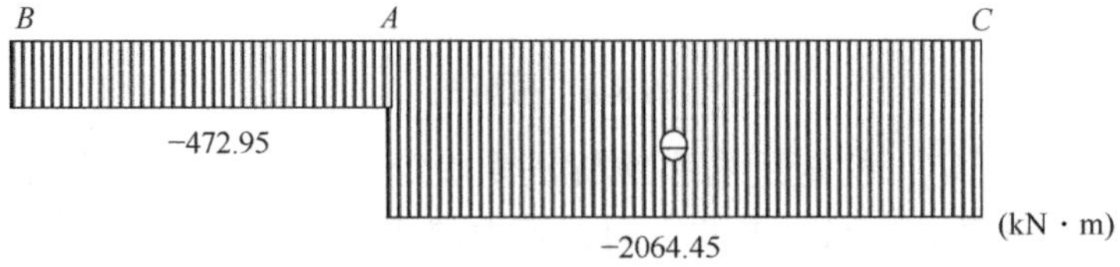

图 8-7　扭矩图

从图 8-7 可见，最大扭矩 T_{max} 发生在 AC 段内，其值为 $-2064.45\text{kN}\cdot\text{m}$ 。

8.2.2　扭转圆杆截面上的应力

扭转时材料的力学性质是指材料在扭转作用下的变形及抵抗破坏的性质，此时破坏是由于切向应力引起的，其大小与 T 有关。以下将从形变及受力两方面来分析其规律：形变是指等直圆杆扭转时的应变；受力是指扭转时的切应力，再由扭矩图计算出切应力的最大值。

前面用截面法求出了圆杆扭转时横截面的内力——扭矩，现进一步研究圆杆横截面上的应力。由于横截面上的扭矩只能由切向微内力 $r\mathrm{d}A$ 合成，所以在小变形下，横截面上只有切应力。为了确定横截面上的切应力计算公式，必须首先研究扭转时杆的变形情况，得到横截面的变形规律，即变形的几何关系，然后利用物理关系和静力学关系综合求解。

1. 几何关系

如图 8-8 所示，为研究横截面的变形规律，在等直圆杆表面标出圆周线和纵线，它们组成柱面矩形网格图。然后在其两端施加一对大小相等、转向相反的力偶矩 T，使其发生扭转。当变形很小时，可以观察到：变形后所有圆周线的形状、大小和间距均未改变，只是绕杆的轴线进行相对转动；所有的纵线都转过了同一角度，因而所有的矩形都变成了平行四边形。根据观察到的现象，由表及里，推测杆内部的变形，可作出如下假设：变形前为平面的横截面，变形后仍为平面，并如同刚体一样绕杆轴线旋转，横截面上任一半径始终保持为直线，这一假设称为平截面假设或平面假设。可见杆的横截面上只有切应力(与截面相切的应力称为剪应力或切应力，与正应力相对)，且垂直于半径。

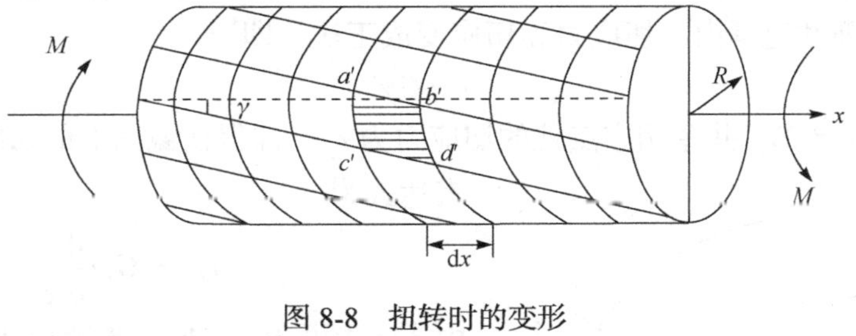

图 8-8　扭转时的变形

由如图 8-8 所示几何关系，计算横截面上一点处的切应变随点位置的变化规律。假设截取长为 $\mathrm{d}x$ 的杆段进行分析。由平面假设可知，杆段变形后的情况如图 8-9 所示。截面 b-b 相对于截面 a-a 绕杆轴转动了一个角度 $\mathrm{d}\phi$，因此其上的任意半径 O_2D 也转动了同一角度 $\mathrm{d}\phi$。由于截面转动，杆表面上的纵向线 AD 倾斜了一个角度γ，纵向线的倾斜角γ就是横截面周边上任意一点 A 处的切应变。同时，经过半径 O_2D 上任意点 G 的纵向线 EG 在杆变形后也倾斜了一个角度γ_ρ，即横截面半径上任意一点 E 处的切应变。注意：上述切应变均在垂直于半径的平面内。

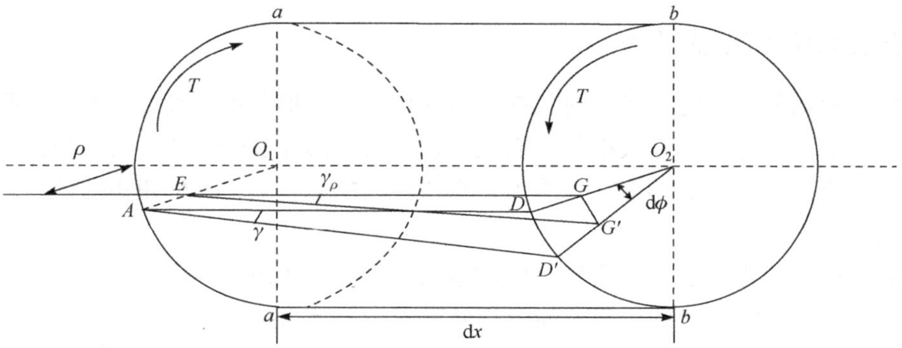

图 8-9　形变条件

设 G 点至横截面圆心的距离为ρ，由如图 8-9 所示几何关系可得

$$\gamma_\rho \approx \tan\gamma_\rho = \frac{\overline{GG'}}{\overline{EG}} = \frac{\rho\,\mathrm{d}\phi}{\mathrm{d}x}$$

即

$$\gamma_\rho = \rho\frac{\mathrm{d}\phi}{\mathrm{d}x} \tag{8-2}$$

式(8-2)表示等直圆杆横截面上任意一点处切应变随该点在横截面上的位置而变化的规律。式中，$\frac{\mathrm{d}\phi}{\mathrm{d}x}$表示相对扭转角$\phi$沿杆长度的变化率，对于给定的横截面是一个常量。因此，在同一半径ρ的圆周上各点处的切应变γ_ρ均相同，且与ρ成正比。

2. 物理关系

由剪切胡克定律[即固体材料受力之后，材料中的应力与应变(单位变形量)之间呈线性关系]，在线弹性范围内，切应力和切应变成正比，即

$$\tau = G\gamma \tag{8-3}$$

将式(8-2)代入式(8-3)，并令相应点处的切应力为τ_ρ，即得横截面上的切应力变化规律的表达式为

$$\tau_\rho = G\gamma_\rho = G\rho\frac{\mathrm{d}\phi}{\mathrm{d}x} \tag{8-4}$$

由式(8-4)可知，在同一半径ρ的圆周上各点处的切应力τ_ρ均相同，其值与ρ成正比，τ_ρ的方向与半径垂直，γ_ρ为垂直于半径平面内的切应变。切应力沿任一半径的变化情况如图 8-10 所示。

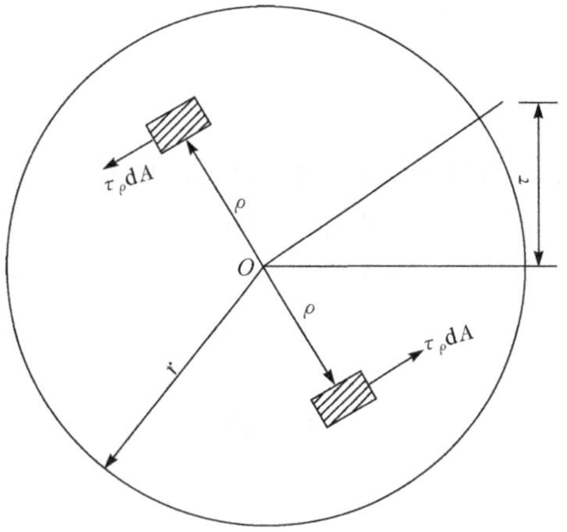

图 8-10　应力图

3. 静力学关系

横截面上切应力变化规律表达式$\tau_\rho = G\gamma_\rho = G\rho\frac{\mathrm{d}\phi}{\mathrm{d}x}$中的$\frac{\mathrm{d}\phi}{\mathrm{d}x}$是个待定参数，为确定这个参数，

就要考虑静力学方面的知识。

由于在横截面上任一直径距圆心等距的两点处的内力元素 $\tau_\rho \mathrm{d}A$ 等值而反向，因此 $\tau_\rho \mathrm{d}A$ 的合力为 0，并组成一个力偶，即横截面上的扭矩 T。τ_ρ 的方向垂直于半径，内力元素 $\tau_\rho \mathrm{d}A$ 对圆心的力矩为 $\rho\tau_\rho \mathrm{d}A$。由静力学中的合力矩原理得

$$\int_A \rho\tau_\rho \mathrm{d}A = T$$

即

$$G\frac{\mathrm{d}\phi}{\mathrm{d}x}\int_A \rho^2 \mathrm{d}A = T$$

上式中的积分 $\int_A \rho\tau_\rho \mathrm{d}A$ 仅与横截面的几何量有关，称为横截面的惯性矩，并用 I_p 表示，即

$$I_\mathrm{p} = \int_A \rho\tau_\rho \mathrm{d}A$$

所以

$$\frac{\mathrm{d}\phi}{\mathrm{d}x} = \frac{T}{GI_\mathrm{p}}$$

从而得等直圆杆在线弹性范围内扭转时，横截面上任一点处切应力计算公式：

$$\tau_\rho = G\rho\left(\frac{T}{GI_\mathrm{p}}\right) = \frac{T\rho}{I_\mathrm{p}}$$

由此式及图 8-10 可见，当 ρ 等于横截面半径 r 时，即在横截面周边上的各点处，切应力将达到最大值 $\tau_{\max}$，如图 8-11 所示，其值为

$$\tau_{\max} = \frac{Tr}{I_\mathrm{p}} \tag{8-5}$$

若上式中用 W_p 代替 I_p/r，则有

$$\tau_{\max} = \frac{T}{W_\mathrm{p}} \tag{8-6}$$

W_p 称为抗扭截面系数，其单位为 m^3。

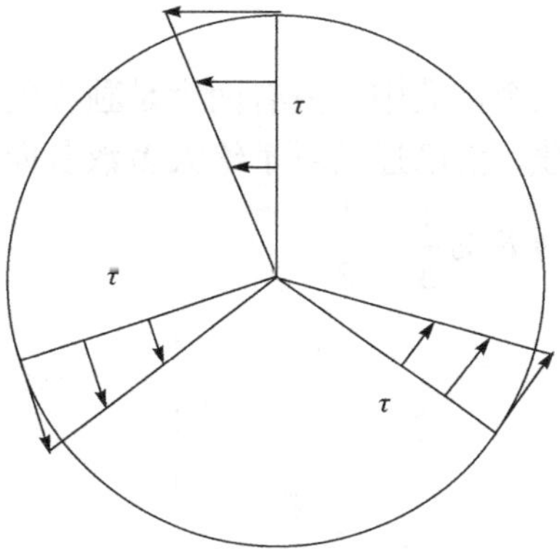

图 8-11　扭转圆杆横截面上切应力分布规律

8.2.3　低碳钢和灰口铸铁的 τ-γ 曲线

扭转试验在扭转试验机上进行。试验时逐渐增加外力偶矩，并测得与之相应的扭转角 ϕ，可画出 T-ϕ 曲线。再通过前面公式，可画出 τ-γ 曲线。

低碳钢的 τ-γ 曲线如图 8-12 所示。由图可见，在 Oa 范围内，切应力 τ 与切应变 γ 之间呈线性关系，因此得到

$$\tau = G\gamma \tag{8-7}$$

这就是前面所提到的胡克定律。a 点的切应力称为剪切比例极限，用τ_p 表示。当切应力超过τ_p以后，材料将发生屈服，b 点的切应力称为剪切屈服极限，用τ_s表示，但低碳钢的扭转试验不易测得剪切屈服极限，因为在材料屈服前，圆筒壁可能会发生皱褶。

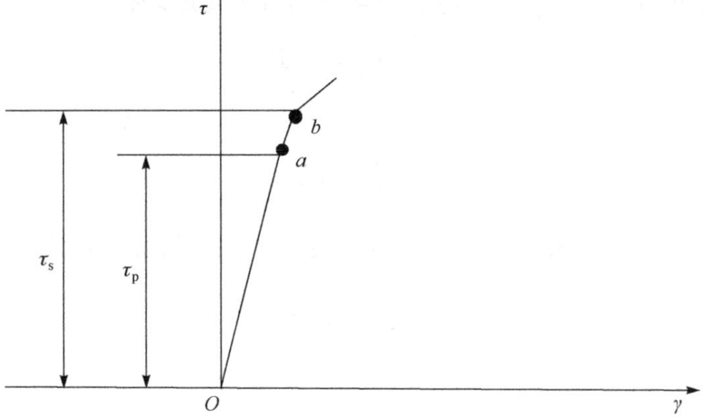

图 8-12　低碳钢的τ-γ曲线

对铸铁材料，则采用实心圆试件，在扭转试验机上进行破坏试验，得出 T-ϕ曲线，再通过相类似的γ与ϕ的几何关系式，可画出τ-γ曲线。灰口铸铁的τ-γ曲线如图 8-13 所示。曲线上没有呈直线的一段，故一般用割线代替，而认为剪切胡克定律近似成立。此外，铸铁扭转时没有屈服阶段，但可测得剪切强度极限τ_b。弹性模量 E、泊松比ν和切变模量 G，是材料的三个弹性常数，经实验验证和理论证明，它们之间存在如下关系：

$$G = \frac{E}{2(1+\nu)} \tag{8-8}$$

这三个常数中，只有两个是独立的。只要知道其中两个常数，便可由式(8-8)求得第三个常数。前已述及对于绝大多数各向同性材料，泊松比ν一般大于 0 而小于 0.5，因此 G 值为 E 的$\frac{1}{3}\sim\frac{1}{2}$。

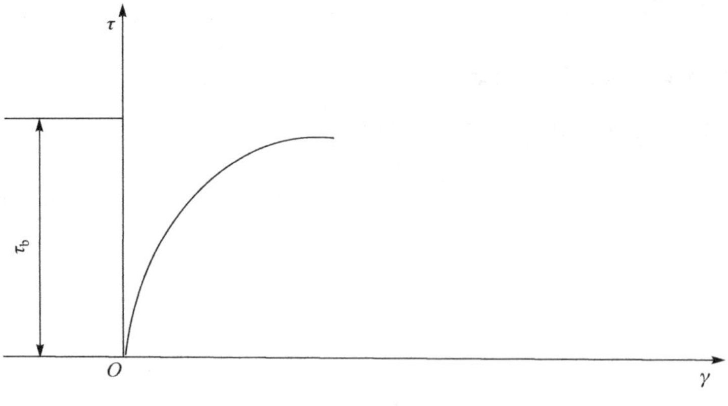

图 8-13　灰口铸铁的τ-γ曲线

8.2.4　应力互等定理

从上面的分析可知，圆杆扭转时，横截面上各点处存在切应力。在圆杆的纵截面(径向平面)上也存在着切应力，且这两个截面上的切应力有一定的关系。

如图 8-14(a)所示的圆杆表面 A 点周围，沿横截面、纵截面及垂直于径向的平面截出一无限小的长方体，称为单元体，设其边长为 dx、dy、dz，如图 8-14(b)所示。该单元体的左、右两个面属于横截面，作用有切应力 τ ；前面的一个面为外表面，其上没有应力，与它平行的平面，由于相距很近，也认为没有应力。从平衡的观点看，如果单元体上只有左、右两个面上有切应力，则该单元体将会转动，不能平衡，所以在上、下两个纵截面上必定存在着图示的切应力 τ' 。由于各面的面积很小，可认为切应力在各面上均匀分布。由平衡方程

$$\sum M_z = 0$$

可得

$$\left(\tau \mathrm{d}y\mathrm{d}z\right)\mathrm{d}x = \left(\tau \mathrm{d}x\mathrm{d}z\right)\mathrm{d}y \tag{8-9}$$

由此可得

$$\tau = \tau' \tag{8-10}$$

将式(8-10)称为切应力互等，即切应力互等定理。

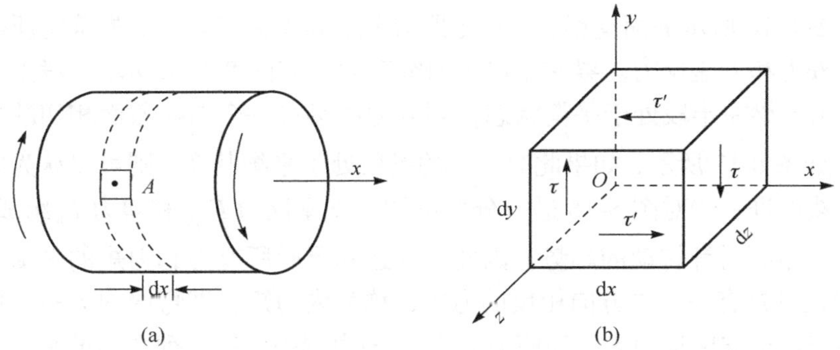

图 8-14　切应力互等分析

切应力互等定理，即过一点的互相垂直的两个截面上，垂直于两截面交线的切应力大小相等，并均指向或背离这一交线。切应力互等定理在应力分析中有很重要的作用。圆杆扭转时，已知横截面上的切应力及其分布规律后，由切应力互等定理便可知道纵截面上的切应力及其分布规律，如图 8-15 所示。切应力互等定理除了在扭转问题中成立，在其他的变形情况下也同样成立。但必须特别指出，这一定理只适用于一点或在一点处所取的单元体。如果边长不是无限小的单元体或一点处两个正交的方向上，便不再适用。切应力互等定理具有普遍性，单元体的各面上同时存在正应力时，也同样适用。

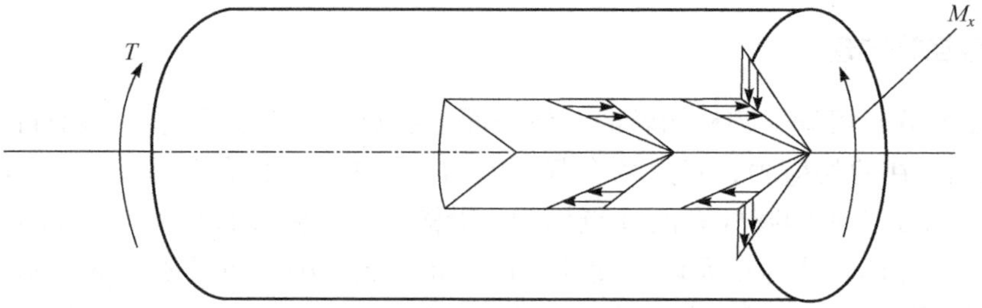

图 8-15　纵截面上切应力分布

8.3　梁弯曲时的内力及变形

在荷载作用下梁要产生弯曲，其轴线由原来的直线变成了曲线，构件的这种变形称为弯曲变形。以弯曲变形为主的杆件称为梁。梁在荷载作用下，杆件的截面上可产生荷载的剪力效应，杆件不同截面上的剪力效应值有可能大小不同。同时弯矩的作用可使梁内部产生拉及压应力，且应力的大小与所加弯矩有关。为确定梁的应力和变形，应首先确定梁在外力作用下任意截面的内力。当作用在梁上的全部外力(包括支座反力和荷载)均已知时，可采用截面法求出其内力。

8.3.1　弯曲时的内力分析

对于如图 8-16 所示的简支梁，为确定距 A 端 x 位置处的内力，先确定所研究梁段范围内的所有外力和支座反力。梁左半段为研究对象，如图 8-17 所示，x 段上承担的外力仅有 F_{R_Ay}，由于梁左半段处于平衡状态，则内力中必有一个与横截面相切的内力，即剪力。剪力 F_s 如图 8-17 所示，如果此时 x 长的梁段处于平衡状态，则可以认为内力指标中只有剪力，然而进一步对图 8-16 进行分析可知，支座反力 F_{R_Ay} 和剪力 F_s 组成一个力矩，会使 x 梁段产生顺时针转动的趋势，因此，为达到梁段所有力和力矩的平衡，必然会在 m-m 截面(图 8-17)有一与之方向相反的力矩，称为内力矩，即弯曲内力——弯矩，内力计算时需要先求出支座反力 F_{R_Ay} 和剪力 F_s 组成的力偶矩，然后列力矩的平衡方程，即可确定弯矩值。

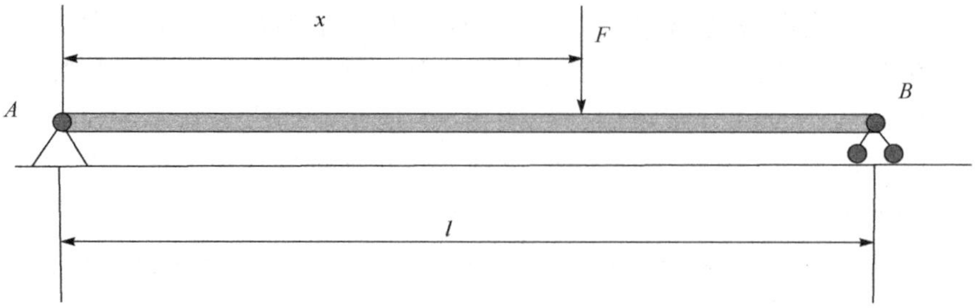

图 8-16　梁受力分析

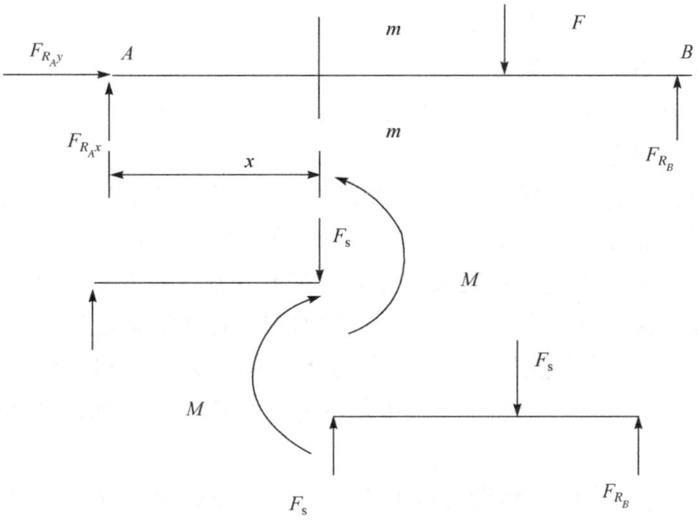

图 8-17　集中力作用下简支梁的内力分析图

$$\sum F_y = 0, \quad F_s = F_{R_Ay} = \frac{F(l-a)}{l}$$

$$\sum M_c = 0, \quad M = F_{R_Ay} \cdot x$$

由以上分析可得上式。

可见，从内力角度考虑，简支梁受如图 8-17 所示的集中力会引起梁截面的中性层以上处于受压，习惯上称梁截面的中性层以上区域为“受压区”；相反，梁截面的中性层以下处于受拉，习惯上称梁截面的中性层以下区域为“受拉区”。杆件受压会收缩，受拉会伸长，因此，在梁截面的中性层以上部分会有轴向压力作用，其合力设为 F_{NC}，梁截面的中性层以下部分会有轴向拉力作用，其合力设为 F_{NT}，如图 8-18 所示，其方向均垂直于横截面，内力 F_{NC} 和 F_{NT} 会组成一对力偶，产生绕中性层逆时针旋转的趋势，此内力偶矩可以用一内力偶矩代替，即弯矩。通过以上分析可知，弯矩可以由内力 F_{NC} 和 F_{NT} 组成的力偶代替，内力 F_{NC} 和 F_{NT} 分别是由一簇不等的压力和拉力简化而成的合力，因而弯矩是在构件受弯曲时，横截面上其作用面垂直于截面的内力偶矩。

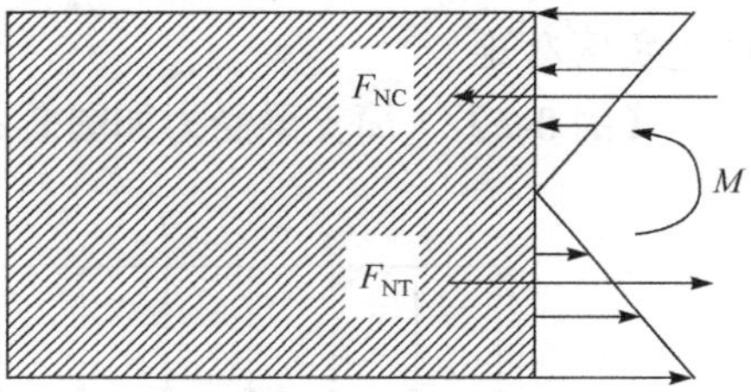

图 8-18　弯曲梁内力分析

内力 F_{NC} 和 F_{NT} 组成的力偶，可以用弯矩 M 代替，为了使所有外力(包括力偶)在梁中点 m 处于平衡，令所用外力都对梁上点 m 取矩，即弯矩 M 和由支座反力引起的力偶矩平衡，从而可以确定梁中点 m 处弯矩 M 的数值。

8.3.2　剪力及弯矩图

沿梁长度方向画出(用同样比例)每个截面的剪力效应值线段，连接线段顶点构成的图形，称为梁在给定荷载下的剪力图。同样将梁受到的弯矩用图形表示，并规定将弯矩图画在受拉侧，无须标正负号。

剪力图和弯矩图绘制步骤如下。

(1) 根据梁的受力情况，计算约束反力。可根据已知条件，包括受力情况及约束类型，用静力平衡方程进行计算。

(2) 对梁进行分段，列出各段的剪力方程和弯矩方程。分段时必须先找到分界点，把每两个界点之间的部分作为一段。一般把梁上以下点作为分界点：集中力作用处(包括主动力与约束反力)、集中力偶作用处及均布载荷的起止点。接下来需要列出每一段的剪力方程和弯矩方程，这个过程是较烦琐的，每段列方程且必须确定各分段函数的定义域。

(3) 确定各界点的剪力值和弯矩值。根据各段的剪力方程和弯矩方程，计算各界点的值，这个过程也较复杂。特别对于梁中段的界点，往往要分别计算其左侧及右侧的剪力值和弯矩值。

(4) 画剪力图和弯矩图。根据各段的剪力、弯矩方程及各界点的剪力值和弯矩值绘制出剪力图和弯矩图。

根据上述规则及平衡条件，可得到以下普遍成立的结论。

(1) 梁中横截面上的剪力在数值上等于该截面左边(或右边)梁上所有横向力的代数和。左边梁上向上的力(或右边梁上向下的力)产生正值剪力；反之产生负值剪力。

(2) 梁中横截面上的弯矩在数值上等于作用于该截面左边(或右边)梁上所有外力对于该截面形心的力矩的代数和。向上的外力(不论是截面左边还是截面右边)均产生正值弯矩；向下的外力则产生负值弯矩。截面左边梁上的外力偶，顺时针转向的产生正值弯矩；反之产生负值弯矩；而截面右边梁上的外力偶，逆时针转向的产生正值弯矩，反之产生负值弯矩。

【例 8-2】　简支梁受力如图 8-19 所示，请分别绘剪力图和弯矩图。

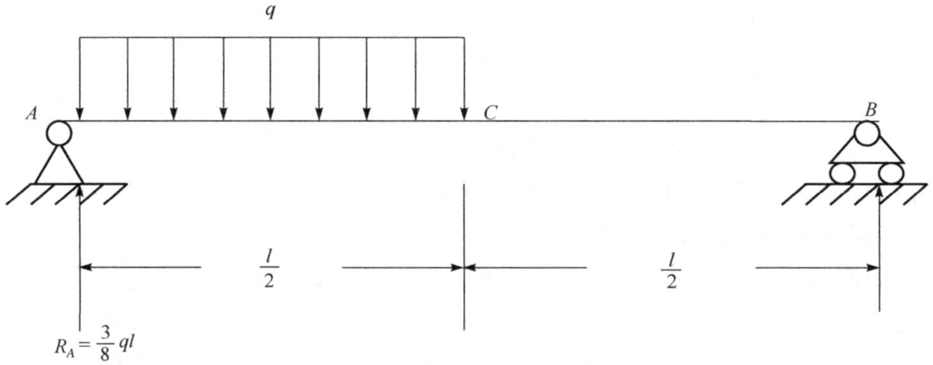

图 8-19　例 8-2 图

AC 段受到均布载荷 q 的作用，根据平衡方程：

$$\sum m_A = 0,\quad \sum m_B = 0$$

可以求得

$$R_A = \frac{3}{8}ql, \quad R_B = \frac{1}{8}ql$$

以梁的左端为坐标原点，建立 x 坐标。

因在 C 处分布载荷的集度发生变化，故分 AC 和 CB 两段建立剪力方程和弯矩方程。

AC 段：

$$Q_1(x) = \frac{3}{8}ql - qx \quad \left(0 < x \leqslant \frac{l}{2}\right)$$

$$M_1(x) = \frac{3}{8}qlx - \frac{1}{2}qx^2 \quad \left(0 \leqslant x \leqslant \frac{l}{2}\right)$$

CB 段：

$$Q_2(x) = -\frac{1}{8}ql \quad \left(\frac{l}{2} \leqslant x < l\right)$$

$$M_2(x) = \frac{1}{8}ql(l-x) \quad \left(\frac{l}{2} \leqslant x \leqslant l\right)$$

(1) Q 图：AC 段内，剪力方程是 x 的一次函数，剪力图为斜直线，故求出两个端截面的剪力值：$Q_{A右}=\frac{3}{8}ql$，$Q_{C左}=-\frac{1}{8}ql$，分别以 a、c 标在坐标中，连接 a、c 的直线即该段的剪力图。CB 段内，剪力方程为常数，求出其中任一截面的内力值，如 $Q_{B左}=-\frac{1}{8}ql$，连一水平线即该段剪力图。

(2) M 图：AC 段内，弯矩方程是 x 的二次函数，表明弯矩图为二次曲线，求出两个端截面的弯矩：$M_A=0$，$M_C=\frac{1}{16}ql^2$，分别以 a、c 标在坐标中。由剪力图知在 d 点处 $Q=0$，该处弯矩取得极值。令剪力方程 $Q_1(x)=0$，解得 $x=\frac{3}{8}l$，求得 $M\left(\frac{3}{8}l\right)=\frac{9}{128}ql^2$，以 d 点标在坐标中。据 a、d、c 三点绘出该段的弯矩图。CB 段内，弯矩方程是 x 的一次函数，分别求出两个端点的弯矩，以 c、b 标在坐标中，并连成直线。

8.3.3　剪力、弯矩和荷载集度间的关系

梁常会受到不同性质的荷载作用，这种表示荷载不同分布程度的量称为荷载集度。物体上每单位体积、单位面积和单位长度上所承受的荷载，分别称为体荷载集度、面荷载集度和线荷载集度，分别用 y、p、q 表示。显见荷载集度的存在会增加计算剪力及弯矩的难度。

轴线为直线的梁如图 8-20 所示。以轴线为 x 轴，y 轴向上为正。梁上分布载荷的集度 $q(x)$是 x 的连续函数，且规定 $q(x)$向上(与 y 轴方向一致)为正。从梁中取出长为 dx 的微段，并放大为图 8-21，微段左边截面上的剪力和弯矩是 $F_Q(x)$和 $M(x)$，当 x 有一增量 dx 时，$F_Q(x)$和 $M(x)$的相应增量是 $dF_Q(x)$和 $dM(x)$，所以，微段右边截面上的剪力和弯矩应分别对应 $F_Q(x)+dF_Q(x)$和 $M(x)+dM(x)$，微端上的这些内力都取正值，且设微段内无集中力和集中力偶。由微段的平衡方程得

$$\sum F = 0, \sum m_c(\overline{F}) = 0$$

即

$$F_Q(x) - [F_Q(x) + \mathrm{d}F_Q(x)] + q(x)\,\mathrm{d}x = 0$$

$$-M(x) + [M(x) + \mathrm{d}M(x)] - F_Q(x)\,\mathrm{d}x - q(x)\,\mathrm{d}x \cdot \frac{\mathrm{d}x}{2} = 0$$

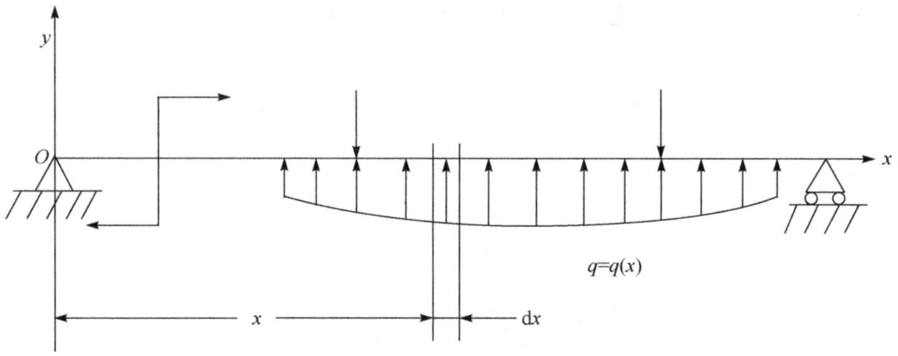

图 8-20　荷载集度的影响

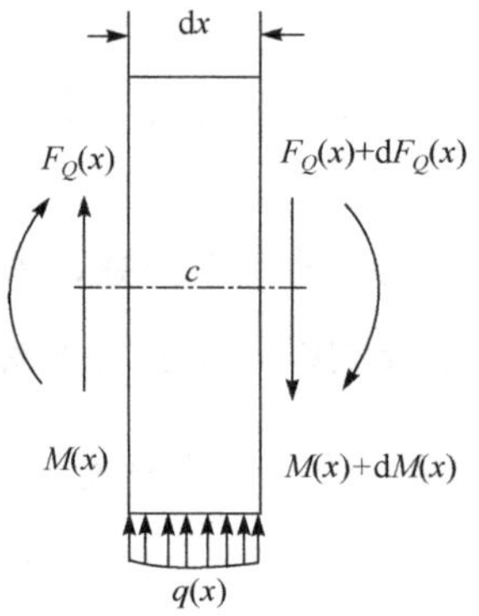

图 8-21　力矩分析图

省略第二个式子中的高阶微量 $q(x)\mathrm{d}(x) \cdot \frac{\mathrm{d}x}{2}$ 整理后得出

$$\frac{\mathrm{d}F_Q(x)}{\mathrm{d}x} = q(x) \tag{8-11}$$

$$\frac{\mathrm{d}M(x)}{\mathrm{d}x} = F_Q(x) \tag{8-12}$$

这就是直梁微段的平衡方程，由式(8-11)和式(8-12)可得

$$\frac{\mathrm{d}^2 M(x)}{\mathrm{d}x^2} = \frac{\mathrm{d}F_Q(x)}{\mathrm{d}x} = q(x) \tag{8-13}$$

式(8-11)～式(8-13)表示了直梁的 $q(x)$、$F_Q(x)$和 $M(x)$间的导数关系。根据上述导数关系，容易得出以下推论，这些推论对绘制或校核剪力图和弯矩图是很有帮助的。

(1) 在梁的某一段内，若无载荷作用，即 $q(x)$=0。由 $\dfrac{\mathrm{d}F_Q(x)}{\mathrm{d}x}=q(x)=0$ 可知，在这一段内 $F_Q(x)$=常数，剪力图是平行于 x 轴的直线，再由 $\dfrac{\mathrm{d}^2M(x)}{\mathrm{d}x^2}=q(x)=0$ 可知，$M(x)$是 x 的一次函数，弯矩图是斜直线。

(2) 在梁的某一段内，若作用均布载荷，即 $q(x)=C$ 为常数。由于 $\dfrac{\mathrm{d}^2M(x)}{\mathrm{d}x^2}=\dfrac{\mathrm{d}F_Q(x)}{\mathrm{d}x}=q(x)=C$ 为常数，故在这一段内 $F_Q(x)$是 x 的一次函数，$M(x)$是 x 的二次函数，因而剪力图是斜直线，弯矩图是抛物线。在梁的某一段内，若分布载荷 $q(x)$向下，则因为向下的 $q(x)$为负，故 $\dfrac{\mathrm{d}^2M(x)}{\mathrm{d}x^2}=q(x)<0$，这表明弯矩图应为向上凸起的曲线。反之，若分布载荷向上，则弯矩图应为向下凸起的曲线。

(3) 在梁的某一截面上，若 $F_Q(x)=\dfrac{\mathrm{d}M(x)}{\mathrm{d}x}=0$，则弯矩在这一截面上有一极值(极大或极小)，即弯矩的极值发生于剪力为零的截面上。

(4) 在集中力作用处，剪力图发生突变，突变量等于该集中力的大小，若从左向右作图，突变方向与集中力方向相同；弯矩图的斜率也突然发生变化，成为一个转折点。例如，图 8-16 的弯矩的极值就可能出现于这类截面上。

(5) 在集中力偶作用处，弯矩图发生突变，突变量等于该集中力偶矩的大小，若从左向右作图，逆时针转动的力偶向下突变，反之向上突变，此处也将出现弯矩的极值。

(6) 利用导数关系式(8-12)和式(8-13)，经过积分得

$$F_Q(x_2)-F_Q(x_1)=\int_{x_1}^{x_2}q(x)\mathrm{d}x \tag{8-14}$$

$$M(x_2)-M(x_1)=\int_{x_1}^{x_2}F_Q(x)\mathrm{d}x \tag{8-15}$$

式(8-14)和式(8-15)表明，在 $x=x_2$ 和 $x=x_1$ 两截面上的剪力之差，等于两截面间载荷图的面积；两截面上的弯矩之差，等于两截面间剪力图的面积。上述关系也可以用于剪力图和弯矩图的绘制和校核。

【例 8-3】 悬臂梁如图 8-22(a)所示，自由端受集中力 F 作用，梁的 BC 段受均布载荷作用，已知 F=3kN，q=3kN/m，试绘制此梁的剪力图和弯矩图。

解：

对悬臂梁可不必求出支座反力，由于 AB 段无分布载荷，故剪力图为一水平直线，其值为 $F_{Q1}=F$=3kN，又因为 BC 段有均布载荷作用，故剪力图为一斜直线，q 向下，则向下倾斜。绘制直线可定两点：x=2m，$F_{Qn}=F$=3kN；x=6m，$F_{Qn}=F-4\times q=-9$kN。

全梁剪力图如图 8-22(b)所示，由此剪力图可见，最大剪力发生在固定端 C，其值为 $\left|F_{Q1\max}\right|=9\text{kN}$。画弯矩图，因 AB 段无载荷作用，故弯矩图为一斜直线，又因为 F_Q>0，故 M 图向上倾斜。绘制斜直线可定两点：x=0，M_A=0；x=2m，$M_A=F\times$2m=3kN×2m=6kN·m。因 BC 段上有均布载荷作用，故弯矩图为一抛物线，$M_x=F_x+\dfrac{q(x-2)^2}{2}(2\leqslant x<6)$。绘制

抛物线可定三点：x=2m，M_B=6kN·m；x=6m，$M_C=F\times6\text{m}-q\times4\text{m}\times2\text{m}=-6\text{kN}\cdot\text{m}$，由 $F_{QD}=0$ 和 F_Q 图中几何关系，可解得 X_D=3m，故截面上的弯矩有极大值 $M_{max}=M_D=3\times F-1\times0.5\times q=3\text{m}\times3\text{kN}-1\text{m}\times0.5\text{m}\times3\text{kN/m}=7.5\text{kN}\cdot\text{m}$，即全梁的最大弯矩，弯矩图如图 8-22(c)所示。

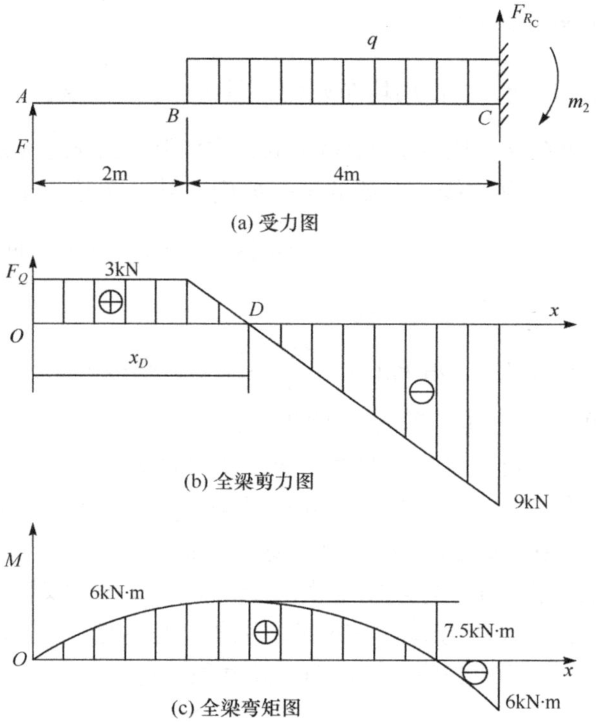

图 8-22　例 8-3 图

8.3.4　叠加法作弯矩图

【例 8-4】　作受力如图 8-23 所示的弯矩图。

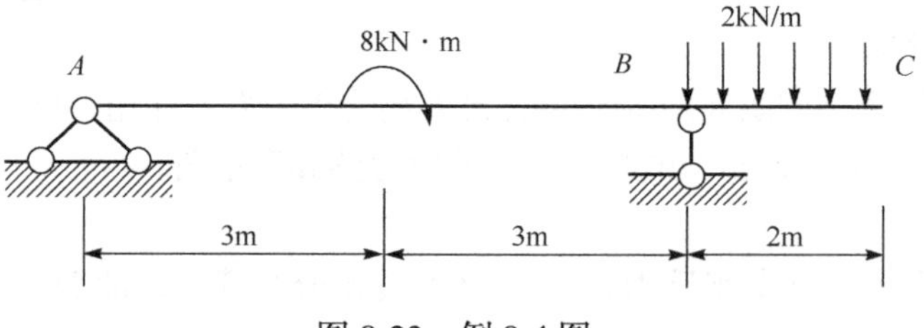

图 8-23　例 8-4 图

解：

BC 段分布荷载作用如图 8-24 所示。

在 AB 段，两端受支撑，$M(x)=Fx$。B 点的值由 BC 端计算得到。

x=3 处集中力偶作用下集中力偶的左右截面剪力不变，大小相同方向相反，如图 8-25 所示。

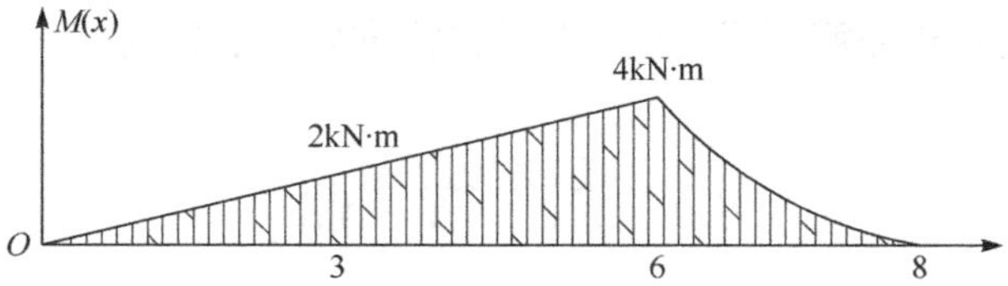

图 8-24　例 8-4 图

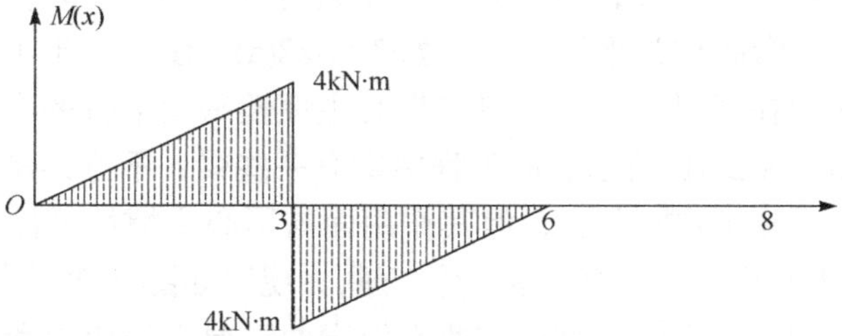

图 8-25　例 8-4 图

把上式两者相加得到图 8-26。

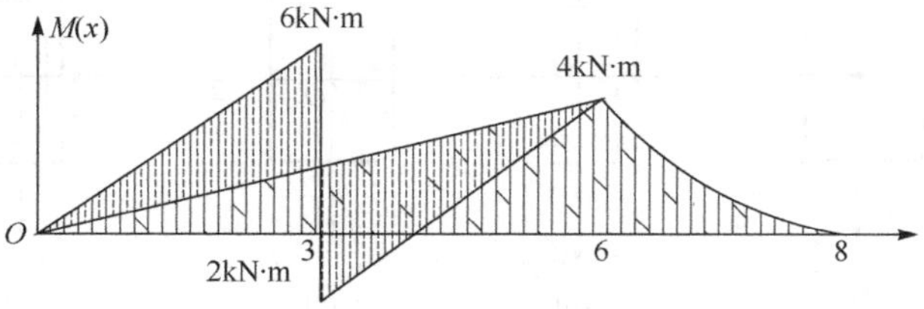

图 8-26　例 8-4 图

再进行加减，擦除中间抵消部分，得到最终弯矩图，如图 8-27 所示。

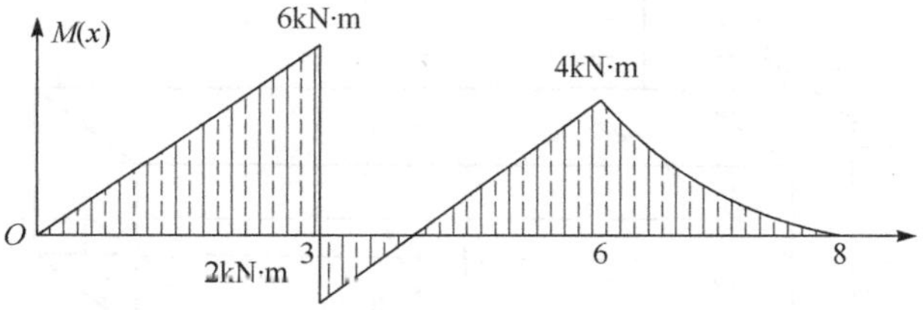

图 8-27　例 8-4 图

现将作弯矩图过程归纳如下。

(1) 选定外力的不连续点(如集中力作用点、集中力偶作用点、分布荷载的起点和终点等)为控制截面，求出控制截面的弯矩值，连一虚线，然后以该虚线为基线，叠加上简支梁在跨间荷载作用下的弯矩图。

(2) 分段画弯矩图。当控制截面间无荷载时，根据控制截面的弯矩值，即可作出直线弯矩图。当控制截面间有荷载时，根据控制截面的弯矩值作出直线图形后，还应叠加这一段按简支梁求得的弯矩图。

(3) 弯矩图叠加是竖直坐标的代数和，不是图形的拼合。

(4) 利用叠加法可以少求或不求反力，即可绘出弯矩图。

(5) 对于任意直杆段，不论其内力是静定的还是超静定的，不论是等截面杆或是变截面杆，不论该杆段内各相邻截面间是连续的还是定向联结、铰连接，弯矩叠加法均适用。

8.4 斜 弯 曲

对于具有纵向对称平面的梁，当外力作用在纵向对称平面内时，梁变形后轴线位于外力作用平面内，此种弯曲称为平面弯曲，如图 8-28(a)所示。对于不具有纵向对称平面的梁，只有当外力作用在通过弯曲中心且与形心主惯性平面平行的弯曲平面内时，梁才只发生平面弯曲，如图 8-28(b)所示。但工程中常有一些梁，不论梁是否具有纵向对称平面，外力虽然经过弯曲中心(或形心)，但其作用面与形心主惯性平面既不重合，也不平行，如图 8-28(c)和(d)所示，这种弯曲称为斜弯曲。现以如图 8-29 所示矩形截面悬臂梁为例，研究具有两个相互垂直的对称面的梁在斜弯曲情况下的应力和强度计算。

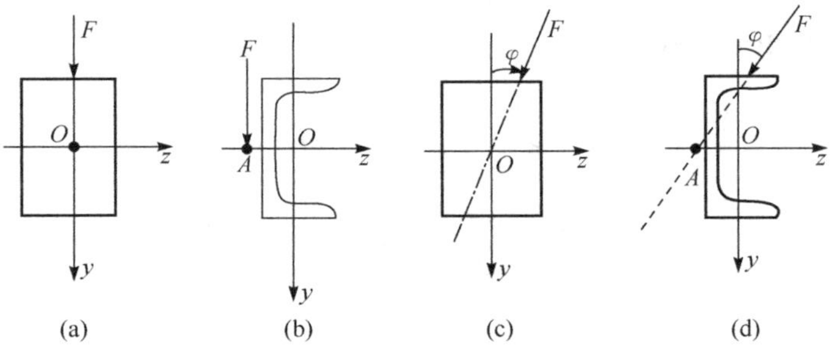

图 8-28　平面弯曲与斜弯曲

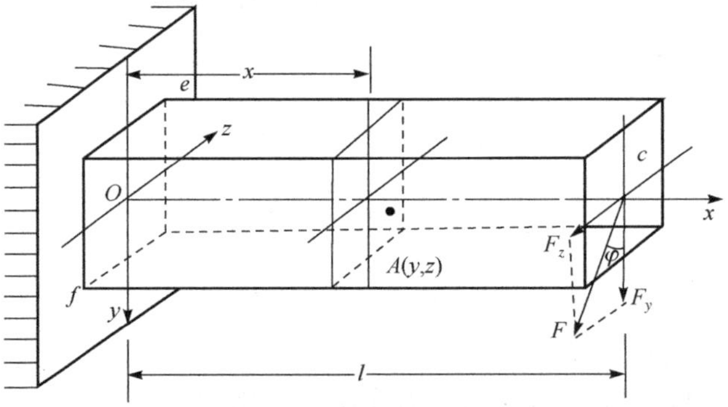

图 8-29　斜弯曲受力图

8.4.1　正应力计算

设 F 力作用在梁自由端截面的形心，并与竖向形心主轴夹角为 φ。现将 F 力沿两形心主轴分解，得

$$F_y = F\cos\varphi,\quad F_z = F\sin\varphi \tag{8-16}$$

杆在 F_y 和 F_z 单独作用下，将分别在 xy 平面和 xz 平面内产生平面弯曲。由此可见，斜弯曲是两个相互正交的平面弯曲的组合。

距固定端为 x 的横截面上，由 F_y 和 F_z 引起的弯矩为

$M_y=F_z(l-x)=F(l-x)\sin\varphi=M\sin\varphi$ (使梁在 xz 平面内弯曲，y 为中性轴)

$M_z=F_y(l-x)=F(l-x)\cos\varphi=M\cos\varphi$ (使梁在 xy 平面内弯曲，z 为中性轴)

式中，$M=F(l-x)$，表示 F 力引起的弯矩。

为分析横截面上正应力及其分布规律，现考察 x 截面上第一象限内任一点 $A(y,z)$处的正应力。由 F_y 和 F_z 在 A 点处引起的正应力分别为

$$\sigma_1=\frac{M_y}{I_y}z=\frac{M\sin\varphi}{I_y}z \tag{8-17}$$

$$\sigma_2=\frac{M_z}{I_z}y=\frac{M\cos\varphi}{I_z}y \tag{8-18}$$

显然，σ_1 和 σ_2 分别沿高度和宽度是线性分布的。至于 σ_1 和 σ_2 这两种正应力的正负号，由杆的变形情况确定比较方便。在这一问题中，由于 F_z 的作用，横截面上竖向形心主轴以右的各点处产生拉应力，以左的各点处产生压应力；由于 F_y 的作用，横截面上水平形心主轴以上的各点处产生拉应力，以下的各点处产生压应力。所以 A 点处由 F_y 和 F_z 引起的正应力分别为压应力和拉应力。由叠加法，得 A 点处的正应力为

$$\sigma_{\max}^{-}=-\left(\frac{M\sin\varphi}{I_y}z+\frac{M\cos\varphi}{I_z}y\right)=-\left(\frac{M_y}{W_y}+\frac{M_z}{W_z}\right) \tag{8-19}$$

8.4.2　中性轴的位置、最大正应力和强度条件

由式(8-19)可见，横截面上的正应力是 y 和 z 的线性函数，即在横截面上，正应力为平面分布。因此，为了确定最大正应力，首先要确定中性轴的位置。

设中性轴上任一点的坐标为 y_0 和 z_0。因中性轴上各点处的正应力为零，所以将 y_0 和 z_0 代入式(8-19)后，可得

$$\sigma=\sigma^1+\sigma^2=\frac{M\sin\varphi}{I_{y_0}}z_0+\frac{M\cos\varphi}{I_{z_0}}y_0 \tag{8-20}$$

因 M=0，故

$$\frac{\sin\varphi}{I_{y_0}}z_0+\frac{\cos\varphi}{I_{z_0}}y_0=0 \tag{8-21}$$

这就是中性轴的方程。它是一条通过横截面形心的直线。设中性轴与 z 轴夹角为α，则由式(8-21)得到

$$\tan\alpha=\frac{y_0}{z_0}=\frac{I_z}{I_y}\tan\varphi \tag{8-22}$$

式(8-22)表明，中性轴和外力作用线在相邻的象限内，如图 8-30(a)所示。由式(8-16)可知，对于像矩形截面这类 I_y、I_z 的截面，$\alpha\neq\varphi$，即中性轴与力 F 作用方向不垂直。这是斜弯曲的一个重要特征。但是对圆形、正方形等截面，由于任意一对形心轴都是主轴，

且截面对任一形心轴的惯性矩都相等，所以$\alpha=\varphi$，即中性轴与 F 力作用方向垂直。这表明，对这类截面，通过截面形心的横向力，不管作用在什么方向，梁只产生平面弯曲，而不可能发生斜弯曲。横截面上中性轴的位置确定以后，即可画出横截面上的正应力分布图，如图 8-30(b)所示。由应力分布图可见，在中性轴一边的横截面上，各点处产生拉应力，在中性轴另一边的横截面上，各点处产生压应力。横截面上的最大正应力，发生在离中性轴最远的点。对于有凸角的截面由应力分布图可见，角点 b 产生最大拉应力，角点 d 产生最大压应力，由式(8-19)，它们分别为

$$\sigma_{\max}^{+}=\frac{M\sin\varphi}{I_y}z+\frac{M\cos\varphi}{I_z}y=\frac{M_y}{W_y}+\frac{M_z}{W_z} \tag{8-23}$$

$$\sigma_{\max}^{-}=-\left(\frac{M\sin\varphi}{I_y}z+\frac{M\cos\varphi}{I_z}y\right)=-\left(\frac{M_y}{W_y}+\frac{M_z}{W_z}\right) \tag{8-24}$$

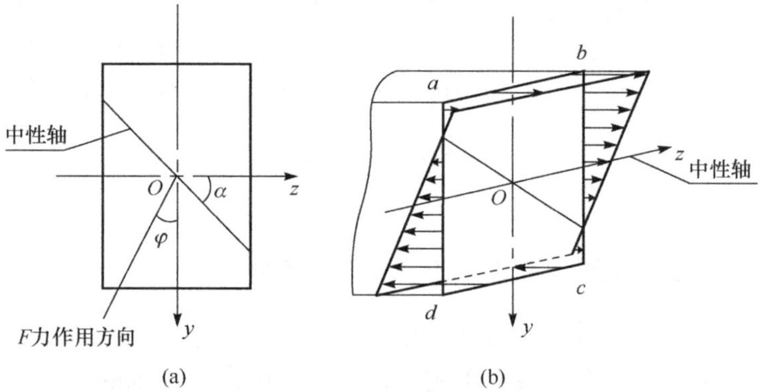

图 8-30　有凸角截面的中性轴与应力分布

当梁的横截面上同时作用两个弯矩 M_y 和 M_z(两者分别都作用在梁的两个对称面内)时，两个弯矩在同一点引起的正应力叠加后，得到图 8-30。由于两个弯矩引起的最大拉应力发生在同一点；最大压应力也发生在同一点，因此，叠加后，横截面上的最大拉伸和压缩正应力必然发生在矩形截面的角点处。因此，最大拉伸和压缩正应力值由下式确定：

$$\sigma_{\max}^{+}=\frac{M_y}{W_y}+\frac{M_z}{W_z} \tag{8-25}$$

$$\sigma_{\max}^{-}=-\left(\frac{M_y}{W_y}+\frac{M_z}{W_z}\right) \tag{8-26}$$

式(8-25)和式(8-26)不仅对于矩形截面，而且对于槽形截面、工字形截面也是适用的。因为这些截面上由两个主轴平面内的弯矩引起的最大拉应力和最大压应力都发生在同一点。

8.5　斜弯曲变形特点

构件在外力作用下会产生斜弯曲变形，现在求如图 8-31 所示悬臂梁自由端的挠度。该梁在F_y和F_z作用下，自由端截面的形心C在xy平面和xz平面内的挠度分别为w_y和w_z，由于w_y和w_z方向不同，故得C点的总挠度w为

$$w=\sqrt{w_y^2+w_z^2} \tag{8-27}$$

总挠度方向与y轴夹角为θ，则

$$\tan\theta=\frac{w_z}{w_y}=\frac{I_z}{I_y}\tan\varphi \tag{8-28}$$

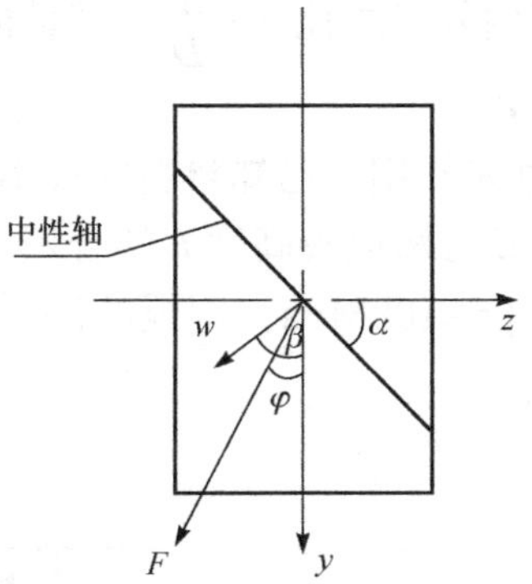

图 8-31　斜弯曲梁的变形特点

8.6　组 合 变 形

组合变形是指由两种或两种以上的基本变形(拉伸、压缩、剪切、扭转、弯曲)组合而成的变形。常见的组合变形主要有斜弯曲、拉伸(压缩)与弯曲组合、偏心拉伸(压缩)、弯扭组合等，实际中发生的经常是这种受力及变形方式。处理组合变形的基本方法仍然采用分别分析受力及变形情况，然后进行组合的方法。

(1) 外力分析：将外力简化并沿主惯性轴分解，将组合变形分解为基本变形，使每个力(或力偶)对应一种基本变形。

(2) 内力分析：求每个外力分量对应的内力方程和内力图，确定危险截面，分别计算在每一种基本变形下构成的应力和变形。

(3) 应力分析：画出危险截面的应力分布图，利用叠加原理将基本变形下的应力和变形叠加，建立危险点的强度条件。

习　题

1. 圆和非圆截面杆扭转时，其变形特点是什么？

2. 受扭构件变形时，其所受外力偶矩的作用面有何特点？

3. 受扭圆轴的横截面处所受内力和应力有何特点？

4. 实心圆轴横截面处所受剪应力的分布特点是什么？

5. 外径为 D、内径为 d=0.5D 的空心圆轴，两端受扭转外力偶矩 m 作用时，轴内最大剪应力为 τ 。若轴的外径不变，内径变为 $d' = 0.8D$ ，则轴内的最大剪应力应为多少？

6. 扭转应力公式 $\tau_\rho = \dfrac{T}{I_\rho}\rho$ 的适用条件是什么？

7. 有一受扭空心圆轴，其内外径之比 $a = \dfrac{d}{D}$ 。若轴内最大剪应力为 $\tau_{\max}$ ，这时横截面上内圆周处的剪应力如何变化？

8. 图 8-32 所示螺栓受拉力 F 作用。已知材料的许用切应力[τ]和许用拉应力[σ]的关系为[τ]=0.6[σ]。试求螺栓直径 d 与螺栓头高度 h 的合理比例。

9. 已知螺栓的许用切应力[τ]=100MPa，钢板的许用拉应力[σ]=160MPa。试计算图 8-33 所示焊接板的许用荷载[F]。

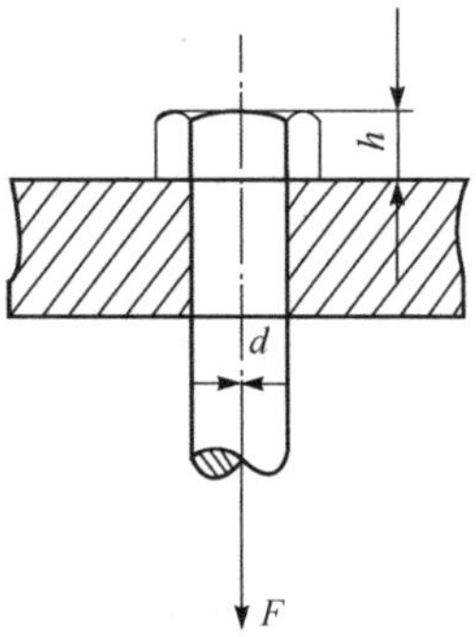

图 8-32

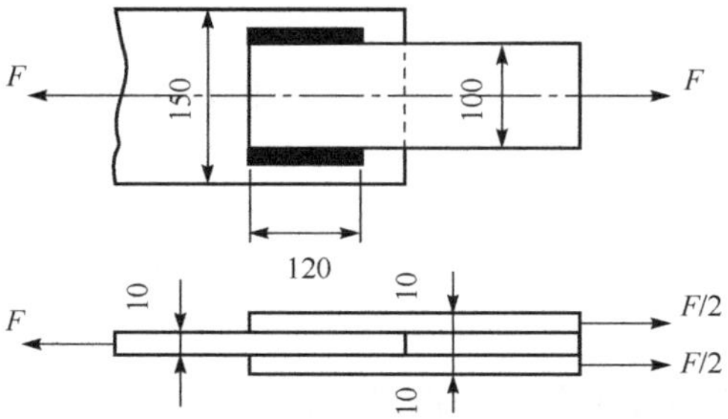

图 8-33

10. 阶梯轴 AB 如图 8-34 所示，AC 段直径 d_1=40mm，CB 段直径 d_2=70mm，外力偶矩 M_A=1500N · m，M_C=600N · m，M_B=900N · m，G=80GPa，[τ]=60MPa，[φ]=2°/m。试校核该轴的强度和刚度。

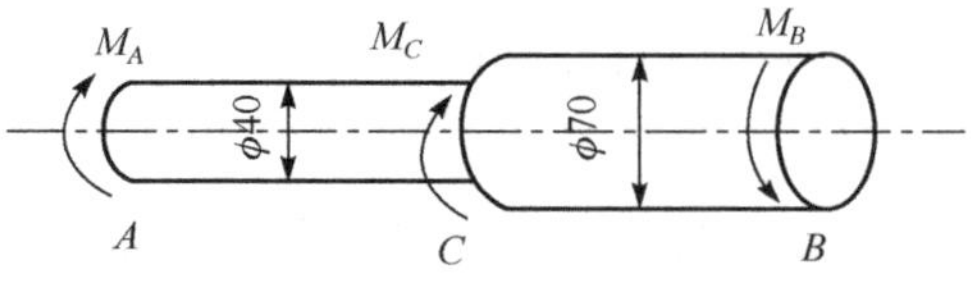

图 8-34

第 9 章　材料的破坏及强度理论

强度是指材料抵抗破坏的能力。强度理论是研究材料破坏的原因，并据此，针对不同的破坏形式、材料性质和应力条件提出相应的强度条件，从而提出对应的计算方法。

9.1　材料的破坏条件

学者最先使用的材料破坏条件是正应力和切应力强度条件，这两个强度条件有两个特点：其一，危险点处于单向应力状态或纯剪切应力状态，也可以这样理解，在这两种强度条件下，只计算它在一种应力条件下的强度条件；其二，材料的许用应力，是通过拉(压)试验或纯剪试验测定试件在破坏时其横截面上的极限应力，以此极限应力作为强度指标，除以适当的安全系数(是根据具体材料而言，不同材料有不同的安全系数)而得，即根据相应的试验结果建立的强度条件。

1. 正应力强度条件

一般将垂直于杆件截面上的内应力分量称为正应力，用σ表示，如图 9-1 所示。

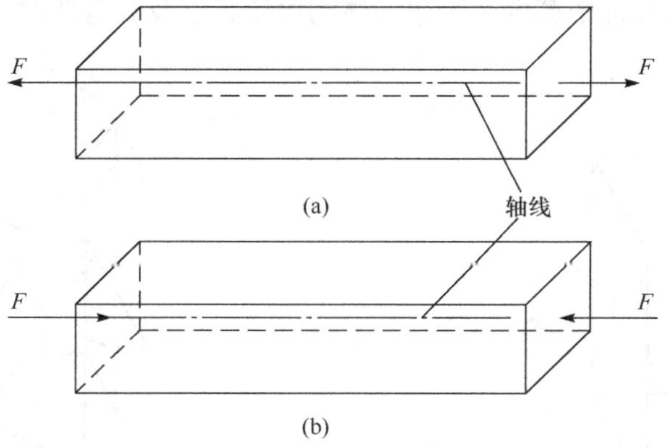

图 9-1　正应力条件

(1) 拉压：$\sigma_{\max} = \dfrac{F_{N\max}}{A} \leqslant [\sigma]$。

拉压的受力分析如图 9-1 所示，图 9-1(a)为拉伸，图 9-1(b)为压缩。这一公式是从正应力公式$\sigma = \dfrac{F_N}{A}$中演变而来的，式中，σ为应力；F_N为拉伸或压缩的轴力；A为杆件的截面面积。由此可得出轴向的拉应力或压应力为杆件能承受的最大拉力或压力除以杆件截面面积的值，该值小于等于许用应力[σ](许用应力为杆件承受的最大应力值，许用应力=屈服极限/安全系数)。

(2) 弯曲：$\sigma_{\max}=\dfrac{M_y}{I_z}=\dfrac{M_{\max}}{W_z}\leqslant[\sigma]$。

杆件的原始状态如图 9-2 所示。

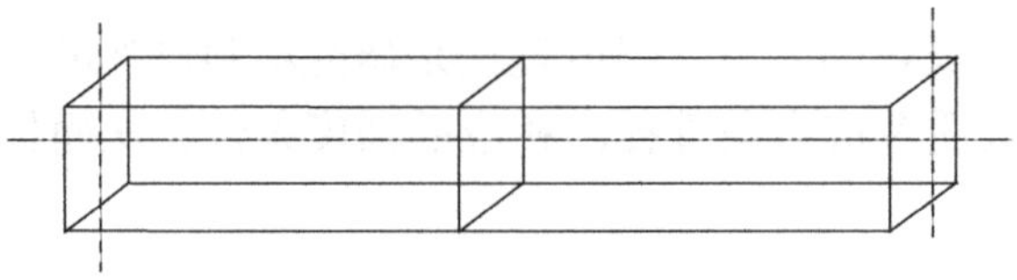

图 9-2　杆件的原始状态

杆件受到外力弯曲时如图 9-3 所示。

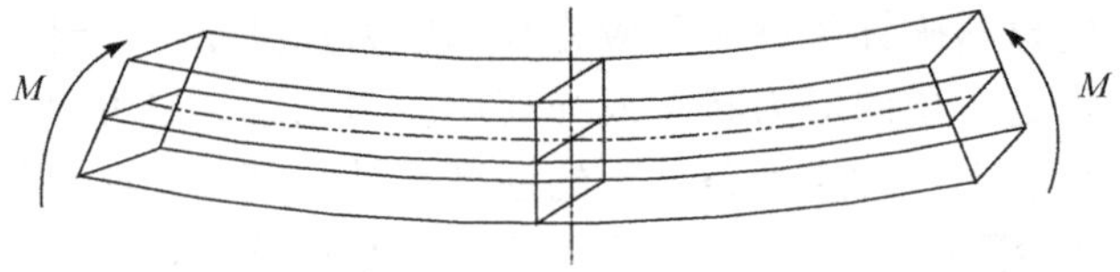

图 9-3　杆件受外力变形

前已述及纯弯曲时，提出两个假设：①平面假设，即变形前为平面的横截面变形后仍保持为平面且垂直于变形后的梁轴线；②单向受力假设，纵向纤维不相互挤压，只受单向拉压。由此可见，杆件的内部有一层纤维在变形前后长度没有变化的，就称为中性层。中性层有一个特点，就是它垂直于横截面的对称轴。

图 9-4 分别表示杆件中截取一个单元体的原始状态及其弯曲时的变形状态。

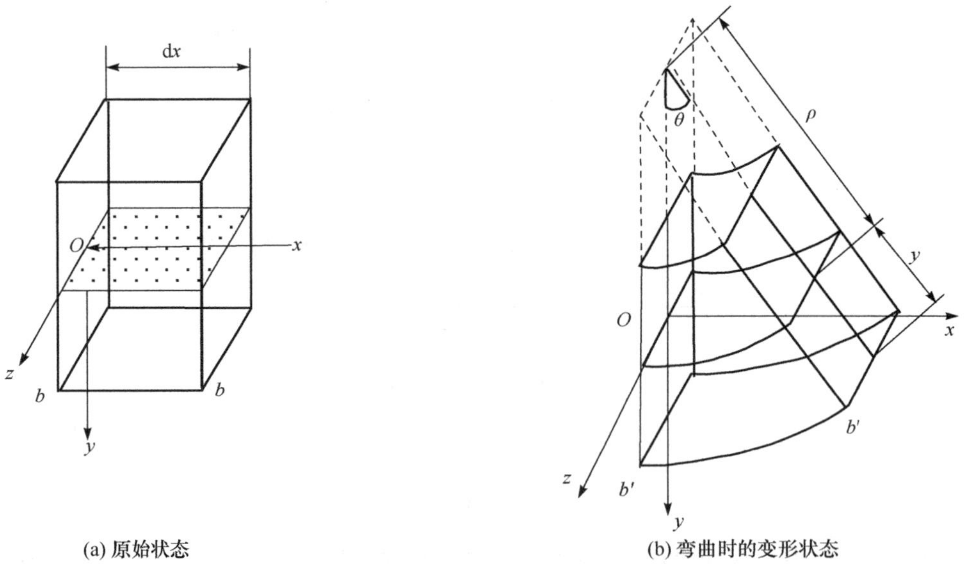

(a) 原始状态　　(b) 弯曲时的变形状态

图 9-4　单元体的原始状态和弯曲时的变形状态

设ρ为中性层的曲率半径，y 为中性层到应变层的距离，由此可得

$$bb = \mathrm{d}x = b'b' = \rho \mathrm{d}\theta$$

$$b'b' = (\rho + y)\mathrm{d}\theta$$

$$\varepsilon = \frac{(\rho + y)\mathrm{d}\theta - \rho \mathrm{d}\theta}{\rho \mathrm{d}\theta} = \frac{y}{\rho} \tag{9-1}$$

由式(9-1)可以看出应变的分布规律为：直梁纯弯曲时纵向纤维的应变与它到中性层的距离成正比。根据静力关系分析，设 M_y 为杆件在 y 轴上的弯矩，M_x 为杆件在 x 轴上的弯矩，横截面上内力系为垂直于横截面的空间平行力系，这一力系简化得到三个内力分量，即 M_{iy}、M_{ix} 和 F_N，根据内力和外力平衡，得

$$F_N = \int_A \mathrm{d}F_N = \int_A \sigma \mathrm{d}A = 0$$

$$M_{ix} = \int_A \mathrm{d}M_y = \int_A z\sigma \mathrm{d}A = 0$$

$$M_{iz} = \int_A \mathrm{d}M_z = \int_A y\sigma \mathrm{d}A = M$$

综合上述各个式子，得出

$$\frac{1}{\rho} = \frac{M}{EI_z} \tag{9-2}$$

进而推导出

$$\sigma = \frac{M_y}{I_z} \tag{9-3}$$

2. 切应力强度条件

切应力(剪应力)相切于截面的应力分量称为剪应力或切应力，用 τ 表示。

此时剪切应力可表达为

$$\tau = \frac{F_s}{A} \leqslant [\tau] \tag{9-4}$$

式中，F_s 为剪切力；A 为剪切面面积；$[\tau]$为许用切应力=剪切极限/安全系数。

下面以剪切铆钉为例，分析零件受到剪切时的应力条件。铆钉被剪切时如图 9-5(a)所示。

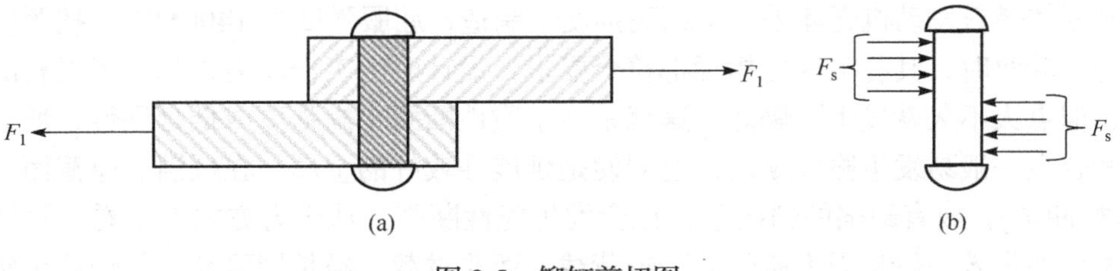

图 9-5　铆钉剪切图

如图 9-5(b)所示，铆钉的剪切面上会由于力偶 F_s 的作用而发生扭转，显见此时横截面上无正应力，只有与剪切面相切的切应力作用。此时可承受的最大切应力为

$$\tau_{\max}=\frac{T\rho_{\max}}{I_{\mathrm{p}}}=\frac{T_{\max}}{W_t}\leqslant[\tau]$$

式中，T 为横截面上扭矩；ρ为应力的点到圆心的距离；I_{p} 为横截面对圆心的极惯性矩；W_t为抗扭截面系数，其中$W_t=\dfrac{I_{\mathrm{p}}}{\rho_{\max}}$，$W_t$单位为 mm^3 或 m^3。

与扭转一样，弯曲时也可能得到类似的结论，即

$$\tau_{\max}=\frac{F_{\mathrm{s}\max}S^{*}_{z\max}}{I_z b}\leqslant[\tau] \tag{9-5}$$

式中，$F_{\mathrm{s}\max}$ 为最大剪力；为工程上计算方便，将 $S^{*}_{z\max}$ 定义为距中性轴为 y 的横线以外部分横截面面积对中性轴的静矩，即平面图形的面积 A 与其物体的中心到某一坐标轴距离的乘积；I_z 为整个横截面对中性轴的惯性矩；b 为矩形截面的宽度。

9.2 两种失效形式

材料因为强度不足，在外力的作用下，会出现两种失效形式，即屈服失效和断裂失效。

(1) 屈服失效是指材料出现显著的塑性变形而丧失其正常工作能力的失效形式。此时，破坏断面较光滑，且破坏多发生于最大切应力面上。例如，低碳钢试件在拉伸时会在与轴线约成 45°的方向出现滑移线，扭转时会沿纵向和横向出现滑移线，这些变化均与剪应力有关。一般条件下塑性材料的失效就属于屈服失效。

(2) 断裂失效是指材料破坏时，未发生明显的塑性变形而直接断裂。发生断裂的端面粗糙，且多发于垂直最大正应力的截面位置。例如，铸铁试件在拉伸时沿横截面断裂，扭转时沿与轴线成 45°倾角的螺旋面断裂，砖、石受压时沿纵截面断裂，均与最大拉应力或最大拉应变有关。一般情况下，脆性材料的失效均属于断裂失效。断裂失效又可分为脆性断裂和韧性断裂两种形式。

脆性断裂是指在无明显变形的情况下突然断裂。断裂时材料几乎未发生塑性变形，脆断的构件常形成碎片。例如，杆件脆性断裂时没有明显的伸长或弯曲，也无缩颈现象发生；容器破裂时没有直径的增大及壁厚的减薄。20 世纪 50 年代，美国发射北极星导弹，其固体燃料发动机壳体采用了超高强度钢制造，屈服强度为 1400MPa，按照传统强度设计与验收时，其各项性能指标都符合要求，设计时的工作应力也远低于材料的屈服强度，但点火不久就发生了爆炸，这就是由于脆性断裂。高强度或低延展性、低韧性的金属和合金一般易发生脆性断裂，但即使是延展性较好的金属，在低温、厚截面、高应变率(如冲击)，或有缺陷的情况下，也会发生脆性断裂。从受力方式上来看，脆性断裂引起零件的失效一般是因为所受的冲击荷载，而非过载。经长期研究，人们认识到，过去把材料看作毫无缺陷的连续均匀介质是不全面的。材料内部在冶炼、轧制、热处理等各种制造过程中不可避免地产生某种微裂纹，而且在无损探伤检验时又没有被发现。那么，在使用过程中，由于应力集中、疲劳、腐蚀等，裂纹会进一步扩展。当裂纹尺寸达

到临界尺寸时，就会发生低应力脆断的事故。

图 9-6 为典型脆性断口宏观形貌，从断口 *A* 端可见明显的解理状断裂特征，其断口平齐而光亮，方向与正应力垂直，断口端面可见到人字形或放射花样。脆性断裂的形式与材料的性质相关，一般分为如下三种：单晶体的断裂一般为解理断裂，裂纹沿解理面扩展；多晶体的沿晶断裂，裂纹走向沿着晶面，而并不在某一平面内运动；穿晶(晶内)断裂，为裂纹沿着多晶粒的解理穿过，而与晶界的位置无关。

韧性断裂是产生大量塑性变形后的断裂形式。此时材料的塑性与韧性优良，主要是由于所受应力超过材料所能承受的极限而破坏。韧性断裂主要特征是发生了明显的宏观塑性变形(不包括压缩失稳)，且产生延性断裂(如杆件的过量伸长或弯曲、容器的过量鼓胀)，断口的尺寸(如直径、厚度)比原始尺寸有明显变化。韧性断裂的断口一般可见纤维区和剪唇区，断口几何尺寸较大时还会出现放射状及人字形山脊状花纹。纤维区一般是断裂源区，形成纤维区断口的断裂机制一般可用“微孔聚合”来解释。在断口微观形貌中通常可观察到较小的韧窝，它是材料在微小范围内产生塑性变形而形成的显微孔洞，随应力的增加，韧窝经形核、长大、聚集，相互连接最后形成整个端面的断裂，在断口表面留下痕迹。图 9-7 为韧性断裂断口的扫描电子显微镜(SEM)微观形貌，可明显观察到韧窝状花样。韧性断裂的剪切唇总是在断口的边缘，并与构件的表面约成 45°夹角，是在平面应力受力条件下发生剪切撕裂而形成的断口，剪切唇表面较光滑，一般情况下材料发生韧性断裂时的名义应力高于材料的屈服强度。

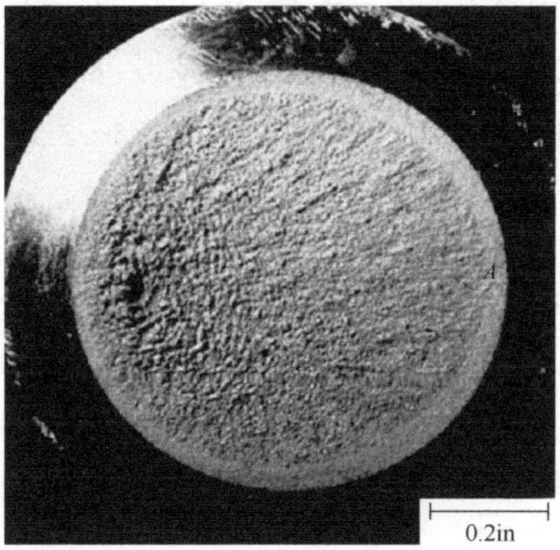

图 9-6　脆性断裂断口宏观形貌
1in≈2.54cm

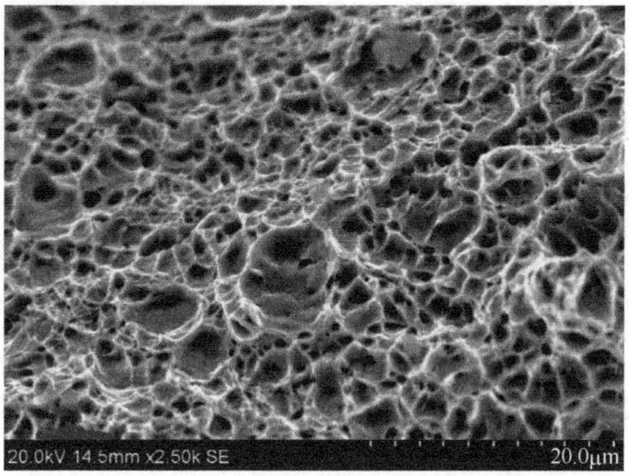

图 9-7　韧性断裂断口 SEM 微观形貌

9.3　四种常用的强度理论

强度失效的主要形式有断裂和屈服两种。相应地，强度理论也分为两类，一类是用来解释断裂失效的，另一类以解释屈服失效为基础。常用的强度理论共有四种，分别为第一强度理论——最大拉应力理论，第二强度理论——最大伸长线应变理论，这两种为解释断裂失效的；第三强度理论——最大剪应力理论，第四强度理论——形状改变比能理论，这两种理论可用来解释屈服失效。

1. 第一强度理论——最大拉应力理论

最大拉应力理论表述为材料发生断裂是由最大拉应力引起的，即最大拉应力是使材料发生断裂破坏的主要因素，无论材料处于什么应力状态，只要最大拉应力达到极限值，材料就会发生脆性断裂。也就是说材料发生脆性断裂破坏总是发生在最大拉应力所在的截面上。其破坏原因是 σ_{max} 超过了材料所能承受的极限，令 $\sigma_1 = \sigma_b$ 满足以下强度条件：

$$\sigma_1 \leqslant [\sigma] \text{(考虑安全系数)} \tag{9-6}$$

σ_1 即最大拉应力，由第一强度理论的概念可知最大拉应力的极限值与应力状态无关，所以可以用材料的单向应力状态确定这一极值，即可通过简单的拉伸试验获得。在简单的拉伸试验中，三个主应力有两个是零，最大主应力就是试件横截面上该点的应力，即 $\sigma_1(\sigma_2 = \sigma_3 = 0)$，而当 σ_1 达到材料的极限应力 σ_b 时材料就发生脆性断裂。σ_b 根据单轴拉伸试样发生脆性断裂的试验很简单地就能加以确定。因此，材料强度的判断依据即破坏条件是 $\sigma_1 = \sigma_b$。将材料的极限应力 σ_b 除以安全系数便可以得到许用拉应力 $[\sigma]$，即它所满足的强度条件为 $\sigma_1 \leqslant [\sigma]$。许用应力是应力机械设计或工程结构设计中允许零件或构件承受的最大应力值。凡是零件或构件中的工作应力均不应超过许用应力，这时零件或构件在运转中是安全的，否则就会有安全隐患。许用应力等于是考虑各种影响因素后经过适当修正的材料的失效应力再除以安全系数的数值。对塑性材料是以屈服极限为基准，除以安全系数后得到许用应力，即 $[\sigma] = \dfrac{\sigma_s}{n}$ (n=1.5～2.5)；脆性材料以强度极限为基准，除以安全系数后得许用应力，即 $[\sigma] = \dfrac{\sigma_s}{n}$ (n=2～5，其中 n 为安全系数)。

使用第一强度理论时要注意以下四点。

(1) 第一强度理论中的强度条件 $[\sigma]$ 是材料发生脆性断裂时的许用拉应力，不能理解成材料在单向轴拉伸时的许用拉应力。

(2) σ_1 必须是拉应力，所以在没有拉应力的单向压缩、三向压缩的应力状态下，是不能用第一强度理论来建立强度条件的。

(3) 第一强度理论适用于脆性材料的拉伸及扭转条件；一般材料三向拉伸；铸铁两向拉-拉，拉-扭。这是由于在以上条件下的脆性断裂破坏总是发生在最大拉应力所在的截面上。

(4) 第一强度理论适用于铸铁、陶瓷、玻璃、岩石和混凝土等脆性材料。

2. 第二强度理论——最大伸长线应变理论

最大伸长线应变理论认为材料发生断裂是由最大伸长线应变引起的，即最大伸长线应变是使材料发生断裂破坏的主要因素。无论材料处于什么应力状态，只要最大伸长线应变达到极限值，材料就会发生脆性断裂。该理论认为，当作用在构件上的外力超过其所能承受的极限时，其危险点处的材料就会沿着垂直于最大伸长线应变方向的平面发生破坏，当ε_{max}超过极限值时，发生破坏，此时的破坏条件满足：$\varepsilon_1=\varepsilon_b=\frac{\sigma_b}{E}$。其中，$\varepsilon_{max}$即最大伸长线应变，由第二强度理论的概念可知最大伸长线应变的极限值与应力状态无关，在此条件下可用单向拉伸来确定这一极限值，即可做简单的拉伸试验。假定材料直到发生脆性断裂时都可以近似地看作线弹性，即可用胡克定律计算应变。当材料在线弹性范围内时，固体的单向拉伸变形与所受的外力成正比。也可以表述为在应力低于比例极限的情况下，固体中的应力σ与应变ε成正比，即$\sigma=E\varepsilon$。式中，E 为常数，则$\varepsilon_b=\frac{\sigma_b}{E}$，其中，$\varepsilon_b$就是单轴拉伸试样在拉断时其横截面上的正应力。因此，可以得到材料脆性断裂的判断依据，即破坏的条件为$\varepsilon_1=\varepsilon_b=\frac{\sigma_b}{E}$。由广义的胡克定律公式可得，在线弹性范围内工作的构件，处于复杂受力状态下，一点处的最大伸长线应变为：$\varepsilon_1=\frac{\sigma_1-\mu(\sigma_2+\sigma_3)}{E}$，将该式代入$\varepsilon_1=\varepsilon_b=\frac{\sigma_b}{E}$，化简后可得到$\sigma_1-\mu(\sigma_2+\sigma_3)=\sigma_b$，将材料的极限应力$\sigma_b$除以安全系数便可以得到许用拉应力$[\sigma]$，即它的强度条件为

$$\sigma_1-\mu(\sigma_2+\sigma_3)\leqslant[\sigma] \tag{9-7}$$

式(9-7)即第二强度理论的判据。

从以上推导过程中可见，使用第二强度理论时要注意以下五点。

(1) 这一强度理论适用于脆性材料，且最大压应力的绝对值大于最大拉应力的条件下。

(2) 第二强度理论以胡克定律为基础，所以根据这一强度理论所建立的强度条件只适用于在发生脆断之前都要遵循胡克定律的材料。

(3) 绝大多数拉伸时发生脆性断裂的材料，最终断裂前均会发生少量的非线性变形，但是当这种非线性变形量不大时，仍可近似地认为其遵循胡克定律。

(4) 第二强度理论中的$[\sigma]$，是指材料在单向轴拉伸时发生脆性断裂的许用拉应力。对低碳钢等一类塑性较好的材料，在做单向轴拉伸试验时不能得出该材料在脆断时的极限值ε_b，此时塑性材料处于三向拉伸应力状态下，在这类应力状态条件下得到的$[\sigma]$不能认为是材料在单向轴拉伸时的许用拉应力。

(5) 当材料在两向受拉条件下使用第二强度理论时会出现问题。此时若按第二强度理论校核反比单轴受拉时不易断裂，这与实际不符。

第二强度理论考虑了其他两个主应力σ_2和σ_3的影响，因而较第一强度理论更加完善。从使用条件来看，第一强度理论即最大拉应力理论适用于脆性材料在承受以拉应力为主的条件下，第二强度理论适用于以压应力为主的受力状态。

3. 第三强度理论——最大切应力理论

最大切应力理论认为材料发生断裂是由最大切应力引起的，即最大切应力是使材料发生断裂破坏的主要因素。材料无论处于什么应力状态，只要最大切应力达到与材料性质有关的某一极限值，材料就会屈服。也就是说当作用在构件上的外力过大时，其危险

点处的材料就会沿着最大切应力所在的截面滑移而发生屈服失效。

屈服原因为$\tau_{\max}$超过极限，此时屈服条件：$\tau_{\max}=\tau_y=\frac{\sigma_s}{2}\to\sigma_1-\sigma_3=\sigma_s$

强度条件满足

$$\sigma_1-\sigma_3\leqslant[\sigma] \tag{9-8}$$

$\tau_{\max}$为最大切应力。由第三强度理论可知最大切应力与应力的状态无关，所以可通过单向轴拉伸试样发生屈服的试验来确定材料屈服时切应力的极限值$\tau_{\max}$。对于低碳钢一类的塑性材料，在单向轴拉伸试验时材料是沿着最大切应力所在的 45°斜截面发生滑移而出现明显的屈服现象。所以，在单向拉伸条件下，当横截面拉应力达到极限应力σ_s时，与轴线成 45°的斜面上相应的最大切应力为$\tau_{\max}=\frac{\sigma_s}{2}$，即材料屈服时切应力的极限值为$\tau_y=\frac{\sigma_s}{2}$。对于任意应力状态有$\tau_{\max}=\frac{\sigma_1-\sigma_3}{2}$。其中，$\sigma_1$是该应力状态中的最大主应力；$\sigma_3$是该应力状态中的最小主应力。根据该式，可将屈服条件改写为$\sigma_1-\sigma_3=\sigma_s$。将$\sigma_s$除以安全系数便可以得到许用拉应力$[\sigma]$，即它的强度条件为$\sigma_1-\sigma_3\leqslant[\sigma]$。

使用第三强度理论时要注意以下四点。

(1) 第三强度理论适用于塑性材料屈服破坏和一般性材料三向压应力。

(2) 第三强度理论忽略了中间主应力σ_2的影响。

(3) 第三强度理论全面直观，计算简单但结果偏于保守。

(4) 第三强度理论中的$[\sigma]$采用的是材料在单向拉伸时的许用拉应力，这只对在单向拉伸时发生屈服的材料适用。铸铁、大理石等脆性材料，不能通过单轴拉伸试验得到材料屈服时的极限值。所以，对于此类材料在三向不等值压缩的应力状态下，以此作为强度条件时，$[\sigma]$就不能理解为材料在单向拉伸时的许用拉应力。

4. 第四强度理论——形状改变比能理论

第四强度理论认为材料产生塑性破坏的原因是形状改变比能达到了极限值，形状改变比能是引起屈服的主要因素，即无论材料处于什么应力状态，只要形状改变比能达到极限值，就发生屈服破坏。用数学语言表示其屈服原因、屈服条件、强度条件为

屈服原因：　　u_{ps}(形状改变比能)

屈服条件：　　$\sqrt{\frac{1}{2}[(\sigma_1-\sigma_2)^2+(\sigma_2-\sigma_3)^2+(\sigma_3-\sigma_1)^2]}=\sigma_s$

σ_s强度条件：

$$\sqrt{\frac{1}{2}[(\sigma_1-\sigma_2)^2+(\sigma_2-\sigma_3)^2+(\sigma_3-\sigma_1)^2]}=[\sigma] \tag{9-9}$$

使用第四强度理论时要注意以下三点。

(1) 第四强度理论适用于塑性材料屈服破坏和一般材料在三向压应力条件下的破坏。

(2) $[\sigma]$为材料在单向拉伸时的许用拉应力，只适用于在单向拉伸条件下产生屈服的材料。

(3) 钢、铜、铝等塑性材料的薄管试验表明第四强度理论与试验结果相当接近，它比第三强度理论更符合试验结果。

9.4 相当应力

通过对以上四个强度理论的分析，可见该四个强度理论所建立的强度条件均可写成 $\sigma_r \leqslant [\sigma]$。$\sigma_r$ 即相当应力，它是强度条件中直接与许用应力 $[\sigma]$ 比较的量。将四个强度理论的相当应力表达式归纳如表 9-1 所示。

表 9-1　强度理论与相当应力对应关系

强度理论的分类及名称		相当应力表达式
第一类强度理论(脆性断裂的理论)	第一强度理论——最大拉应力理论	$\sigma_{r1} = \sigma_1$
	第二强度理论——最大线应变理论	$\sigma_{r2} = \sigma_1 - \upsilon(\sigma_2 - \sigma_3)$
第二类强度理论(塑性屈服的理论)	第三强度理论——最大切应力理论	$\sigma_{r3} = \sigma_1 - \sigma_3$
	第四强度理论——形状改变比能理论	$\sigma_{r4} = \sqrt{\frac{1}{2}[(\sigma_1 - \sigma_2)^2 + (\sigma_2 - \sigma_3)^2 + (\sigma_3 - \sigma_1)^2]}$

9.5 莫尔强度理论

第三强度理论认为：最大切应力是引起屈服的主要因素，即认为无论何种应力状态，只要最大切应力 τ_{max} 达到与材料性能有关的某一极限值，材料就发生屈服。但在工程实际中，某些实验现象并不支持这种论断。例如，铸铁压缩试验，虽然试件最后发生剪断破坏，但剪断面并不是最大切应力的作用面。这一现象表明，对脆性材料，仅用切应力作为判断材料剪断破坏的原因是不全面的。1900 年，莫尔(O.Mohr)提出了一种新的强度理论。这一理论认为，材料发生剪断破坏的原因主要是切应力，但也和同一截面上的正应力有关。

在物体内部任取一点 m，设想在 m 点附近取棱边边长 Δx、Δy、Δz 的微小正六面体，当正六面体的边长趋于无限小的时候就是单元体。如图 9-8(a)所示，单元体的各面上有主应力 σ_1、σ_2、σ_3。根据主应力作出单元体的三向应力圆，如图 9-8(b)所示。

单元体的任一斜面上的应力由阴影范围内的某一点坐标来代表。作垂直于 $O\sigma$ 轴的直线 DEF，在直线 EF 上的点，正应力相同，而 F 点的纵坐标(剪应力)为最大值。所以，在直线 EF 诸点对应的截面上，F 点对应的截面最危险。由于 F 点在由 σ_1、σ_2 确定的应力圆上，可以推断出，若发生强度失效，则发生滑移或断裂的面将是由 σ_1、σ_3 确定的应力圆所对应的诸截面中的某个截面，即这个截面的外法线与 σ_2 轴垂直。因而莫尔强度理论认为，材料是否失效取决于三向应力圆中的最大应力圆，即假设中间主应力 σ_2 不影响材料的强度。

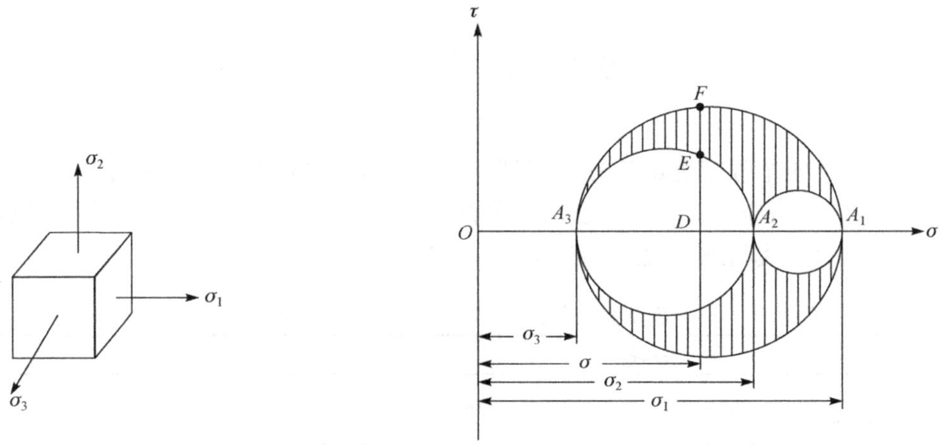

(a) 单元体受力 (b) 莫尔圆

图 9-8 莫尔强度理论

莫尔强度理论失效准则的建立，是以实验为基础的。对于某一种材料的单元体，作用不同比值的主应力 σ_1 、σ_2 和 σ_3 。先指定三个主应力的某一比值，然后按这种比值使主应力增长，直到强度超过某一极值而失效，以失效时的主应力 σ_1 、σ_3 作应力图，如图 9-9 所示。这种失效时的应力圆称为极限应力圆。然后给定三个主应力另外一种比值，并维持这一比值给单元体加载，直至材料达到强度极限而失效，这样又得到极限应力圆 2。据此，不断改变主应力的比值，得到这种材料一系列的极限应力圆 1, 2, 3,⋯。然后画出这些极限应力圆的包络线 *MLG*。莫尔强度理论认为，不同的材料，包络线是不同的。但对于同一种材料而言，包络线是唯一的。对于一个已知的应力状态，若由 σ_1 和 σ_3 确定的应力圆在

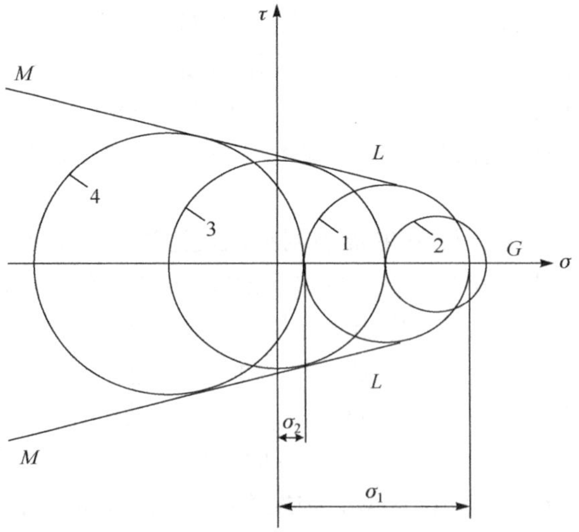

图 9-9 莫尔强度理论极限应力圆

上述包络线之内，则在这一应力状态下材料不会失效。若恰与包络线相切，就表明这一应力状态已达到失效状态，且该切点对应单元体的面即失效面。

对于一般塑性材料，其抗拉和抗压性能相等(如低碳钢)，即$[\sigma_e]=[\sigma_t]$。此时，包络线 ML 变成与横坐标 $O\sigma$ 平行的直线，即

$$\sigma_1-\sigma_3\leqslant[\sigma]$$

此即第三强度理论的强度条件。所以莫尔强度理论用于一般塑性材料时与第三强度理论相同。但是对于某些塑性较低的金属(如 30CrMnSi 一类的合金钢)，它的拉伸屈服极限和压缩极限不相等，此时，采取莫尔强度理论比第三强度条件更为合理。一般来说，这一个理论可用于脆性材料和低塑性材料。

下面举例说明。例如，某种灰铸铁，它的$[\sigma_e]=4[\sigma_t]$，以这种铸铁做纯剪切试验，将$\sigma_1=\tau$，$\sigma_3=-\tau$代入，得出断裂条件为$\tau-\dfrac{[\sigma_t]}{[\sigma_e]}(-\tau)=[\sigma_t]$，即当$\tau=\dfrac{4\sigma_t}{5}$时，发生断裂，这与试验结果相符。

9.6　双剪应力强度理论

莫尔在力学模型中深入分析了应力状态，但在数学模型中却只考虑了一个剪应力及其面上的正应力(可以称为单剪应力强度理论)。莫尔理论的结论与某些实验结果相符，但缺少理论基础，需要继续探索合理的力学模型和数学建模，1985 年俞茂宏在《中国科学》上发表了双剪应力强度理论及其推广。

1. 双剪应力屈服准则

双剪应力屈服准则认为材料的屈服决定于两个较大的主剪应力，即最大剪应力 σ_1 和中间主剪应力σ_2或σ_3，它的数学表达式为

$$\begin{aligned}&F=\sigma_1\quad\frac{\alpha}{2}(\sigma_2+\sigma_3)-\sigma_t,\quad \sigma_2\leqslant\frac{\sigma_1+\alpha\sigma_3}{1+\alpha}\\&F'=\frac{1}{2}(\sigma_1+\sigma_2)-\alpha\sigma_3=\sigma_t,\quad \sigma_2\leqslant\frac{\sigma_1+\alpha\sigma_3}{1+\alpha}\end{aligned}\tag{9-10}$$

式中，σ_1、σ_2、σ_3分别为最大、中间、最小主应力；α为抗压、抗拉强度应力比。

2. 双剪应变屈服准则

在应变空间中，双剪应力屈服准则可以推广为应变屈服准则如下：

$$\begin{aligned}&f=\varepsilon_1-\frac{1}{2}(\varepsilon_2+\varepsilon_3)-\varepsilon_0(1+\mu)=0\\&f'=\frac{1}{2}(\varepsilon_1+\varepsilon_2)-\varepsilon_3-\varepsilon_0(1+\mu)=0\end{aligned}\tag{9-11}$$

式中，ε_1、ε_2、ε_3为三个主应变；ε_0为拉伸(压缩)极限应变。

莫尔强度理论和双剪应力强度理论都是线性方程，便于工程应用。强度理论之所以长期没有被发现，其难点在于它由两个数学方程所共同界定，而此前的所有强度理论和破坏准则都是一个方程，在概念上和数学建模方法上都需要有一个新的突破。而双剪强度理论从力学模型到数学模型，既考虑了模型中所有应力分量的不同作用，又要尽量减少数学表达式中材料参数的数量，采用了两个方程和一个附加条件的区分方法，它得出的结果刚好就是最大范围的极限面。

3. 广义双剪应力强度理论

材料的拉伸与压缩屈服极限存在明显差异(即 SD 效应)，塑性材料的压、拉屈服极限之比γ一般情况下为 $1\sim\frac{4}{3}$。按照双剪应力准则，进一步考虑静水应力σ_m和 SD 效应对材料破坏的影响，可以导出新广义双剪应力强度理论。

广义双剪应力强度理论公式如下：

当$F > F'$时　　$F = \sigma_1 + \sigma_2 + \beta(\varepsilon_1 + \varepsilon_2) = C$

当$F \leqslant F'$时　　$F' = \sigma_1 + \sigma_3 + \beta(\varepsilon_1 + \varepsilon_3) = C$　　(9-12)

广义双剪应力强度理论是根据多滑移单元体力学模型，并考虑作用于单元体上的所有应力及它们对材料破坏的不同贡献，同时采用两区间的数学建模方法推导得出的。它仍然具有十分丰富的内涵，是一种与以往各种单一强度理论或破坏准则完全不同的系列强度理论。一般认为，材料在复杂应力状态下的强度理论，是一个复杂而重要的问题，由于不同材料的破坏和晶体滑移现象的复杂性和多样性，不太可能用单一的理论或准则去说明不同材料在复杂应力状态下的破坏和滑移现象。

习　题

1. 从晶体结构角度分析脆性材料压缩破坏的主要特点是什么？
2. 一点处两个互成 45°平面上的应力如图 9-10 所示，其中σ未知，求该点主应力。
3. 受力体某点平面上的应力如图 9-11 所示，求其主应力大小。

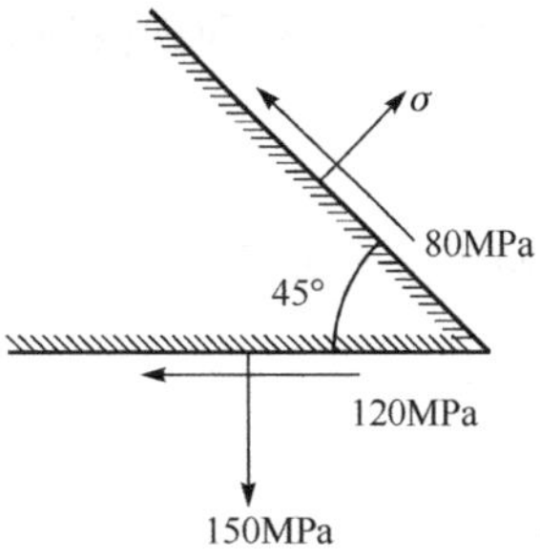

图 9-10

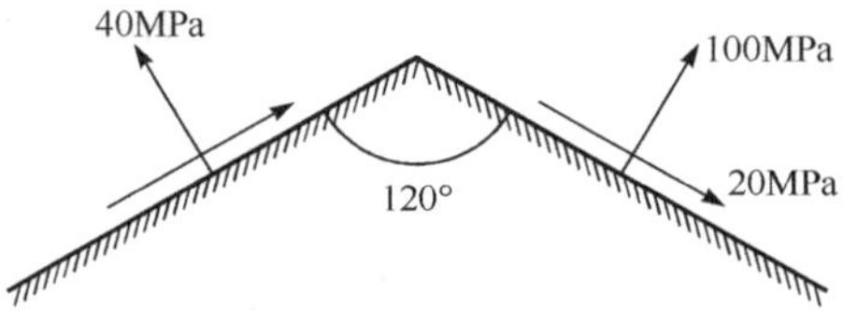

图 9-11

4. 某点的应力状态如图 9-12 所示，求该点的主应力及最大切应力。

5. 图 9-13 所示封闭薄壁圆筒，内径 d=100mm，壁厚 t=2mm，承受内压 p=4MPa，外力偶矩 M_e=0.192kN·m。求靠圆筒内壁任一点处的主应力。

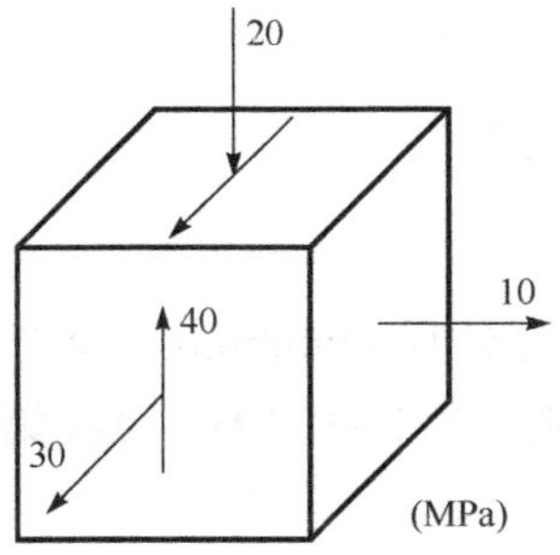

图 9-12

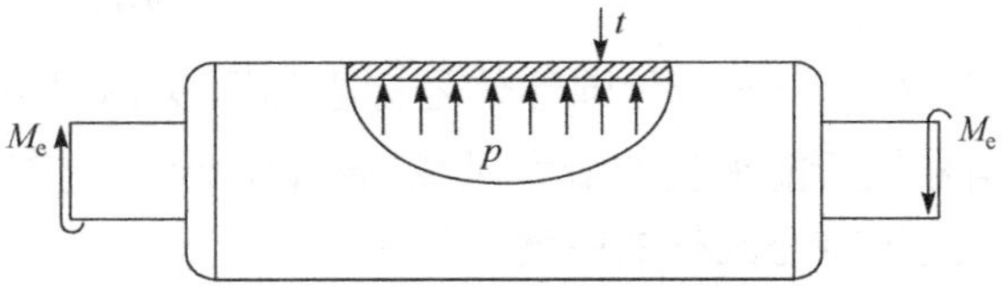

图 9-13

6. 已知单元体的应力状态如图 9-14 所示。试求：(1)主应力的大小和主平面的方位；(2)在图中绘出主单元体；(3)最大切应力(应力单位：MPa)。

7. 钢制受力构件，其危险点应力状态如图 9-15 所示，已知[σ]=160MPa，试用第三强度理论校核其强度。

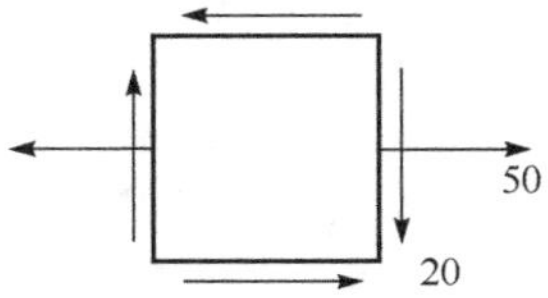

图 9-14

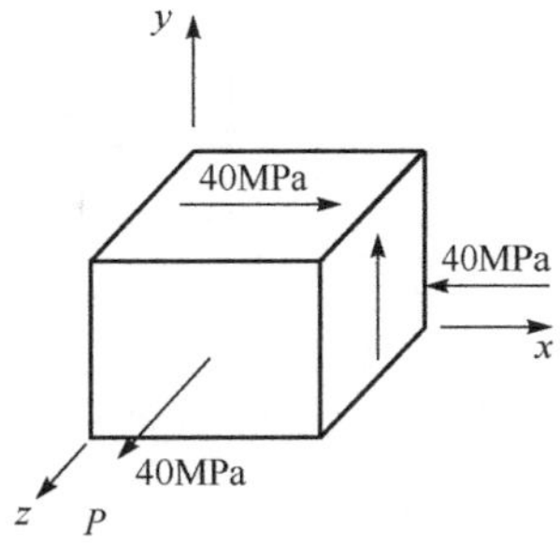

图 9-15

8. 已知圆直径 d=10cm，受力如图 9-16 所示，今测得圆轴表面的轴向应变为 $\varepsilon_{0°}=3\times10^{-4}$，与轴线成 45°方向的应变为 $\varepsilon_{45°}=-1.375\times10^{-4}$。圆轴材料 E=200GPa，$\mu=0.25$，许用应力[σ]=120GPa。试用第三强度理论校核轴的强度。

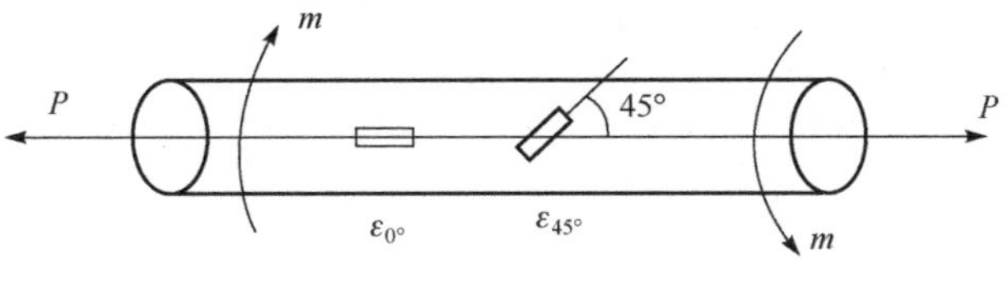

图 9-16

9. 轴 AB 上装有两个轮子如图 9-17 所示，作用有 P=3kN 和 Q=2kN，处于平衡状态，已知轴的[σ]=60MPa，试按第三强度理论选择轴的直径。

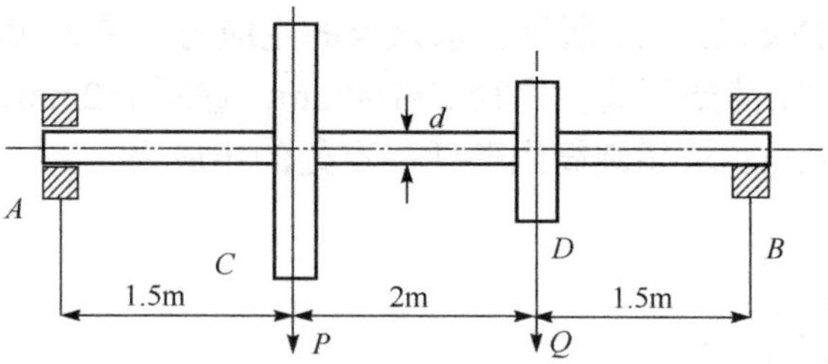

图 9-17

10. 某一交通指示圆形信号标志如图 9-18 所示。它装在外径 D=60mm 的空心圆柱上，信号板所能承受的最大风载 p=2kN/m^2，材料的许用应力[σ]=60MPa，试按第三强度理论选定空心圆柱的厚度。

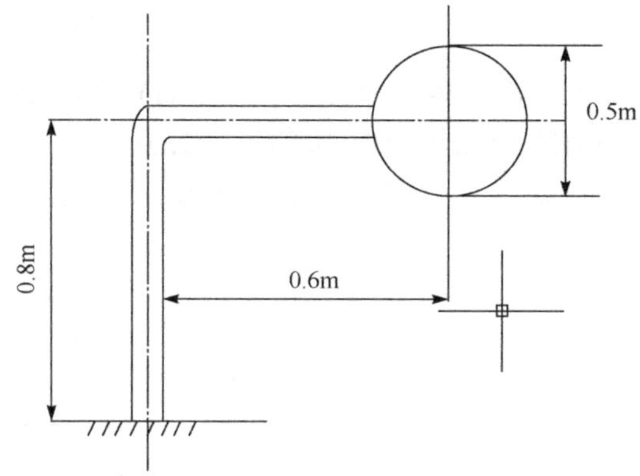

图 9-18

第三篇

绘 图 基 础

第 10 章　立体上点、直线、平面的投影

任何平面立体的表面都包含点、直线和平面等基本几何元素，要完整、准确地绘制物体的三视图，就要进一步研究这些几何元素的投影特性和作图方法，这对今后绘图和读图具有十分重要的意义。

10.1　点的投影分析

如图 10-1(a)所示的三棱锥，是由四个面、六条线和四个点组成的。点是最基本的几何元素，下面分析锥顶 S 的投影规律。

1. 点的投影规律

图 10-1 表示空间点 S 在三投影面体系中的投影。将点 S 分别向三个投影面投射，得到的投影分别是 s(水平投影)、s'(正面投影)、s''(右侧投影)。通常空间点用大写字母表示，对应的投影用小写字母表示。投影面展开后得到如图 10-1(c)所示的投影图。由投影图可看出点 S 的投影有以下规律。

(1) 点 S 的 V 面投影和 H 面投影的连线垂直于 OX 轴，即 $s's \perp OX$。

(2) 点 S 的 V 面投影和 W 面投影的连线垂直于 OZ 轴，即 $s's'' \perp OZ$。

(3) 点 S 的 H 面投影到 OX 轴的距离等于其 W 面投影到 OZ 轴的距离，即 $sS_X = s''S_Z$。

由此可见，点的投影符合“长对正、高平齐、宽相等”的投影规律。

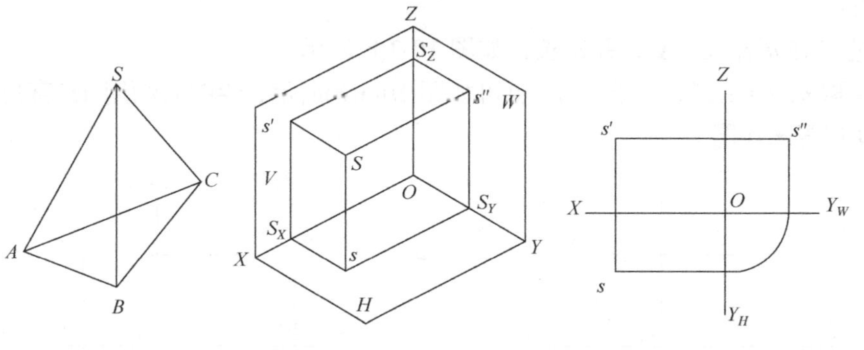

(a)　(b)　(c)

图 10-1　点的投影

2. 点的坐标与投影关系

在三投影面体系中，点的位置可由点到三个投影面的距离来确定。如果将三个投影面作为三个坐标面，投影轴作为坐标轴，则点的投影和点的坐标关系如图 10-2 所示。

点 A 到 W 面的距离 X_A 为：$Aa''=a'a_Z=aa_Y=a_XO=X$ 坐标。

点 A 到 V 面的距离 Y_A 为：$Aa'=a''a_Z=aa_X=a_YO=Y$ 坐标。

点 A 到 H 面的距离 Z_A 为：$Aa=a''a_Y=a'a_X=a_ZO=Z$ 坐标。

空间点的位置可由该点的坐标(X, Y, Z)确定，A 点三投影的坐标分别为 $a(X,Y)$、$a'(X, Z)$、$a''(Y, Z)$。任一投影都包含了两个坐标，所以一个点的两个投影就包含了确定该点空间位置的三个坐标，即确定了点的空间位置。也就是说，若已知某点的两个投影，则可求出第三投影。

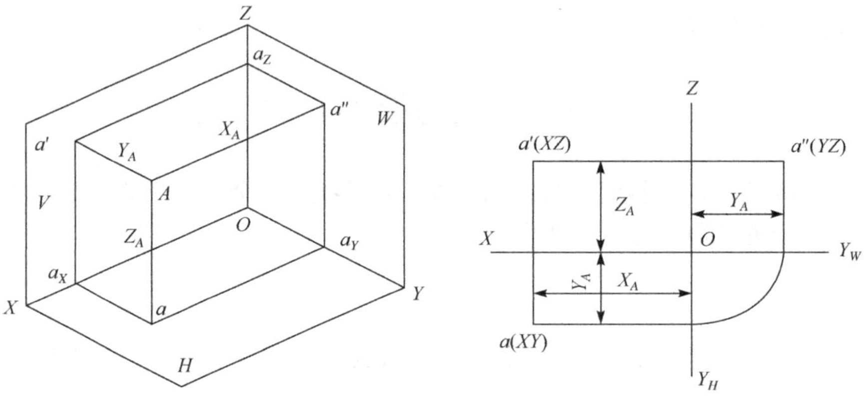

图 10-2　点的投影和点的坐标关系

【例 10-1】　如图 10-3(a)所示，已知点 A 的 V 面投影 a' 和 W 面投影 a''，求作 H 面投影 a。

分析：

根据点的投影规律可知，必有 $a'a \perp OX$，且过 $a'a_x$，所求 a 点必定在 $a'a_X$ 的延长线上。由 $aa_X=a''a_Z$，可确定 a 在 $a'a_X$ 延长线上的位置。

作图：

(1)过 a' 作 $a'a_X \perp OX$，并延长，如图 10-3(b)所示。

(2)量取 $a_Xa=a_Za''$，可求得 a。也可如图 10-3(b)所示，绘图时利用 45°直角三角形直角边长度相等来作图。

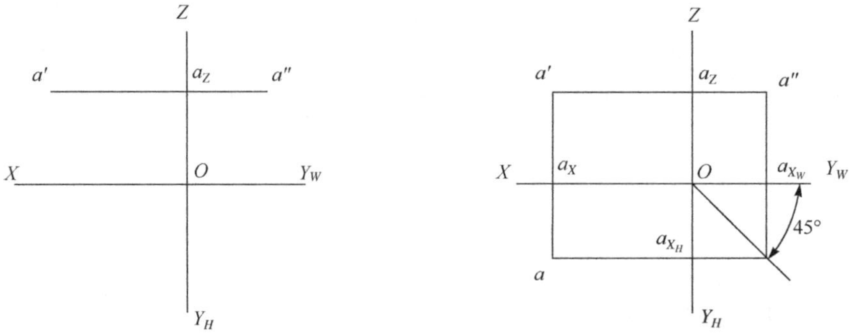

(a)　(b)

图 10-3　已知点的两投影求第三投影

10.2　直线的投影分析

空间直线与投影面的相对位置有三种：投影面平行线、投影面垂直线和一般位置直线。

1. 投影面平行线

只平行于一个投影面，与另外两个投影面倾斜的直线，称为投影面平行线。平行于水平面的直线称为水平线；平行于正面的直线称为正平线；平行于侧面的直线称为侧平线。投影面平行线的投影特性见表 10-1。

表 10-1　投影面平行线的投影特性

水平线	正平线	侧平线
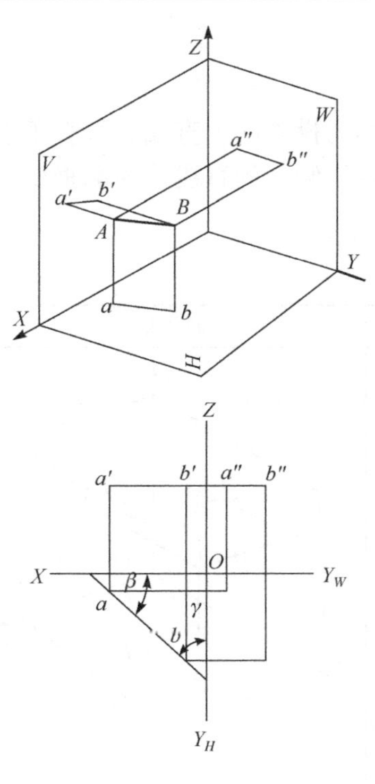	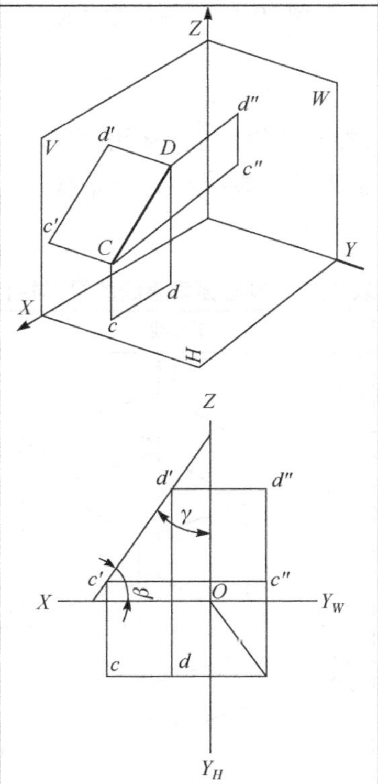	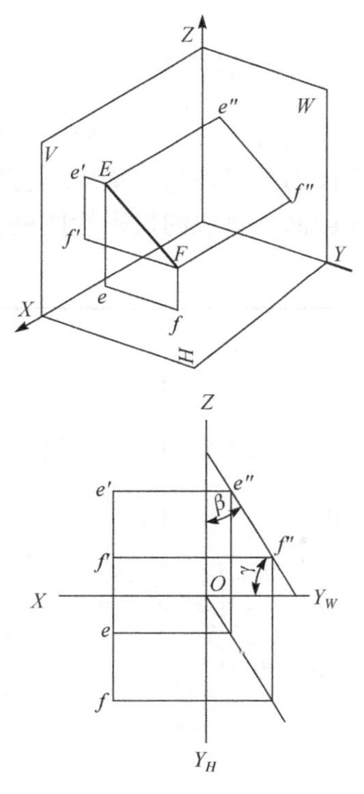

投影特性如下。

(1) 投影面平行线的三个投影都是直线，其中在与直线平行的投影面上的投影反映线段实长，而且与投影轴倾斜，与投影轴的夹角等于直线对另外两个投影面的实际倾角。

(2) 另外两个投影都短于线段实长，且分别平行于相应的投影轴，其到投影轴的距离反映空间线段到线段实长投影所在投影面的真实距离。

直线与投影面所夹的角，即直线对投影面的倾角。α、β 及 γ 分别表示直线 AB 对 H、V、W 面的倾角(图 10-4)。

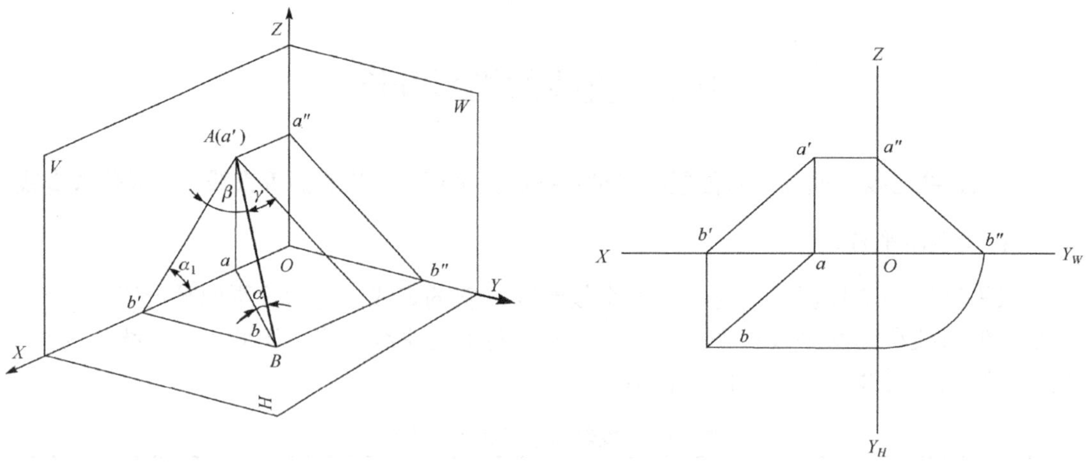

图 10-4　一般位置直线

2. 投影面垂直线

垂直于一个投影面，与另外两个投影面平行的直线，称为投影面垂直线。垂直于水平面的直线称为铅垂线；垂直于正面的直线称为正垂线；垂直于侧面的直线称为侧垂线。投影面垂直线的投影特性见表 10-2。

表 10-2　投影面垂直线的投影特性

铅垂线	正垂线	侧垂线
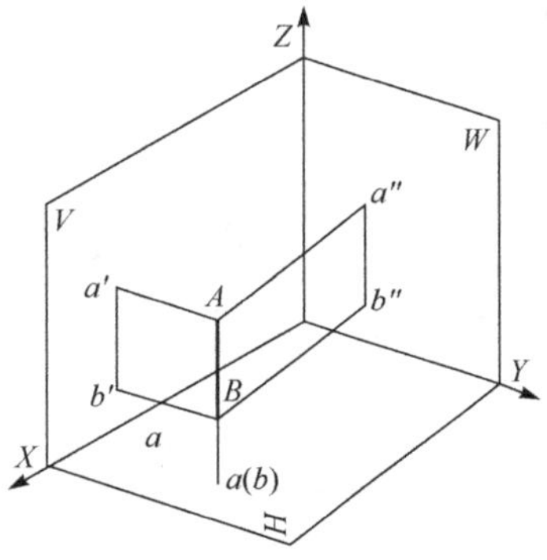	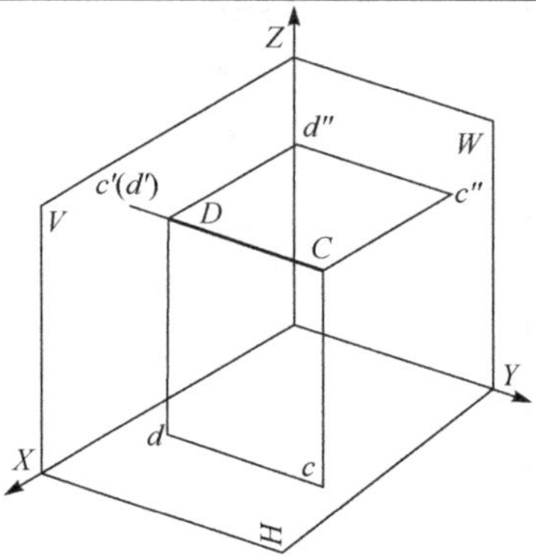	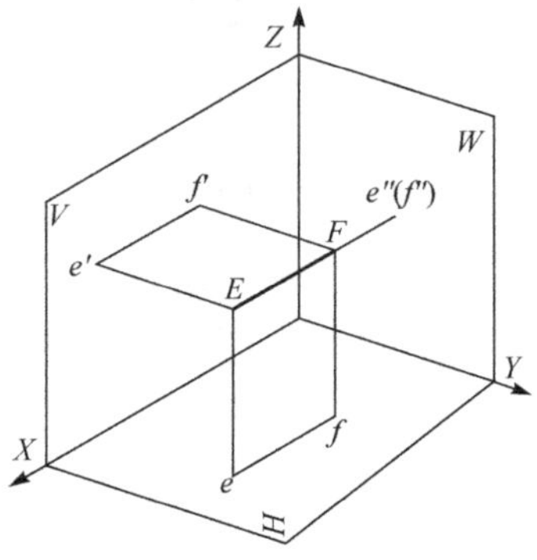
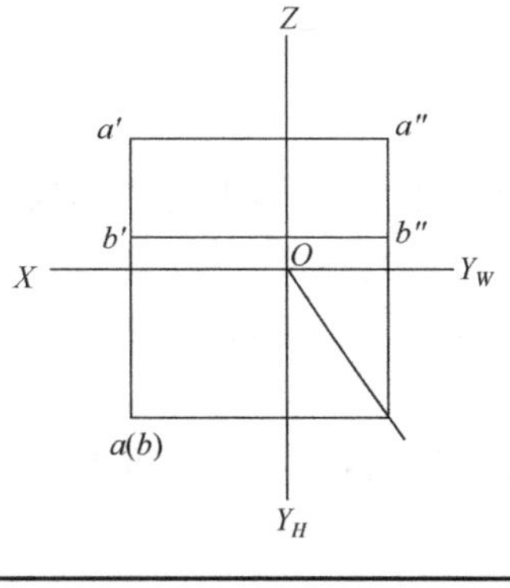	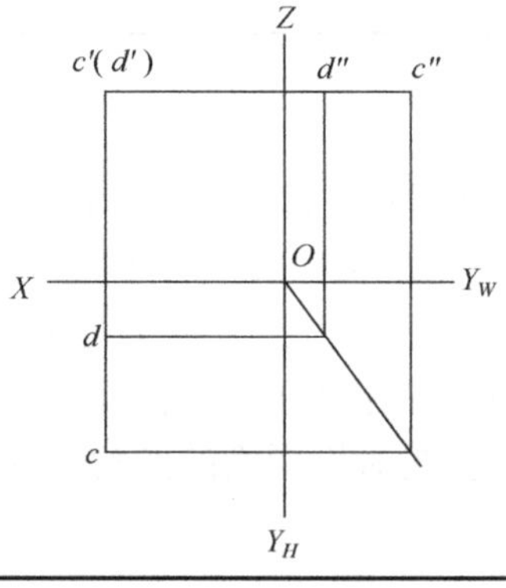	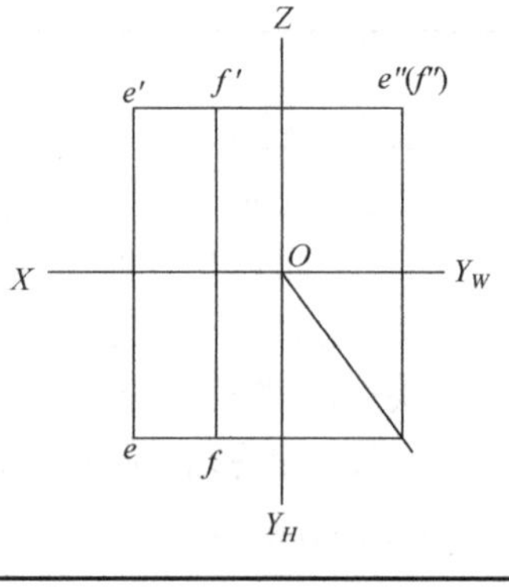

投影特性如下。

(1) 影面垂直线在所垂直的投影面上的投影必积聚成为一个点。

(2) 另外两个投影都反映线段实长，且垂直于相应的投影轴。

3. 一般位置直线

既不平行于也不垂直于任何一个投影面，即与三个投影面都处于倾斜位置的直线，称为一般位置直线，如图 10-4 所示直线 *AB*。一般位置直线的投影特性如下。

(1) 三个投影均不反映实长。

(2) 三个投影均对投影轴倾斜，且直线的投影与投影轴的夹角不反映空间直线对投影面的倾角。如图 10-4 所示，*AB* 的 *V* 面投影 *a'b'* 与 *OX* 轴所夹的角 α_1 是倾角 α 在 *V* 面上的投影，由于角 α 不平行于 *V* 面，所以角 α_1 不等于角 α。同理，直线与其他投影面的倾角也是如此。

10.3　平面的投影分析

平面对投影面的相对位置有三种：投影面平行面、投影面垂直面和一般位置平面。

1. 投影面平行面

平行于一个投影面，垂直于另外两个投影面的平面称为投影面平行面。平行于水平面的平面称为水平面，平行于正面的平面称为正平面，平行于侧面的平面称为侧平面。投影面平行面的投影特性见表 10-3。

表 10-3　投影面平行面的投影特性

水平面	正平面	侧平面
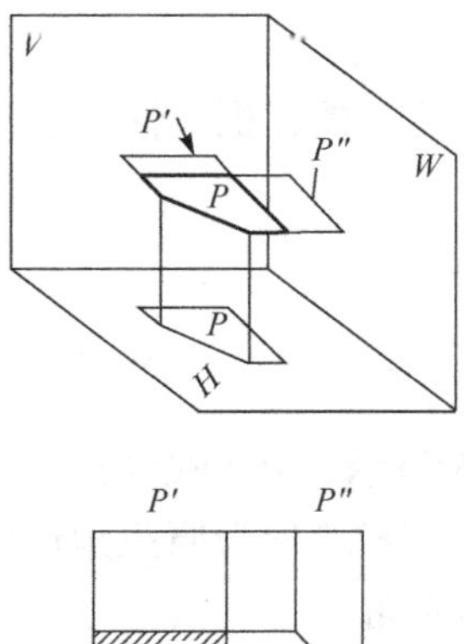	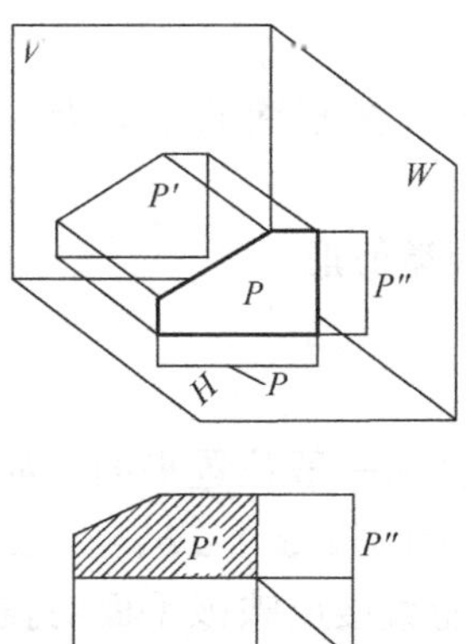	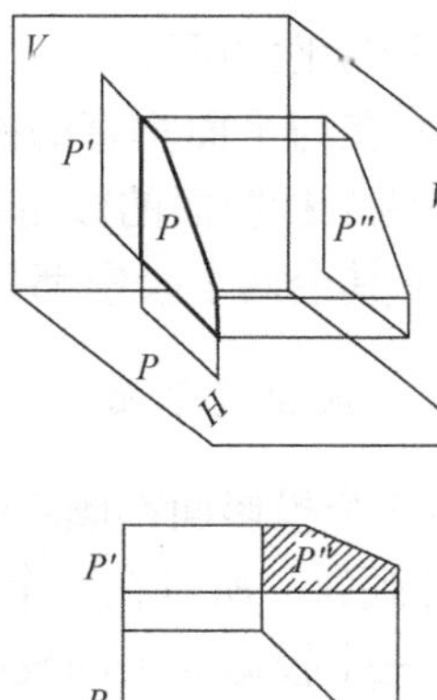

投影特性如下。

(1) 在与平面平行的投影面上，该平面的投影反映实形。

(2) 其余两个投影为水平线段或铅垂线段，都具有积聚性。

2. 投影面垂直面

垂直于一个投影面而倾斜于另外两个投影面的平面称为投影面垂直面。垂直于水平面的平面称为铅垂面，垂直于正面的平面称为正垂面，垂直于侧面的平面称为侧垂面。投影面垂直面的投影特性见表 10-4。

表 10-4　投影面垂直面的投影特性

铅垂面	正垂面	侧垂面
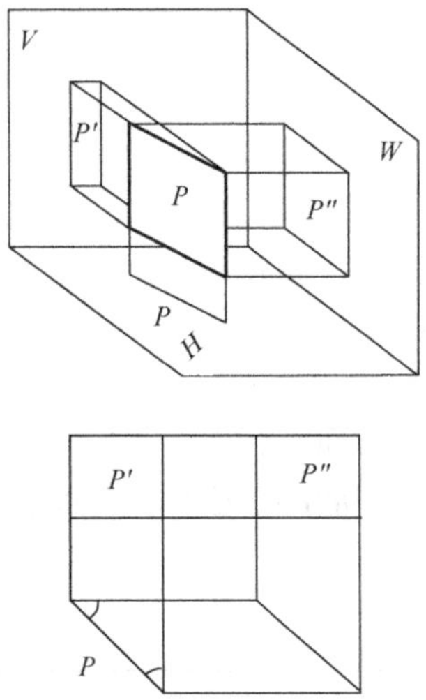	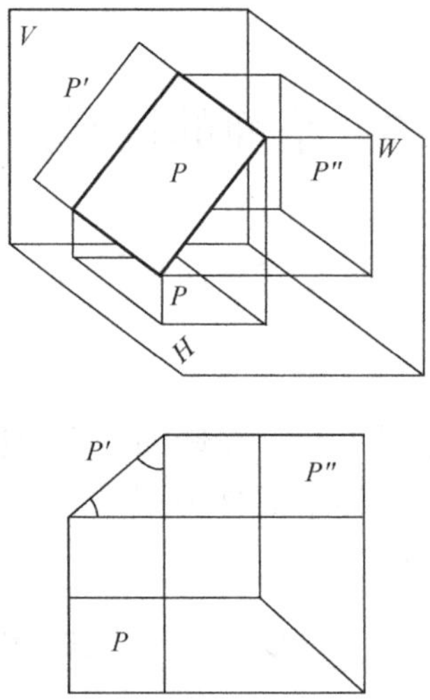	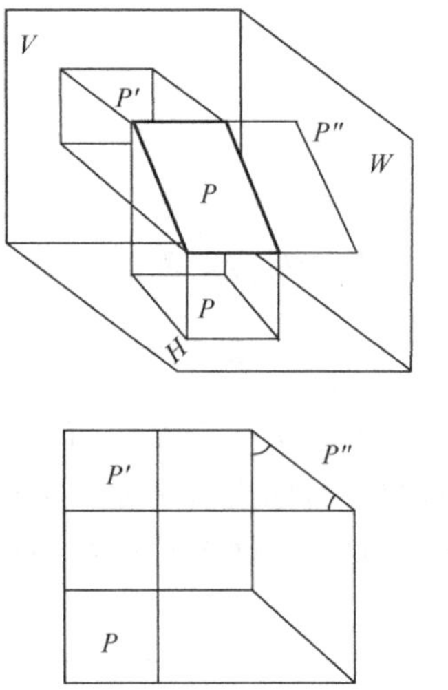

投影特性如下。

(1) 在与平面垂直的投影面上，该平面的投影为一倾斜线段，具有积聚性，且反映与另外两个投影面的倾角。

(2) 其余两个投影都是缩小的类似形。

3. 一般位置平面

与三个投影面都倾斜的平面称为一般位置平面。如图 10-5 所示，△*ABC* 与 *V*、*H*、*W* 面都倾斜，所以在三个投影面上的投影△ *a′b′c′* 、△*abc*、△ *a″b″c″* 均为原三角形的类似形。三个投影面上的投影都不能直接反映该平面对投影面的倾角。

【例 10-2】　分析正三棱锥各棱面和底面与投影面的相对位置(图 10-6)。

(1) 底面 *ABC*。*V* 面和 *W* 面投影积聚为水平线，分别平行于 *OX* 轴和 *OY* 轴，可确定底面 *ABC* 是水平面，水平投影反映实形，如图 10-6(a)所示。

(2) 棱面 *SAB*。三个投影 *sab*、*s'a'b'*、*s″a″b″* 都没有积聚性，均为棱面 *SAB* 的类似形，可判断棱面 *SAB* 是一般位置平面，如图 10-6(b)所示。

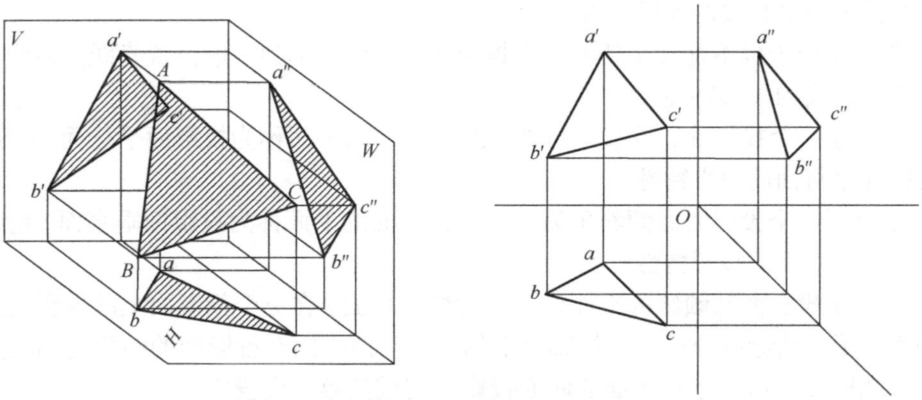

图 10-5　一般位置平面

(3) 棱面 *SAC*。由 *W* 面投影中的重影点 *a″*(*c″*) 可知，棱面 *SAC* 的一边 *AC* 是侧垂线。根据几何定理，一个平面上的任意一条直线垂直于另一个平面，则两平面互相垂直。因此，可确定棱面 *SAC* 是侧垂面，*W* 面投影积聚成一条直线，如图 10-6(c)所示。

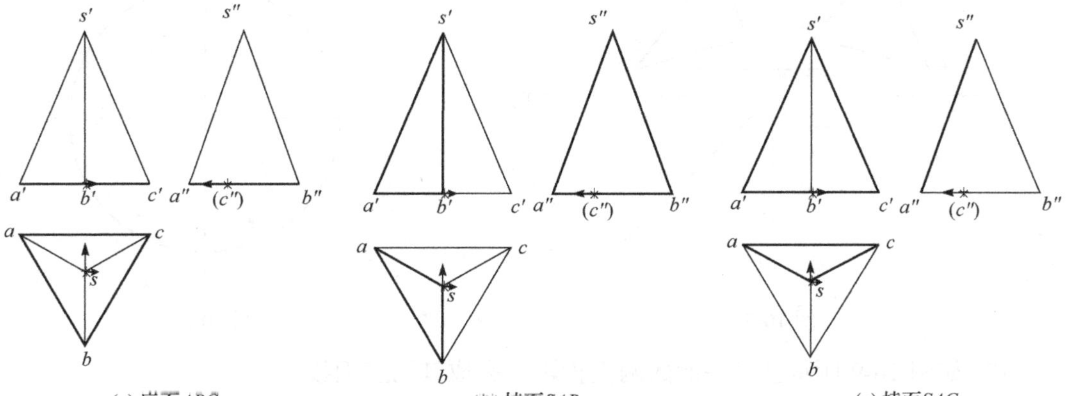

(a) 底面*ABC*　(b) 棱面*SAB*　(c) 棱面*SAC*

图 10-6　平面与投影面的相对位置

习　　题

1. 请分析在刑事物证摄影时要求使用焦距大于标准焦距镜头的原因。

2. 在使用光学显微镜观察检材或样本时要求镜头轴线垂直于所要观察物体表面的目的是什么？

3. 空间点 *S* 分别向三个投影面投射，得到的投影分别是 *s*(水平投影)、*s'* (正面投影)、*s″* (右侧投影)，由投影图可看出点 *S* 的投影有何规律？

4. 在三投影面体系中，点的位置可由点到三个投影面的距离来确定。如果将三个投影面作为三个坐标面,投影轴作为坐标轴,请绘画说明点的投影和点的坐标之间的关系。

5. 只平行于一个投影面，与另外两个投影面倾斜的直线，称为投影面平行线。请绘画并说明投影面平行线的投影特性。

6. 既不平行于也不垂直于任何一个投影面的直线，称为一般位置直线。请绘画并说明一般位置直线的投影特性。

7. 平行于一个投影面，垂直于另外两个投影面的平面称为投影面平行面。请绘图并说明投影面平行面的投影特性。

8. 垂直于一个投影面而倾斜于另外两个投影面的平面称为投影面垂直面。请绘画并说明投影面垂直面的投影特性。

9. 与三个投影面都倾斜的平面称为一般位置平面。在三个投影面上的投影均为原三角形的类似形，请绘画分析三个投影面上的投影与该平面对投影面的倾角之间的关系。

10. 如图 10-7 所示已知平面的两面投影，完成其第三面投影。

11. 求作已知圆(图 10-8)的内接正五边形，要保留作图痕迹。

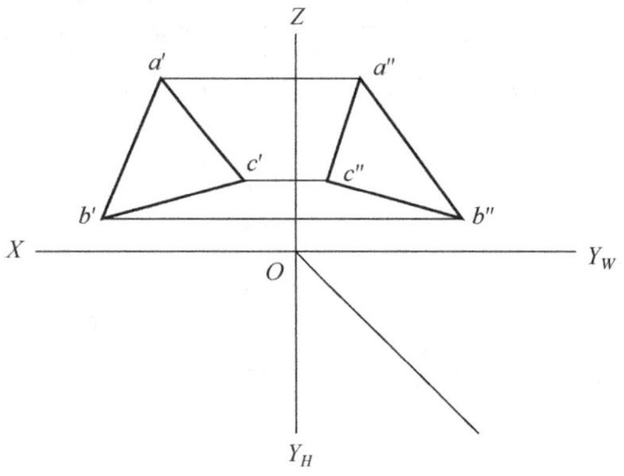

图 10-7

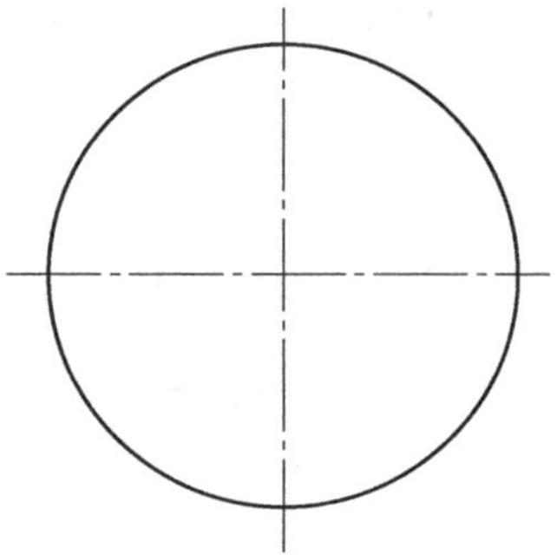

图 10-8

12. 如图 10-9 所示已知平面的两面投影，完成其第三面投影。

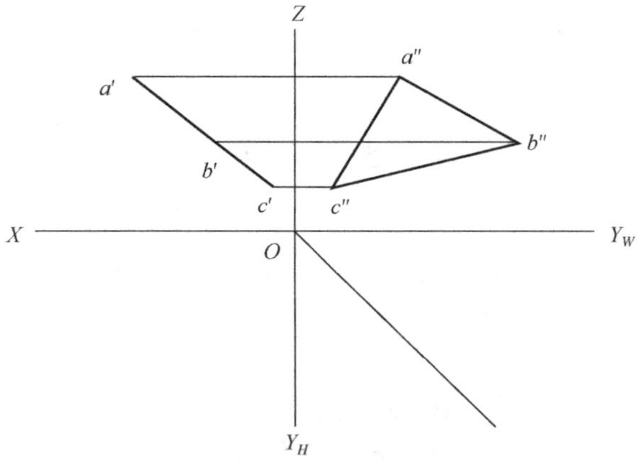

图 10-9

第 11 章　立体及表面交线的投影作图

任何物体均可以看作由若干基本体组合而成，基本体包括平面体和曲面体两类。平面体是指每个表面都是平面，如棱柱、棱锥等；曲面体是指至少有一个表面是曲面，如圆柱、圆锥、圆球等。下面分别讨论几种常见立体视图的画法。

11.1　常见立体作图

11.1.1　棱柱

棱柱的棱线互相平行，常见的棱柱有三棱柱、四棱柱、五棱柱和六棱柱等。下面以如图 11-1(a)所示正六棱柱为例，分析其投影特征和作图方法。

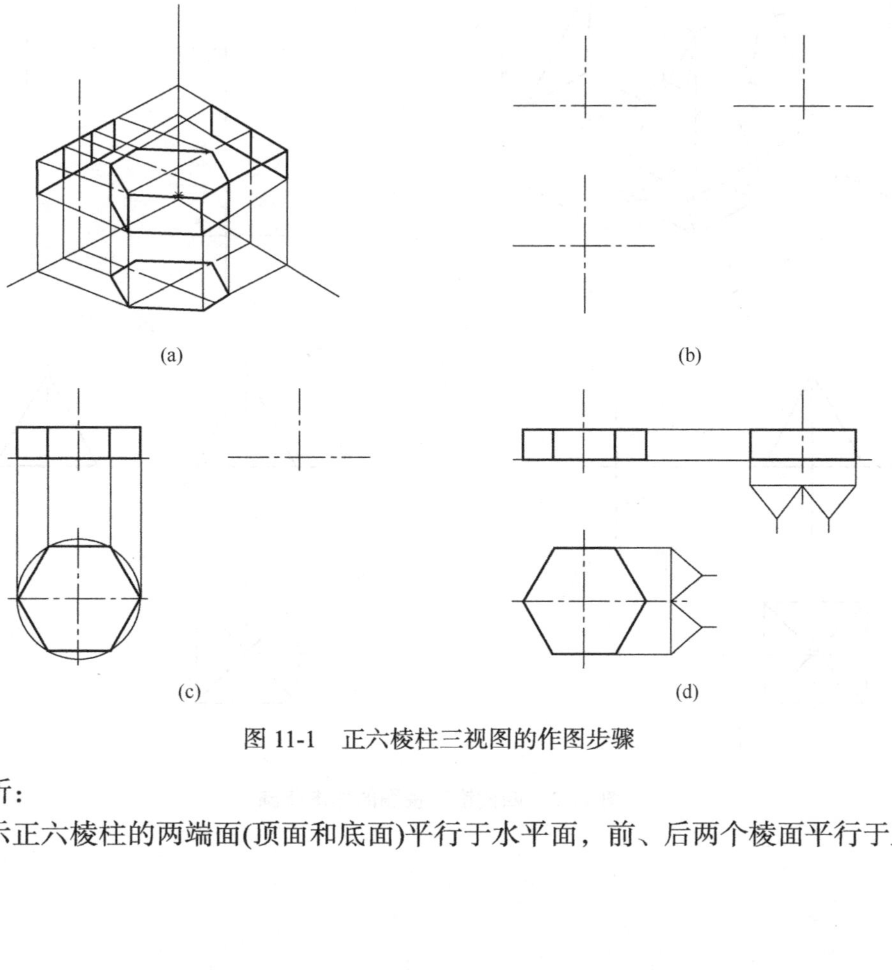

图 11-1　正六棱柱三视图的作图步骤

分析：

图示正六棱柱的两端面(顶面和底面)平行于水平面，前、后两个棱面平行于正面，其余棱面均垂直于水平面，为铅垂面。在这种位置下，正六棱柱的投影特征是：顶面和底面的水平投影重合，并反映实形——正六边形。六个棱面的水平投影分别积聚为正六边形的六条边，另外两个方向投影外轮廓均为矩形，其内部包含若干小矩形。

作图：

(1) 作正六棱柱的对称中心线和底面基线，确定各视图的位置，如图 11-1(b)所示。

(2) 画出反映主要形状特征的视图，即正六棱柱的俯视图。按长对正的投影关系及正六棱柱的高度画出主视图，如图 11-1(c)所示。

(3) 按高平齐、宽相等的投影关系画出左视图，如图 11-1(d)所示。

11.1.2　棱锥

棱锥的棱线交于一点，常见的棱锥有三棱锥、四棱锥和五棱锥等。下面以如图 11-2(a)所示四棱锥为例，分析其投影特征和作图方法。

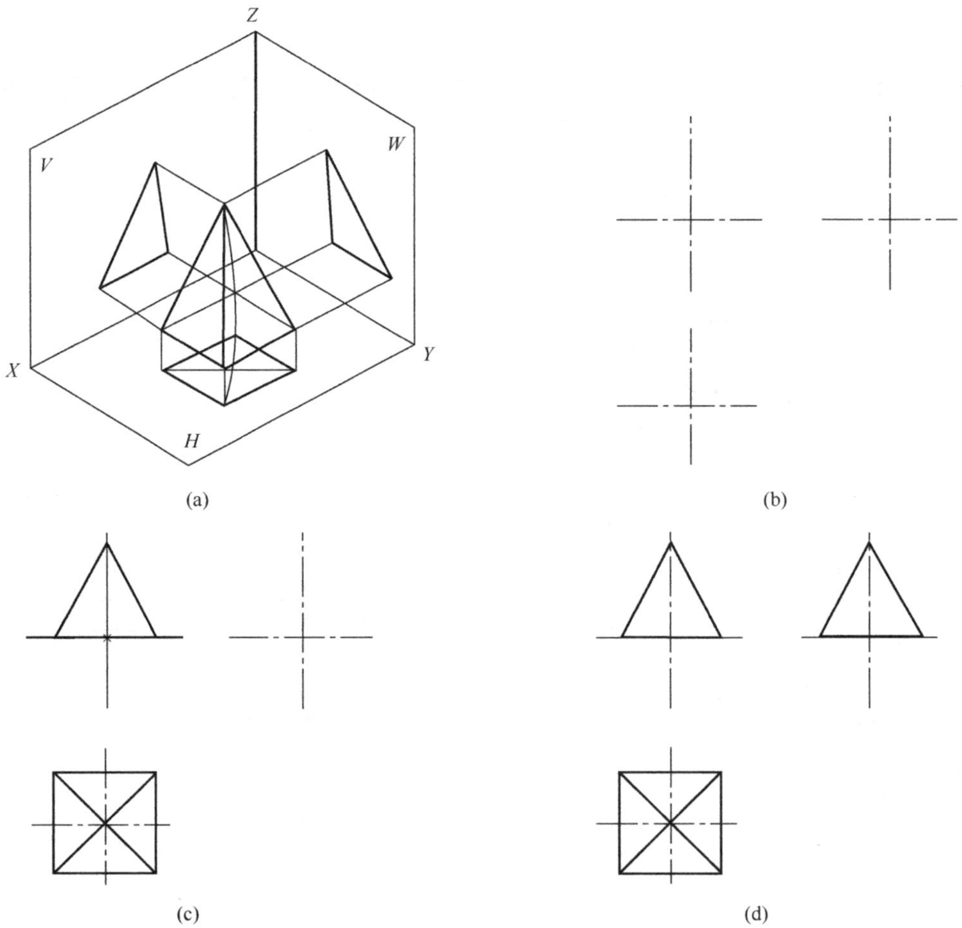

图 11-2　四棱锥三视图的作图步骤

分析：

图示四棱锥的底面平行于水平面，其水平投影反映实形；左、右两个棱面是正垂面，均垂直于正面投影积聚成直线，同时与 *H*、*W* 面倾斜，其投影为类似的三角形；前、后两个棱面为侧垂面，其侧面投影积聚成直线，同时与 *V*、*H* 面倾斜，其投影均为类似的三角形。与锥顶相交的四条棱线既不平行也不垂直于任意一个投影面，所以它们在三投影面上的投影均不反映实长。

作图：

(1) 作四棱锥的对称中心线和底面基线，如图 11-2(b)所示。

(2) 画底面的水平投影(矩形)和正面投影(水平线)。根据四棱锥的高度在主视图上定出锥顶的投影位置，然后在主、俯视图上分别将锥顶及底面各顶点的投影用直线连接，即得四条棱线的投影，如图 11-2(c)所示。

(3) 按高平齐、宽相等的投影关系画出左视图，如图 11-2(d)所示。由此可见，四棱锥的投影特征是：与底面平行的水平投影反映底面实形——矩形，其内部包含四个三角形棱面的投影；另外两个投影均为三角形。

11.1.3　圆柱

圆柱体由圆柱面与上、下两端面所围成。圆柱面可看作由一条直母线绕与其平行的轴线回转而成，如图 11-3(a)所示。圆柱面上任意一条平行于轴线的直线，称为圆柱面的素线。

图 11-3(c)为正圆柱的三视图。由于圆柱轴线垂直于水平面，且圆柱上、下端面为水平面，所以圆柱上、下端面的水平投影反映实形且重合，正、侧面投影积聚成直线。圆柱面的水平投影积聚为一圆，与两端面的水平投影重合。在正面投影中，前、后两半圆柱面的投影重合为一矩形，矩形的两条竖线分别是圆柱面最左、最右素线的投影，也是圆柱面前、后分界的转向轮廓线。在侧面投影中，左、右两半圆柱面的投影重合为一矩形，矩形的两条竖线分别是圆柱面最前、最后素线的投影，也是圆柱面左、右分界的转向轮廓线。

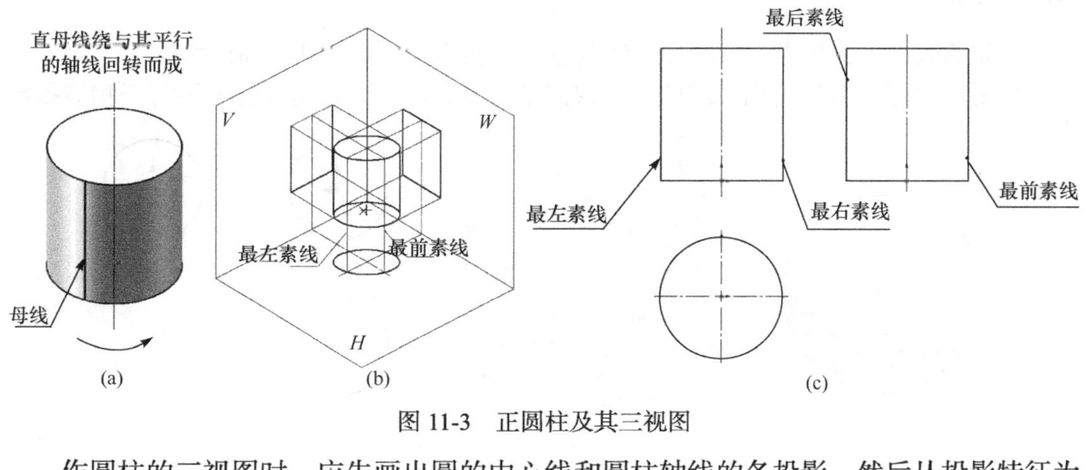

图 11-3　正圆柱及其三视图

作圆柱的三视图时，应先画出圆的中心线和圆柱轴线的各投影，然后从投影特征为圆的视图画起，再按投影关系逐步完成其他视图。

11.1.4　圆锥

圆锥由圆锥面和底面所围成。如图 11-4(a)所示，圆锥面可看作由一条直母线绕与其相交的轴线回转而成。

图 11-4(c)为轴线垂直于水平面的正圆锥的三视图。锥底平行于水平面，水平投影反映圆形，正面和侧面投影积聚成直线。圆锥面的三个投影都没有积聚性，其水平投影与底面投影重合，全部可见；在正面投影中，前、后两半圆锥面的投影重合为一等腰三角形。三角形的两腰分别是圆锥最左、最右素线的投影，也是圆锥面前、后分界的转向轮廓线；在圆锥的侧面投影中，左、右两半圆锥面的投影重合为一等腰三角形，三角形的两腰分别是圆锥最前、最后素线的投影，也是圆锥面左、右分界的转向轮廓线。

作圆锥的三视图时，应先画圆的中心线和圆锥轴线的各投影，再从投影为圆的视图画起，按圆锥的高度确定锥顶，逐步画出其他视图。

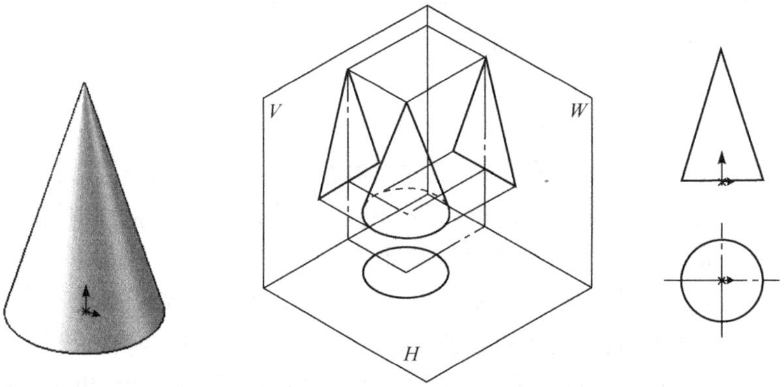

(a)　(b)　(c)

图 11-4　正圆锥及其三视图

11.1.5　圆球

圆球的表面可看作由一条圆母线绕其直径回转而成，如图 11-5(a)所示。

从图 11-5(c)中可以看出，球的三个视图都为等径圆，并且是球面上平行于相应投影

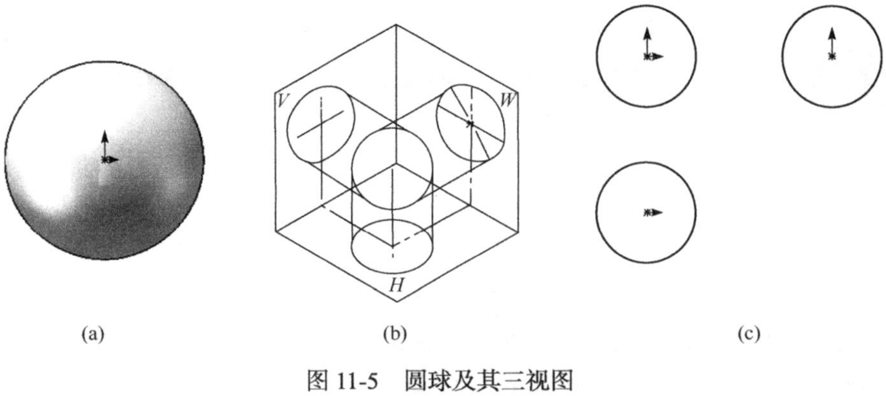

(a)　(b)　(c)

图 11-5　圆球及其三视图

面的三个不同位置的最大轮廓圆。正面投影的轮廓圆是前、后两半球面可见与不可见的分界线；水平投影的轮廓圆是上、下两半球面可见与不可见的分界线；侧面投影的轮廓圆是左、右两半球面可见与不可见的分界线。

11.2　立体表面交线

11.2.1　截交线的投影作图

用平面切割立体，如图 11-6(a)和(b)所示的压板和顶尖，它们的表面都有被平面切割而形成的截交线。截交线的形状虽有多种，但均具有以下两个基本特性。

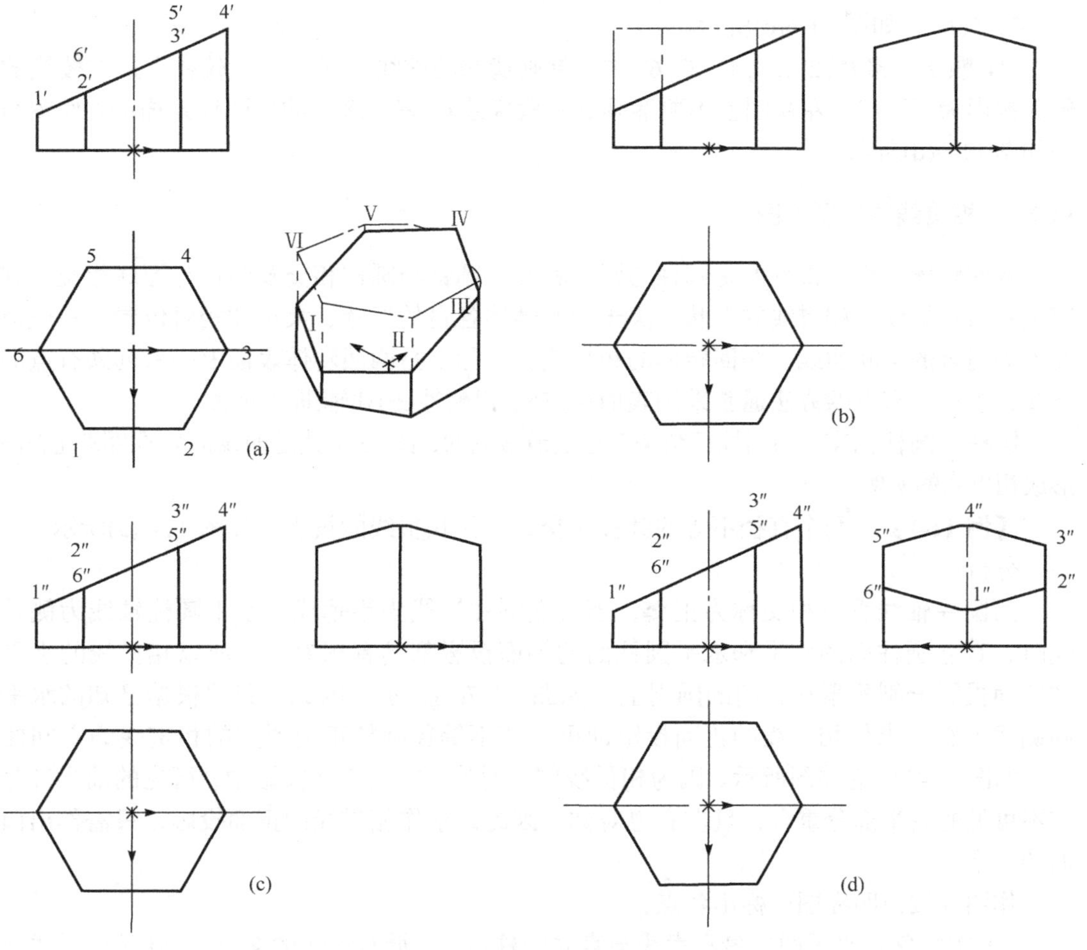

图 11-6　平面切割六棱柱

(1) 封闭性截交线为封闭的平面图形。

(2) 共有性截交线既在截平面上，又在立体表面上，是截平面与立体表面的共有线，截交线上的点均为截平面与立体表面的共有点。因此，求作截交线就是求截平面与立体表面的共有点和共有线。

下面以平面切割正六棱柱所形成的交线作图过程为例进行分析。

分析：

如图 11-6(a)所示，正六棱柱被正垂面切割，截平面 P 与正六棱柱的六条棱线都相交，所以截交线是一个六边形。六边形的顶点为各棱线与截平面 P 的交点。截交线的正面投影积聚在 p' 上，$1',2',3',4',5',6'$ 分别为各棱线与 p' 的交点。由于正六棱柱的六条棱线在俯视图上的投影具有积聚性，所以截交线的水平投影为已知。根据截交线的正面和水平面投影可作出侧面投影，并且截交线的侧面投影类似于水平投影六边形。

作图：

(1) 画出被切割前正六棱柱的左视图，如图 11-6(b)所示。

(2) 根据截交线(六边形)各顶点的正面和水平面投影作出截交线的侧面投影 $1'',2'',3'',4'',5'',6''$，如图 11-6(c)所示。

(3) 顺次连接 $1'',2'',3'',4'',5'',6'',1''$，补画遗漏的虚线(注意：正六棱柱上最右棱线的侧面投影为不可见，左视图上不要漏画这一段虚线)，擦去多余的作图线并描深。作图结果如图 11-6(d)所示。

11.2.2　相贯线的投影作图

两回转体相交，常见的是圆柱与圆柱相交、圆锥与圆柱相交及圆柱与圆球相交，其交线称为相贯线。相贯线的形状取决于两回转体各自的形状、大小和相对位置，一般情况下为闭合的空间曲线。两回转体的相贯线，实际上是两回转体表面上一系列共有点的连接，求作共有点的方法通常采用表面取点法(积聚性法)和辅助平面法。

圆柱与圆柱相交：两圆柱正交是工程上最常见的，图 11-7 就是轴线正交的两圆柱表面形成相贯线的实例。

【例 11-1】　两个直径不等的圆柱正交，求作相贯线的投影，如图 11-7(a)所示。

分析：

两圆柱轴线垂直相交称为正交，当直立圆柱轴线为铅垂线、水平圆柱轴线为侧垂线时，直立圆柱面的水平和水平圆柱面的侧面投影都具有积聚性，所以相贯线的水平和侧面投影分别积聚在它们的圆周上，如图 11-7(a)所示。因此，只要根据已知的水平和侧面投影，求作相贯线的正面投影即可。两不等径圆柱正交形成的相贯线为空间曲线，如图 11-7 中立体图所示。因为相贯线前后对称，在其正面投影中，可见的前半部分与不可见的后半部分重合，且左右也对称。因此，求作相贯线的正面投影，只需作出前面的一半。

作图并按说明在图中标出各点：

(1) 求特殊点水平圆柱最高素线与直立圆柱最左、最右素线的交点 A、B 是相贯线上的最高点，也是最左、最右点。a'、b'，a、b 和 a''、b'' 均可直接作出。点 c 是相贯线上的最低点，也是最前点，c'' 和 c 可直接作出，再由 c''、c 求得 c'，如图 11-7(b)所示。

(2) 求中间点利用积聚性，在侧面投影和水平投影上定出 d''、e'' 和 d、e，再作出 d'、

e'，如图 11-7(c)所示。

(3) 光滑连接 a'、d'、c'、e'、b'，即相贯线的正面投影，作图结果如图 11-7(d)所示。

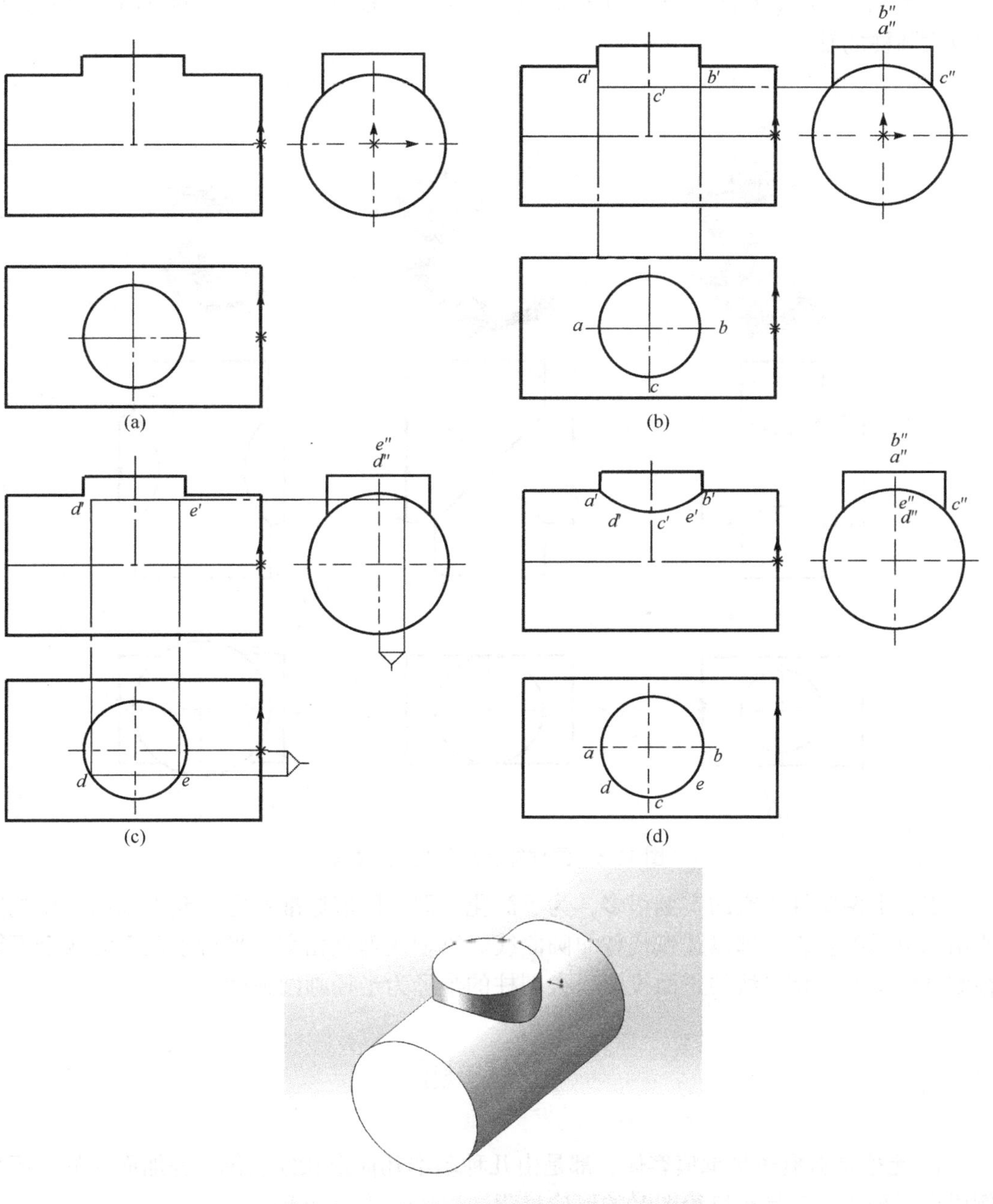

图 11-7　圆柱与圆柱相交

【例 11-2】 如图 11-8 所示，当正交两圆柱的相对位置不变，而相对大小发生变化时，相贯线的形状和位置也将随之变化，会出现如图 11-8 所示的 3 种情况：①相贯线的正面投影为上下对称的曲线，如图 11-8(a)所示；②相贯线在空间上为两相交椭圆，其正面投影为两相交直线，如图 11-8(b)所示；③相贯线的正面投影为左右对称的曲线，如图 11-8(c)所示。

从图 11-8(a)和(c)可以看出，在相贯线的非积聚性投影上，相贯线的弯曲方向总是朝向较大圆柱的轴线。

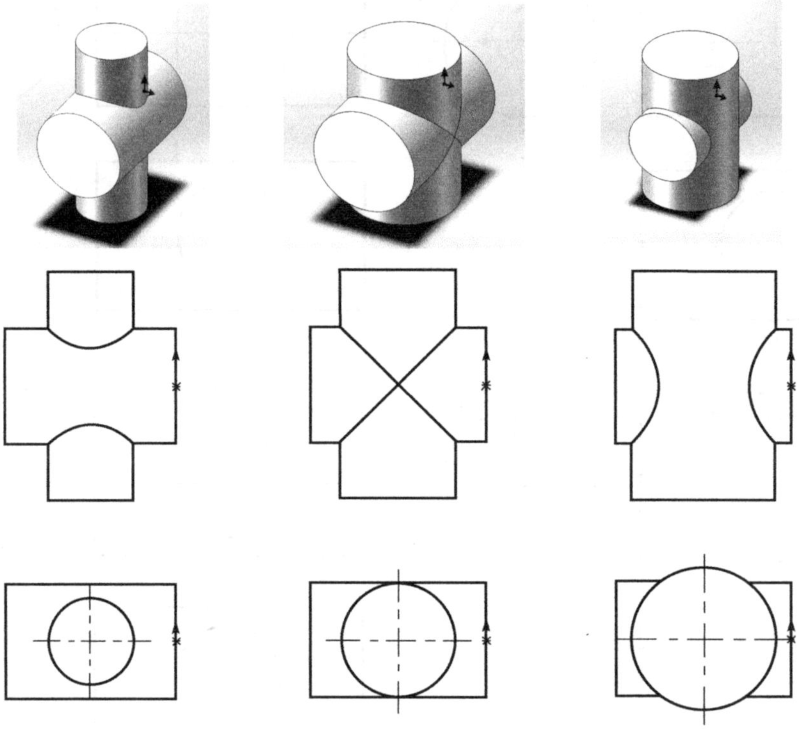

(a)　　(b)　　(c)

图 11-8　圆柱穿孔后相贯线的投影

工程上两圆柱正交的实例很多，为了简化作图，国家标准规定，允许采用简化画法作出相贯线的投影，即以圆弧代替非圆曲线。当轴线垂直相交且平行于正面的两个不等径圆柱相交时，相贯线的正面投影以大圆柱的半径为半径画圆弧即可。

习　　题

1. 无论是造痕还是承痕客体，都是由几种基本几何形状经切割、叠加而成的，请举例说出三种常见工具刃口绘图时的形成过程。

2. “三视图”是工程中最常见的图样表达方法，试分析其原理在刑事现场摄影中的应用。

3. 棱柱的棱线互相平行，常见的棱柱有三棱柱、四棱柱、五棱柱和六棱柱等。以正五棱柱为例，分析其投影特征和作图方法。

4. 棱锥的棱线交于一点，常见的棱锥有三棱锥、四棱锥和五棱锥等。以五棱锥为例，分析其投影特征和作图方法。

5. 已知物体的主、俯视图(图 11-9)，请绘出正确的左视图。

6. 用已知半径对图 11-10 作圆弧连接。

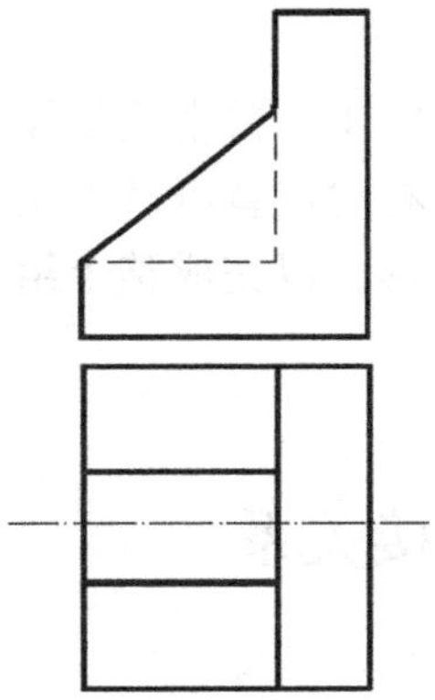

图 11-9

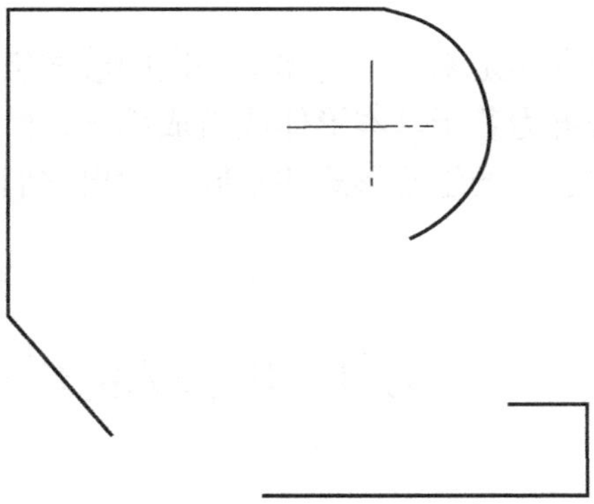

图 11-10

7. 画出图 11-11 中两圆柱面的相贯线(不能用圆弧来替代，要求保留辅助线)。

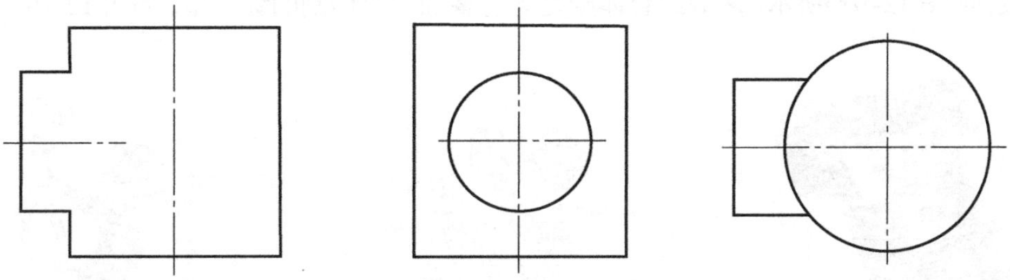

图 11-11

8. 画出棱柱体(图 11-12)的第三面投影，补画出截交线，并整理轮廓线。

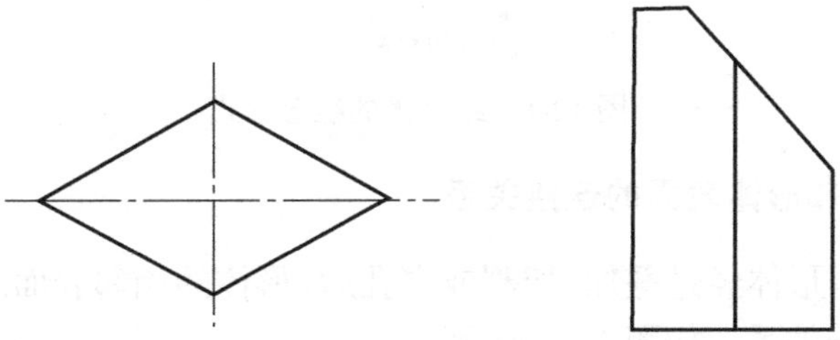

图 11-12

第 12 章　组合体的视图及尺寸标注

组合体是基本几何体按一定的形式组合起来的形体，在制图中，常常把物体或机件假想分解为若干基本形体或组成部分，然后弄清它们的形状、相对位置以及连接方式，并根据它们的组合形式的不同，画出它们之间连接处的交线投影，以完成整个组合体的视图。

12.1　组合体的组合形式与表面连接关系

12.1.1　组合体的组合形式

组合体的组合形式有叠加型、切割型和综合型三种。叠加型组合体可看作由若干基本形体叠加而成，如图 12-1(a)所示。切割型组合体可看作一个完整的基本体经过切割或穿孔后形成，如图 12-1(b)所示。多数组合体则是既有叠加又有切割的综合型，如图 12-1(c)所示。

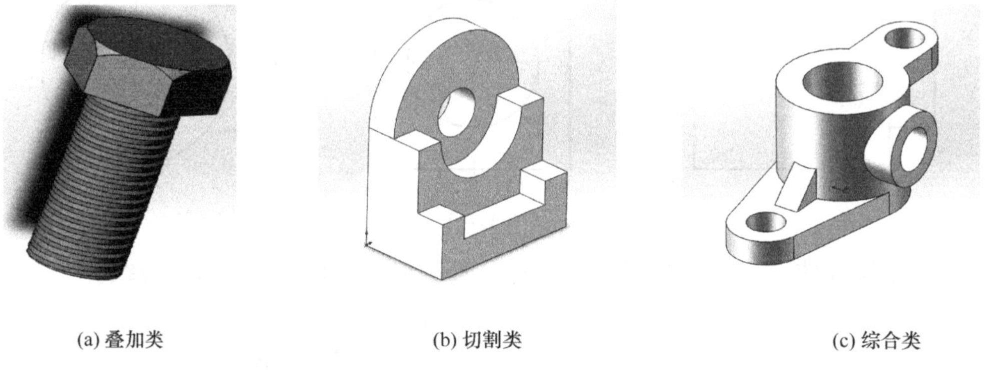

(a) 叠加类　　(b) 切割类　　(c) 综合类

图 12-1　组合体的组合形式

12.1.2　组合体中相邻形体表面的连接关系

组合体中的基本形体经过叠加、切割或穿孔后，形体的相邻表面之间可能形成共面、相切或相交三种特殊关系，如图 12-2 所示。

1. 共面

当两形体相邻表面共面时，在共面处不应有相邻表面的分界线，如图 12-3(a)所示。当两形体相邻表面不共面时，两形体的投影间应由线隔开，如图 12-3(b)所示。

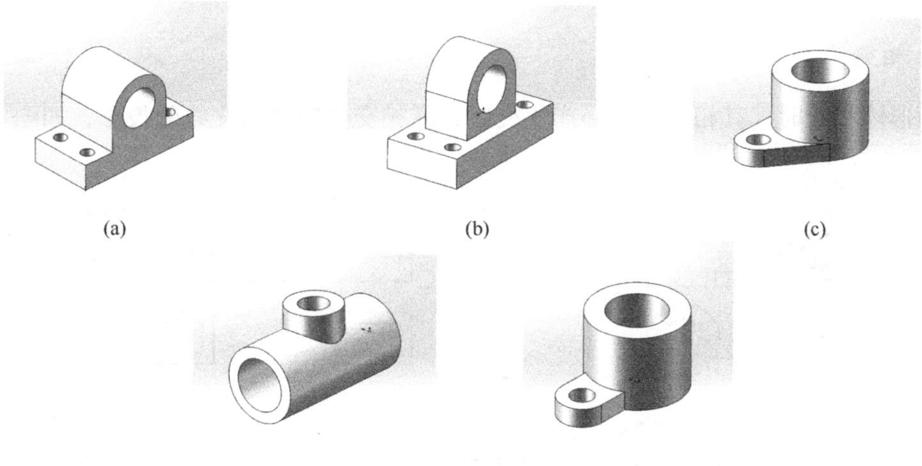

(a) (b) (c)

(d) (e)

图 12-2 两表面的连接关系

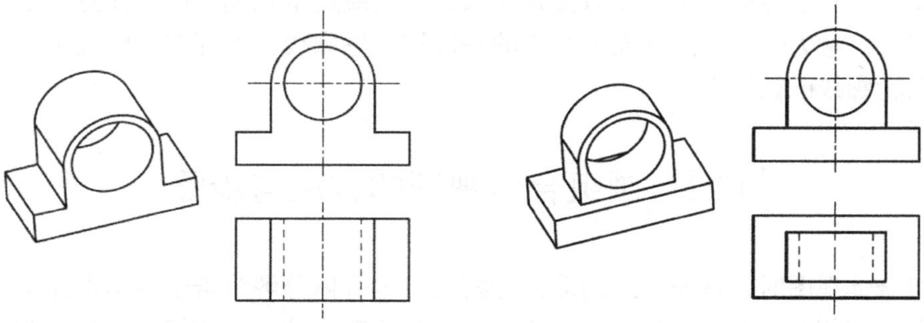

(a) 共面 (b) 不共面

图 12-3 两表面共面或不共面的画法

2. 相切

当两形体相邻表面相切时，由于相切是光滑过渡，所以切线的投影不必画出，如图 12-4(a)所示。相切处画线是错误的，如图 12-4(b)所示。

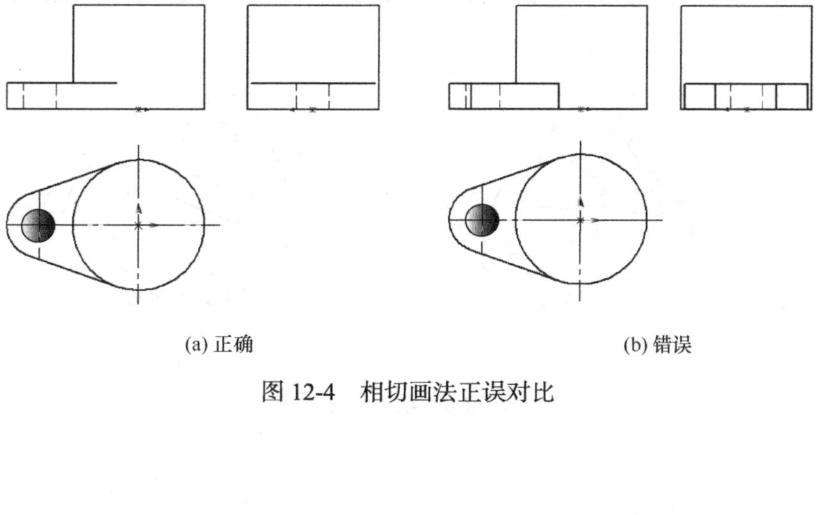

(a) 正确 (b) 错误

图 12-4 相切画法正误对比

3. 相交

两形体相交时，其相邻表面必产生交线，在相交处应画出交线的投影，如图 12-5(a)所示。

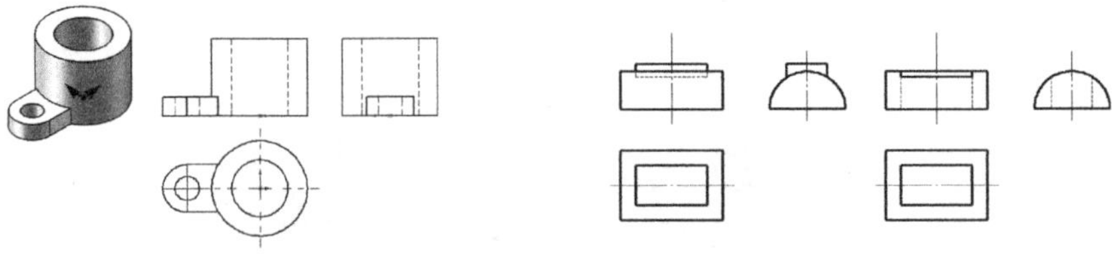

(a)　　(b)

图 12-5　相交

如图 12-5(b)所示，无论是实形体与实形体相邻表面相交，还是实形体与空形体相邻表面相交，只要形体的大小和相对位置一致，其交线完全相同。值得注意的是，当两实形体相交时已融为一体，圆柱面上原来的一段转向轮廓线已不存在；圆柱被穿方孔后的一段转向轮廓线已被切去。

12.2　画组合体视图的方法与步骤

画组合体视图时，首先要运用形体分析法将组合体分解为若干基本形体，分析它们的组合形式和相对位置，判断形体间相邻表面是否存在共面、相切或相交的关系，然后逐个画出各基本形体的三视图。必要时还要对组合体中的投影面垂直面或一般位置平面及其相邻表面关系进行面形分析。

12.2.1　叠加型组合体的视图画法

1. 形体分析

如图 12-6(a)所示支座，根据形体结构特点，可将其看作由底板、竖板和肋板三部分叠加

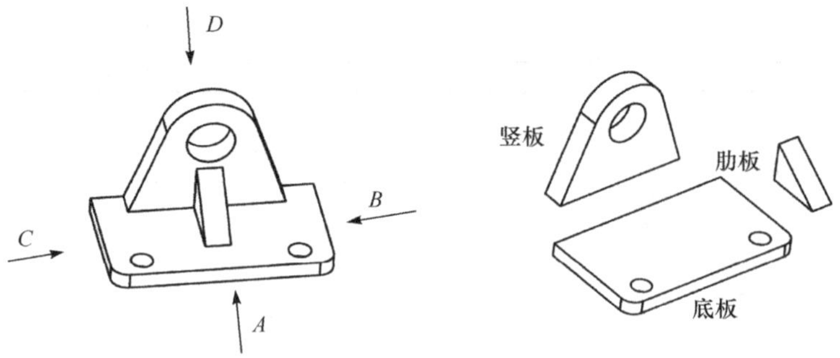

(a)　　(b)

图 12-6　轴承支座图

而成，如图 12-6(b)所示。竖板上部的圆柱面与左、右两侧面相切；竖板与底板的后表面共面，两者前表面错开，不共面，竖板的两侧面与底板上表面相交；肋板与底板、竖板的相邻表面都相交；底板、竖板上有通孔且底板前面为圆角。

2. 选择视图

如图 12-7(a)所示，将支座按自然位置安放后，经过比较图 12-6 箭头 *A*、*B*、*C*、*D* 所指四个不同投射方向可以看出，选择 *A* 向作为主视图的投射方向要比其他方向好。因为组成支座的基本形体及其整体结构特征在 *A* 向表达最清晰。

3. 画图步骤

选择适当的比例和图纸幅面，确定视图位置。先画出各视图的主要中心线和基线，然后按形体分析法，从主要形体(如底板、竖板)着手，先画有形状特征的视图，且先画主要部分再画次要部分，再按各基本形体的相对位置和表面连接关系及其投影关系，逐个画出它们的三视图，具体作图步骤如图 12-7 所示。

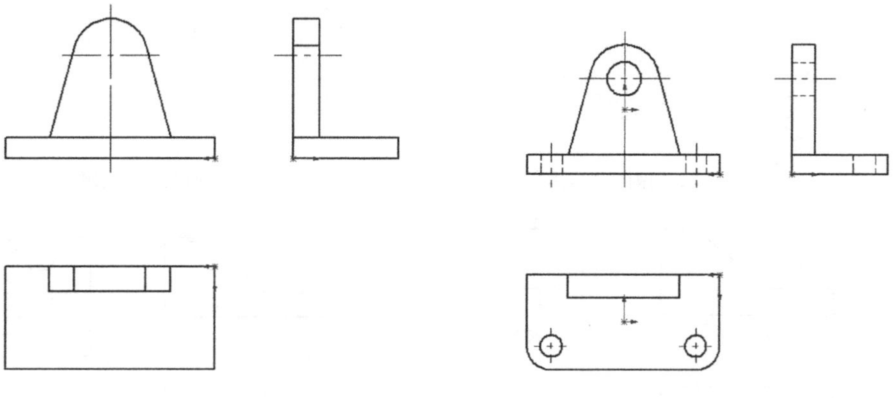

(a) 布置视图，画基准线、底板和竖板　(b) 画圆柱孔和圆角

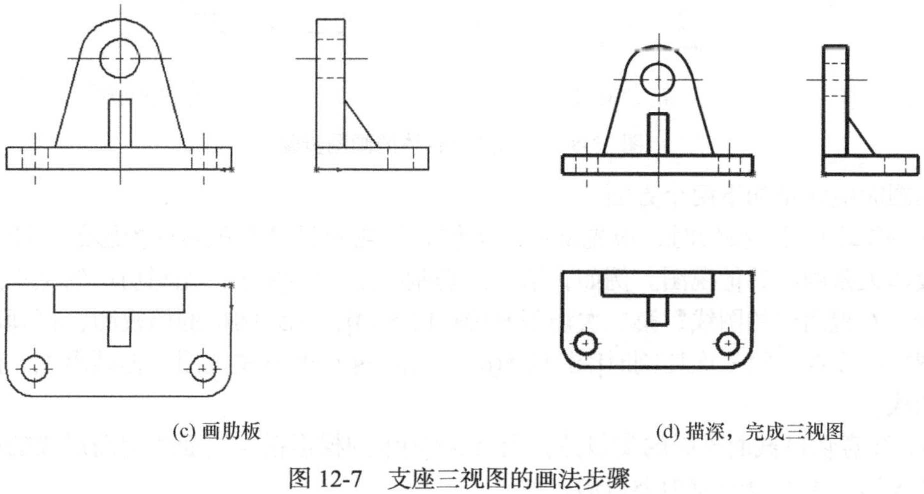

(c) 画肋板　(d) 描深，完成三视图

图 12-7　支座三视图的画法步骤

讨论：

分组并分别以箭头 *B*、*C*、*D* 所示方向作为主视图投射方向，徒手画出三视图，其结果如何？与 *A* 向比较验证。

12.2.2　切割型组合体的视图画法

如图 12-8(a)所示组合体可看作由长方体切去基本形体 1、2、3 而形成。画切割型组合体的视图可在形体分析的基础上结合面形分析法进行。所谓面形分析法，是根据表面的投影特性来分析组合体表面的性质、形状和相对位置，从而完成画图和读图的方法，切割型组合体的作图过程如图 12-8 所示。

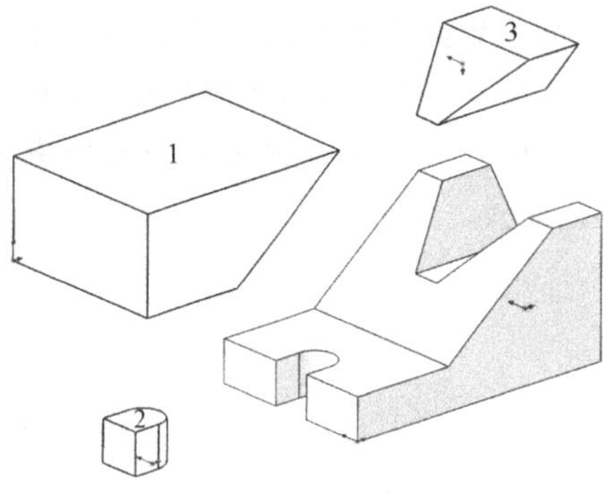

(a) 切割型组合体

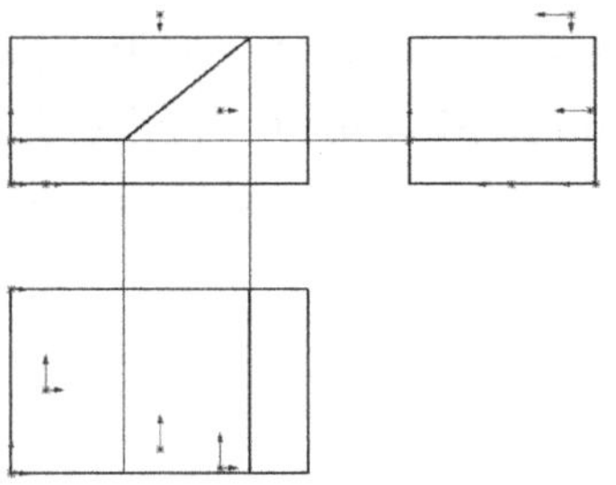
(b) 第一次切割

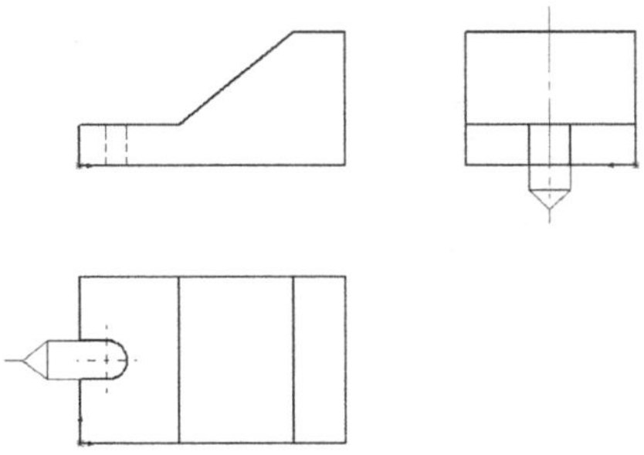
(c) 第二次切割

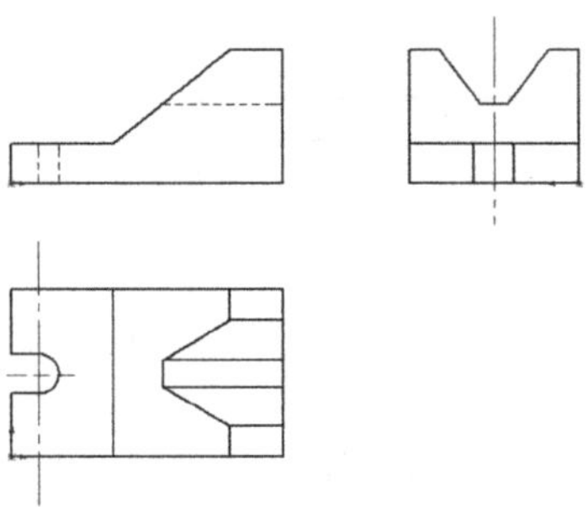
(d) 第三次切割

图 12-8　切割型组合体的画图步骤

画图时应注意如下两个方面。

(1) 作每个切口投影时，应先从反映形体特征轮廓且具有积聚性投影的视图开始，再按投影关系画出其他视图。例如，第一次切割时[图 12-8(b)]，先画切口的主视图，再画出俯、左视图中的图线；第二次切割时[图 12-8(c)]，先画圆槽的俯视图，再画出主、左视图中的图线；第三次切割时[图 12-8(d)]，先画梯形槽的左视图，再画出主、俯视图中的图线。

(2) 注意切口截面投影的类似性。图 12-8(c)中的梯形槽与斜面相交而形成的截面，其水平投影与侧面投影应为类似形。

12.3　组合体的尺寸标注

12.3.1　尺寸标注的基本要求

组合体尺寸标注的基本要求正确、齐全和清晰。正确是指符合国家标准的规定；齐全是指标注尺寸既不遗漏，也不多余；清晰是指尺寸注写布局整齐、清楚，便于看图。本节着重讨论如何保证尺寸标注齐全和清晰。

为掌握组合体的尺寸标注，在掌握基本体尺寸标注的基础上，还应熟悉几种带切口形体的尺寸标注。对于带切口的形体，除了标注基本形体的尺寸，还要注出确定截平面位置的尺寸。必须注意，由于形体与截平面的相对位置确定后，切口的交线已完全确定，所以不应在交线上标注尺寸。图 12-9 中画出“×”的为多余尺寸。

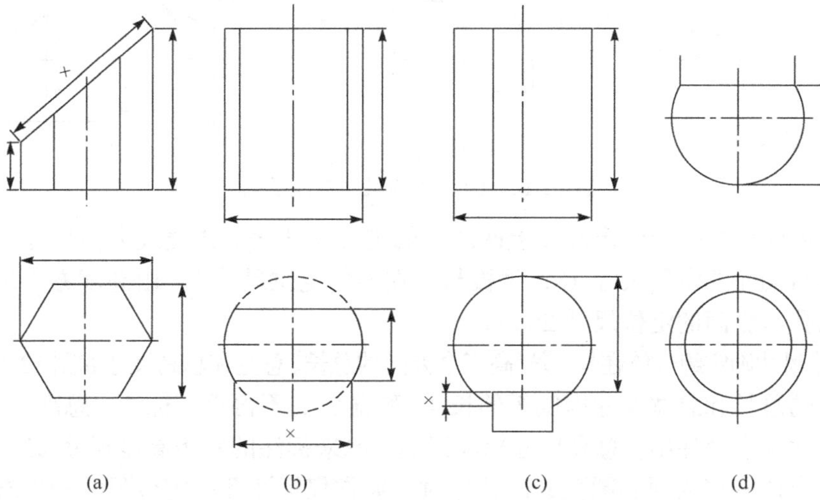

图 12-9　带切口形状的尺寸标注示例

12.3.2　尺寸标注举例

下面以图 12-10 为例，说明标注组合体尺寸的基本方法。

1. 尺寸齐全

要保证尺寸齐全，既不遗漏，也不重复，应先按形体分析法注出各基本形体的大小定形尺寸，再确定它们之间相对位置的定位尺寸，最后根据组合体的结构特点注出总体尺寸。

(1) 定形尺寸确定组合体中各基本形体大小的尺寸，如图 12-10(a)所示。

例如，底板的长、宽、高尺寸(40、24、8)，底板上圆孔和圆角尺寸(2×ϕ6、*R*6)。必须注意，相同圆孔ϕ6 要注写数量，如 2 × ϕ6，但相同圆角 *R*6 不注数量，两者均不必重复标注。

(2) 定位尺寸，确定组合体中各基本形体之间相对位置的尺寸，如图 12-10(b)所示。

标注定位尺寸时，必须在长、宽、高三个方向分别选定尺寸基准，每个方向至少有一个尺寸基准，以便确定各基本形体在各方向上的相对位置。通常选择组合体底面、端面或对称平面及回转轴线等作为尺寸基准。如图 12-10(b)所示，组合体左右对称平面为长度方向尺寸基准；后端面为宽度方向尺寸基准；底面为高度方向尺寸基准(图中用符号“▼”表示基准位置)。

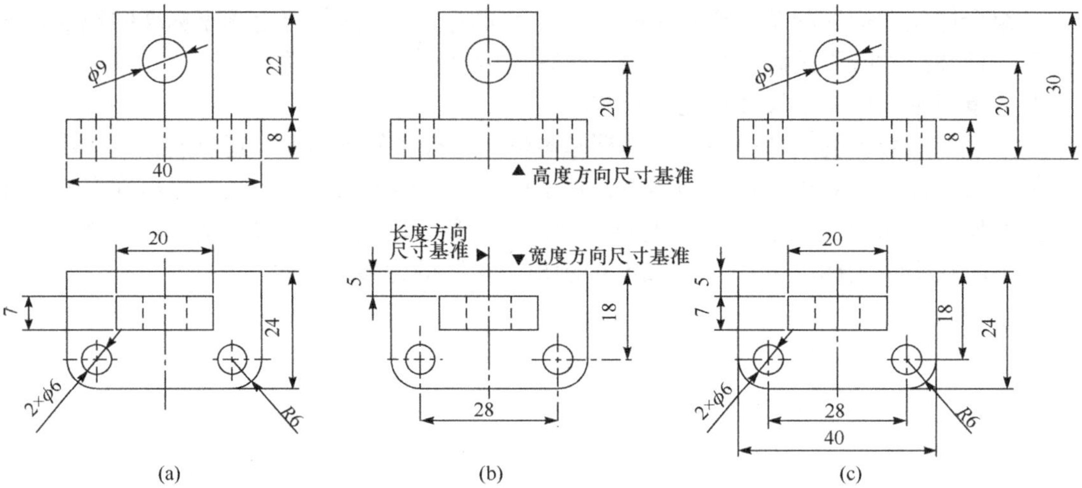

图 12-10　组合体的尺寸标注示例

由长度方向尺寸基准注出底板上两圆孔的定位尺寸 28；由宽度方向尺寸基准注出底板上圆孔与后端面的定位尺寸 18，竖板与后端面的定位尺寸 5；由高度方向尺寸基准注出竖板上圆孔与底面的定位尺寸 20。

(3) 总体尺寸确定组合体在长、宽、高三个方向的总长、总宽和总高尺寸如图 12-10(c)所示。

组合体的总长和总宽尺寸即底板的长 40 和宽 24，不再重复标注。总高尺寸 30 应从高度方向尺寸基准处注出。总高尺寸标注以后，原来标注的竖板高度尺寸 22 取消。必须注意，当组合体一端为同心圆孔的回转体时，通常仅标注孔的定位尺寸和外端圆柱面的半径，不标注总体尺寸。图 12-11 为不标注总高尺寸示例。

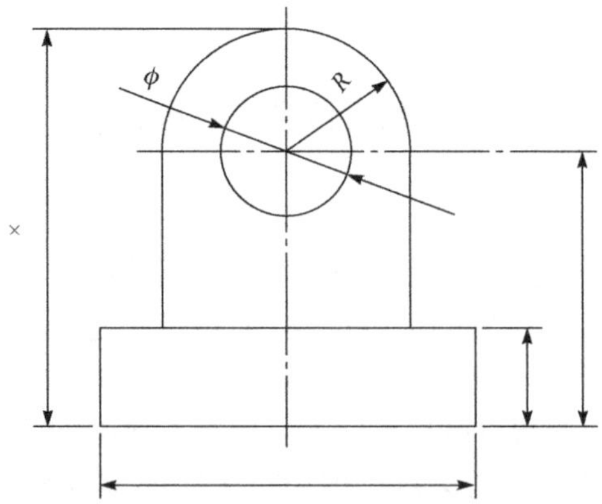

图 12-11　不标总高尺寸示例

2. 尺寸清晰

为便于读图和查找相关尺寸，尺寸的布置必须整齐、示例清晰，下面以尺寸已经标注齐全的组合体为例，说明尺寸布置应注意的三个方面，如图 12-10(c)所示。

(1) 突出特征定形尺寸尽量标注在反映该部分形状特征的视图上，如底板的圆孔和圆角尺寸应标注在俯视图上。

(2) 相对集中形体某一部分的定形尺寸及有联系的定位尺寸尽可能集中标注，便于读图时查找。例如，在长度和宽度方向上，底板的定形尺寸及两小圆孔的定形和定位尺寸集中标注在俯视图上；而在长度和高度方向上，竖板的定形尺寸及圆孔的定形和定位尺寸集中标注在主视图上。

(3) 布局整齐、尺寸尽可能布置在两视图之间，便于对照。同方向的平行尺寸，应使小尺寸在内，大尺寸在外，间隔均匀，避免尺寸线与尺寸界线相交(如俯视图上的尺寸 18、24 与主视图上的尺寸 8、20)。主、俯视图上同方向的尺寸应排列在同一直线上(如俯视图上的尺寸 7、5)，这样既整齐，又便于画图。

12.3.3　综合应用

【例 12-1】　根据支座立体图画出其三视图并标注尺寸。

(1) 形体分析。如图 12-12(a)所示支座，根据形体特点，可将其分解为五个部分，如图 12-12(b)所示。

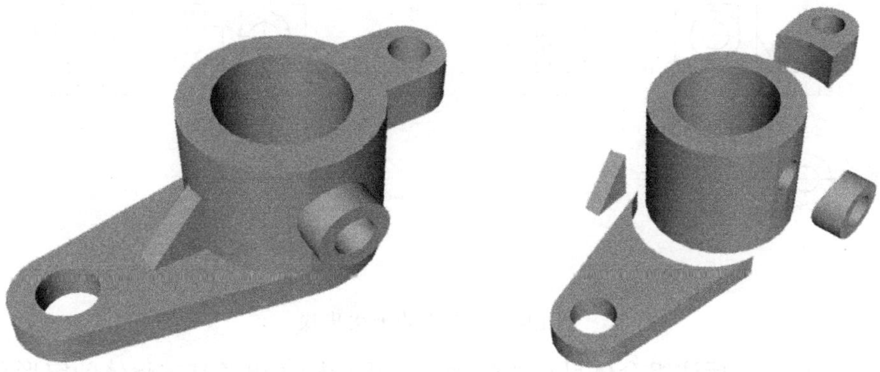

(a)　(b)

图 12-12　支座及其形体分析

从图 12-12 可以看出，肋板底面与底板顶面叠合，底板两侧面与空心圆柱体相切，肋板和耳板侧面均与空心圆柱体相交，凸台轴线与圆柱体轴线垂直相交，且其上的通孔连通。

(2) 选择视图。如图 12-12(a)所示，将支座按自然位置安放后，能更多地反映支座的结构形状特征。

(3) 画图步骤。选好适当比例和图纸幅面，然后确定视图位置，画出各视图的主要中心线和基准线。按形体分析法，从主要形体(如空心圆柱体)着手，并按各基本形体的相对位置逐个画出它们的三视图，具体作图步骤如图 12-13 所示。

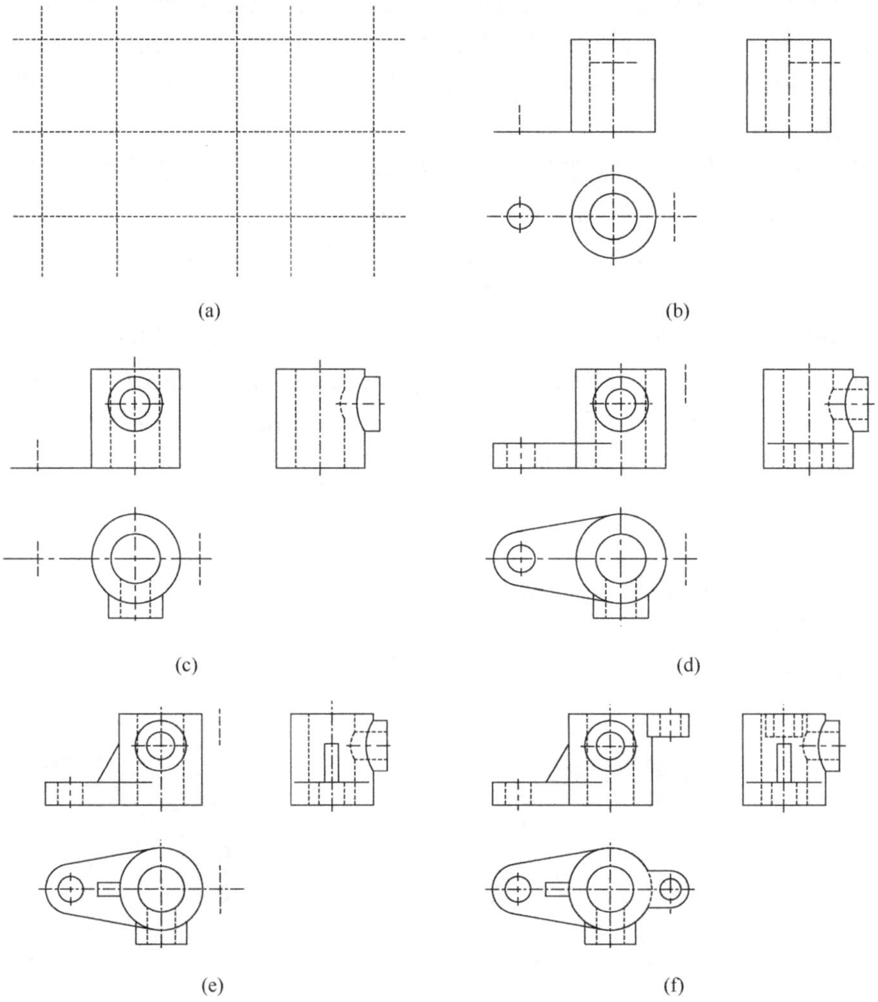

图 12-13　支座的画法步骤

(4) 标注尺寸。标注组合体尺寸的顺序为，逐个标注出各基本形体的定形和定位尺寸，具体步骤如下。

① 基本形体的定形尺寸。将支座分解为五个基本形体，如图 12-12(b)所示，分别标注出其定形尺寸，如图 12-14 所示。这些尺寸标注在哪个视图上，要根据具体情况而定。例如，空心圆柱体的尺寸 80 和ϕ40 可标注在主视图上(根据情况，ϕ40 也可标注在俯视图上)，但ϕ72 在主视图上标注不清楚，所以标注在左视图上。底板的尺寸ϕ22 和 R22 标注在俯视图上最合适，而厚度尺寸 20 只能标注在主视图上，其余各部分尺寸请读者自行分析。

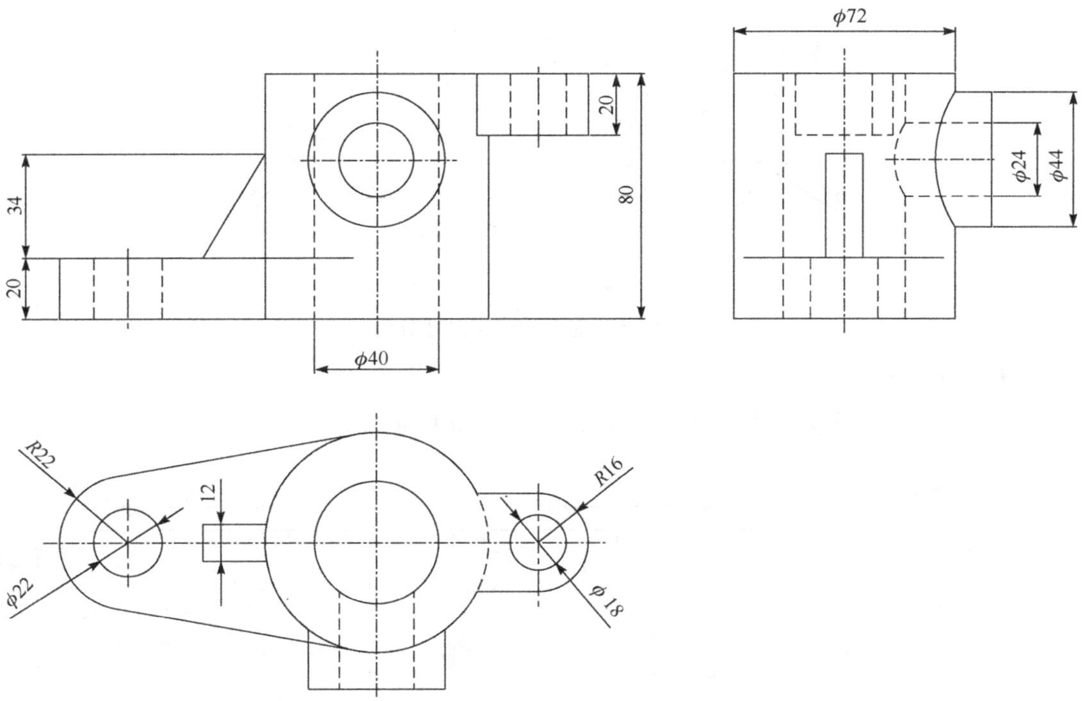

图 12-14　支座的定形尺寸分析

② 标注确定各基本形体相对位置的尺寸。先选定支座长、宽、高三个方向的尺寸基准，如图 12-15 所示。在长度方向上注出空心圆柱体与底板、肋板、耳板的相对位置尺寸(80、56、52)；在宽度和高度方向上标注出凸台与空心圆柱体的相对位置尺寸(48、28)。

③ 标注总体尺寸。为了表示组合体外形的总长、总宽和总高，应标注相应的总体尺寸。支架的总高尺寸为 80，而总长和总宽尺寸则由于标出了定位尺寸而不独立，这时一般不再标注。图 12-15 中在长度方向上标注了定位尺寸 80、52，以及圆弧半径 *R*22 和 *R*16 后。就不再标注总长尺寸(80+52+22+16=170)。左视图在宽度方向上标注了定位尺寸 48 后，就不再标注总宽尺寸(72+12=84)。

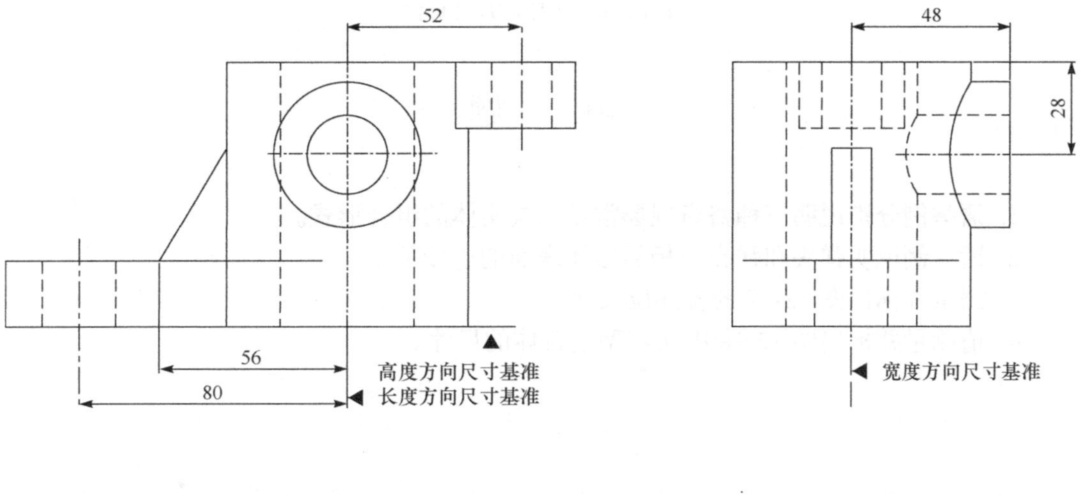

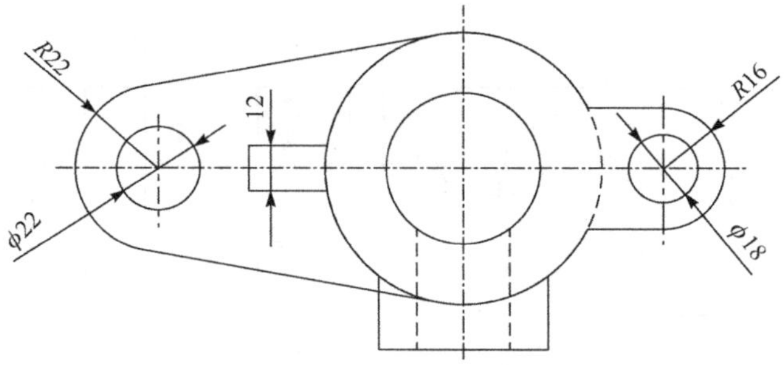

图 12-15　支座的定型尺寸分析

【课堂训练】

完成如图 12-16 所示支座的尺寸标注(尺寸在图上量取)。

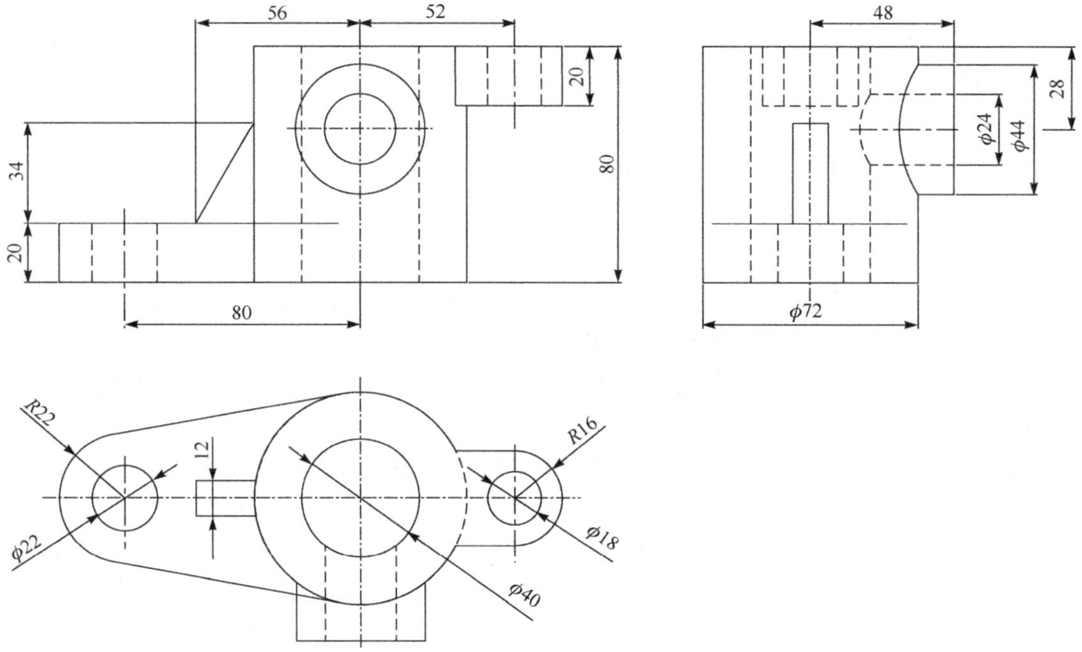

图 12-16　支座的尺寸标注

习　　题

1. 请举例分别说明三种盗窃现场常见工具实体的组合形式。
2. 请举例说明弹头和弹壳中相邻形体表面的连接关系。
3. 测量并标出图 12-17 的各部位尺寸。
4. 请测量并标出图 12-18 中切割型组合体的尺寸。

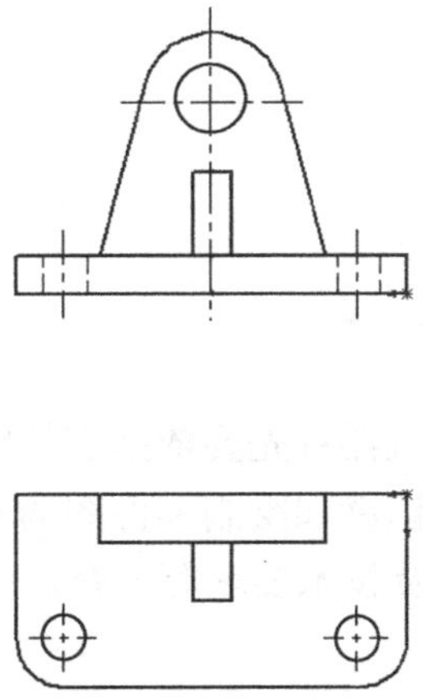

图 12-17

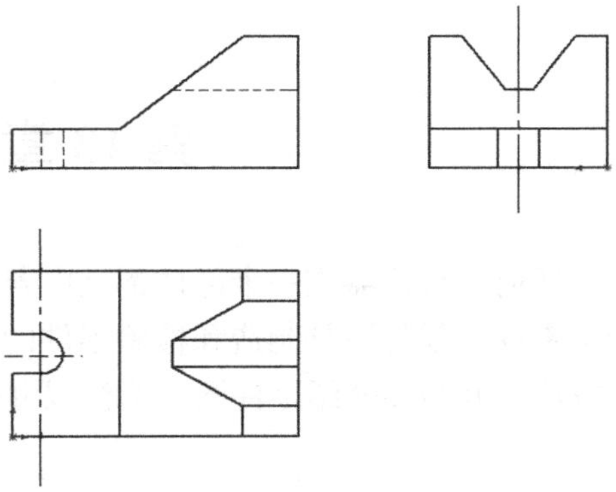

图 12-18

5. 请绘出图 12-19 步枪弹组合体并测量标出其尺寸。

图 12-19

第 13 章　零　件　图

任何一台机器或一个部件都是由若干零件装配而成的，制造机器首先要依据零件图加工零件。零件图是制造和检验零件的主要依据。本章主要讨论识读和绘制零件图的基本方法，并简要介绍零件图上标注尺寸的合理性、零件工艺结构及技术要求等内容。

13.1　零件图的概述

13.1.1　零件图与装配图的作用和关系

装配图表示机器或部件的工作原理、零件间的装配关系和技术要求。零件图则表示零件的结构形状、大小和有关技术要求，并根据它加工制造零件。在设计或测绘机器时，首先要绘制装配图，再拆画零件图，零件完工后再按装配图将零件装配成机器或部件。因此，零件与部件、零件图与装配图之间的关系十分密切。

学习本章内容时应注意：在识读或绘制零件图时，要考虑零件在部件中的位置、作用，以及与其他零件间的装配关系，从而理解各个零件的结构形状和加工方法；在识读或绘制装配图时，也必须了解部件中主要零件的结构形状和作用，以及各零件间的装配关系。

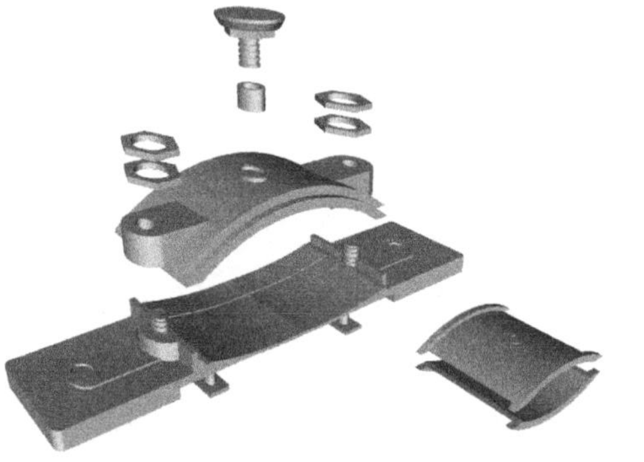

图 13-1　滑动轴承轴侧分解图

图 13-1 为滑动轴承轴侧分解图。滑动轴承是机器设备中支承轴传动的部件，它由一些标准件(如螺栓、螺母等)和专用件(如轴承座、轴承盖等)装配而成。轴承座是滑动轴承的主要零件，它与轴承盖通过两组螺栓和螺母紧固，并压紧上、下轴衬；轴承盖上部的油杯给轴衬加润滑油；轴承座下部的底板在安装滑动轴承时起支承和固定作用。由此可见，零件的结构形状和大小是由该零件在机器或部件中的功能及与其他零件的装配连接关系确定的。

13.1.2　零件图的内容

图 13-2 为轴承座零件图。一张作为加工和检验依据的零件图应包括以下基本内容。

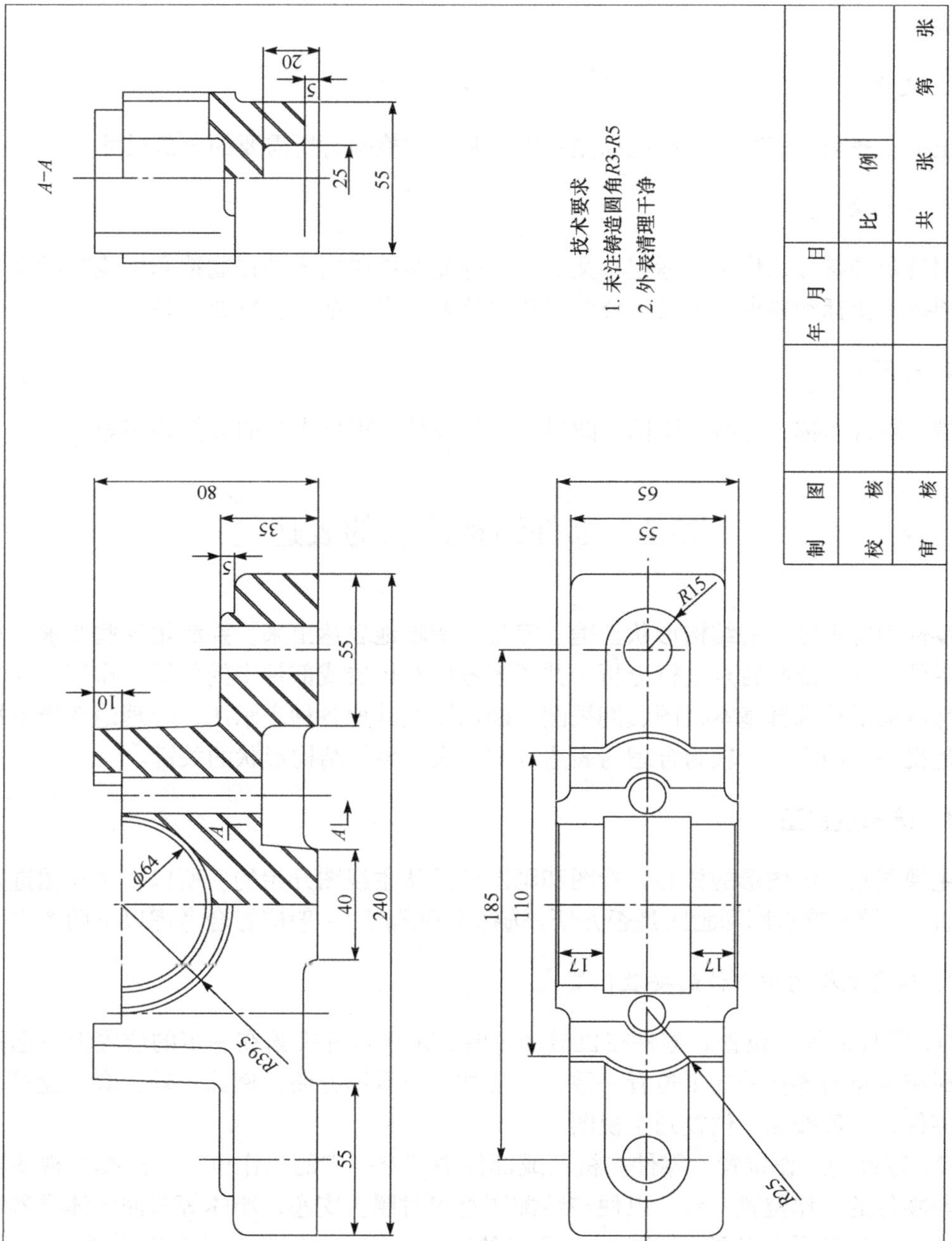
A–A
技术要求
1. 未注铸造圆角R3-R5
2. 外表清理干净
制图
年 月 日
校核
比例
审核
共 张
第 张
80
35
55
40
240
10
5
ϕ64
R39.5
A
65
55
R15
185
110
17
R25
20
25

图13-2 轴承座零件图

1. 图形

选用一组适当的视图、剖视图、断面图等图形，正确、完整、清晰地表达零件的内、外结构形状。

2. 尺寸

正确、齐全、清晰、合理地标注零件在制造和检验时所需要的全部尺寸。

3. 技术要求

用规定的符号、代号、标记和文字说明等简明地给出零件在制造和检验时所应达到的各项技术指标和要求，如尺寸公差、几何公差、表面结构、热处理等。

4. 标题栏

填写零件名称、材料、比例、图号，以及设计、审核人员的责任签字等。

13.2　零件结构形状的表达

零件图应把零件的结构形状正确、完整、清晰地表达出来。要满足这些要求，首先要对零件的结构形状特点进行分析，并了解零件在机器或部件中的位置、作用及加工方法，然后灵活地选择基本视图、剖视图、断面图及其他各种表示法，合理地选择主视图和其他视图，确定一种较为合理的表达方案是表示零件结构形状的关键。

13.2.1　选择主视图

主视图是一组图形的核心，看图和画图都是从主视图开始的。所以，主视图选择合理与否，直接影响看图和画图是否方便。选择主视图时，一般应综合考虑以下两个方面。

1. 确定主视图中零件的安放位置

(1) 零件的加工位置。零件在机械加工时必须固定并夹紧在一定的位置上，选择主视图时应尽量与零件的加工位置一致，以使加工时看图方便。例如，轴、套、盘等回转体类零件，一般按加工位置画主视图。

(2) 零件的工作位置。零件在机器或部件中都有一定的工作位置，选择主视图时应尽量与零件的工作位置一致，以便与装配图直接对照。支座、箱体等非回转体类零件，通常按工作位置画主视图。如图 13-2 所示的轴承座的主视图符合其工作位置。

2. 确定零件主视图的投射方向

主视图的投射方向应该能够反映零件的主要形状特征，即表达零件的结构形状及各组成部分之间的相对位置关系。如图 13-3 所示轴承座，由箭头所指的 *A*、*B*、*C*、*D* 四个投射方向所得到的视图如图 13-4 所示。如果采用 *D* 向作为主视图，则虚线较多，显然没有 *B* 向清楚。*C* 向与 *A* 向视图虽然虚实线的使用情况相同，但如果采用 *C* 向作为主视图，则左视图(即 *D* 向)上会出现较多虚线，没有 *A* 向好。再比较 *A* 向和 *B* 向视图，各有其特点，*A* 向视图能直接显示轴承座的结构，而 *B* 向视图则能更明显地反映轴承座各部分的轮廓特征，所以确定以 *B* 向作为主视图的投射方向。

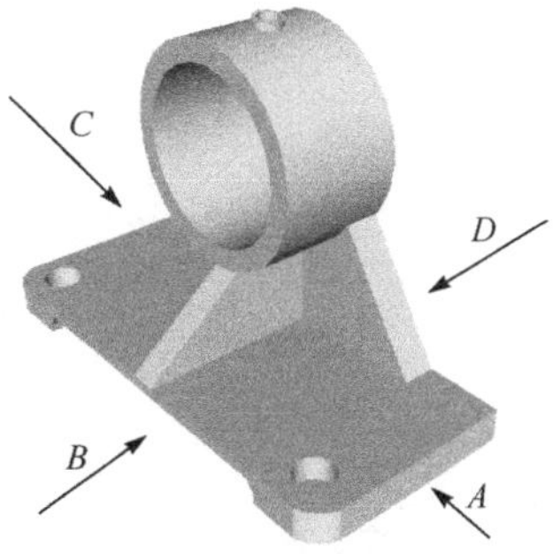

图 13-3　轴承座主视图投射方向的选择

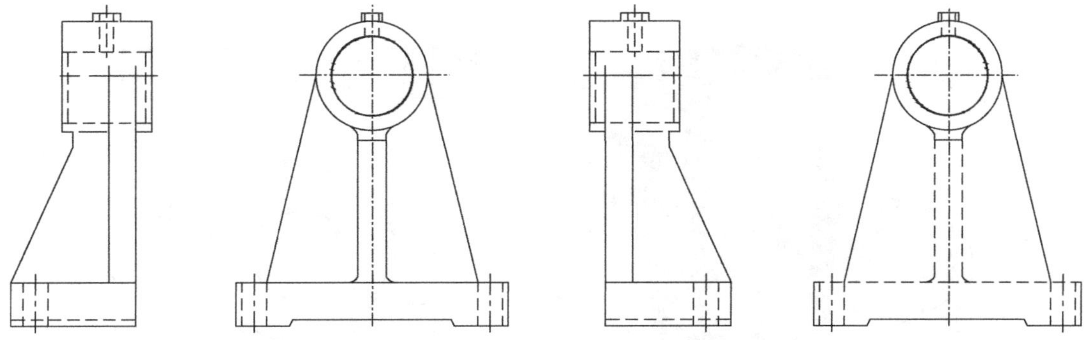

(a) *A*向　(b) *B*向　(c) *C*向　(d) *D*向

图 13-4　分析主视图投射方向

13.2.2　选择其他视图

主视图确定之后，要分析该零件还有哪些结构形状未表达完整，以及如何将主视图未表达清楚的部位用其他视图进行表达，并使每个视图都有表达的重点。在选择视图时，应优先选用基本视图及在基本视图上作剖视图。在完整、清晰地表达零件结构形状的前提下，尽量减少视图数量，力求制图简便。

如图 13-5(a)所示柱塞泵泵体，在主视图确定以后，泵体三个组成部分(空腔圆柱体泵身、凸台、底板)的高度方向和长度方向的相对位置已表示清楚，泵身和凸台的内外形状通过主视图的半剖视就能反映出来。但它们的宽度(前后)方向的相对位置与连接关系及底板的厚度还未表示清楚。因此，需要画出俯视图或左视图来补充表达。

从底板与泵身的连接关系分析，底板本身的厚度(包括后面的凹槽)及底板上的两个沉孔，在俯视图上表示比在左视图上表示更完整，各部分的相对位置在俯视图中也比较清楚，所以选用俯视图。对于底板后面的形状，可采用后视图或向视图表达，但考虑它的形状比较简单，可在主视图上画出表示底板形状的虚线，这样既不影响图面清晰，又节省了一个视图。

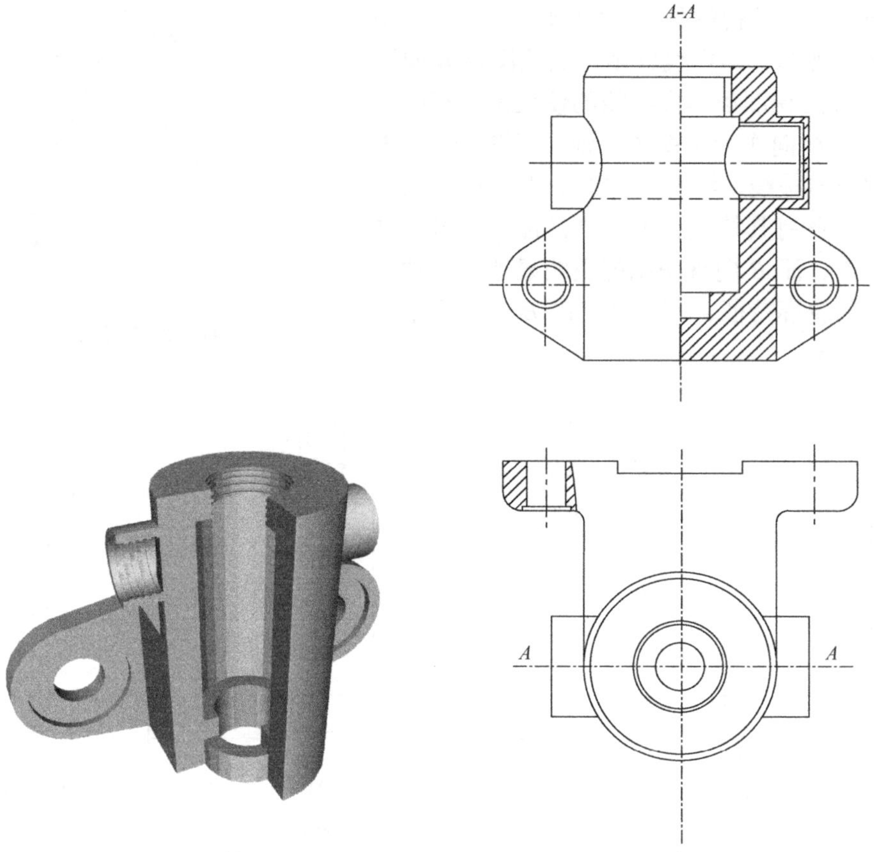

图 13-5　其他视图的选择

13.2.3　零件表达方案选择举例

【例 13-1】 分析比较如图 13-6 所示轴承架的三种表达方案。

结构分析：

轴承架由三部分构成，上部是圆筒，孔内安装回转轴，其顶部有凸台，凸台中间有通孔。圆筒一端与安装底板连接，底板上有两个对称的通孔。圆筒的下面用三角形肋板与底板连接，起增加零件结构强度的作用。

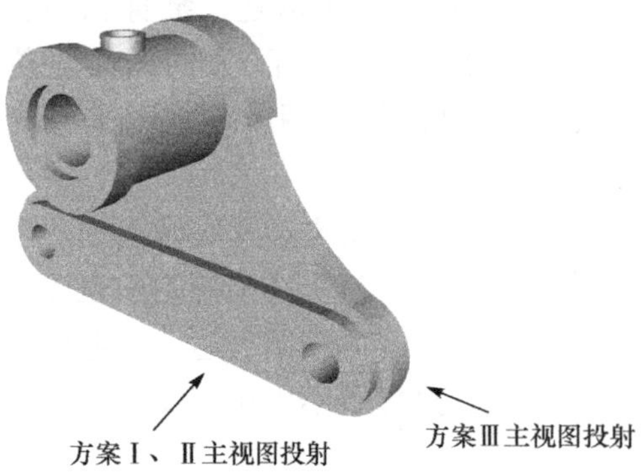

图 13-6　轴承架的表达方案

表达方案：

方案Ⅰ将使用四个图形(主、左视图，圆筒局部视图和 *B-B* 断面图)，方案Ⅱ将使用五个图形，方案Ⅲ将仅用三个图形，如图 13-7 所示。

以上三种表达方案均已将轴承架的结构形状表达完整，但三种方案在选择主视图和视图数量及每个图形所采用的表示方法上有所不同，下面从两个方面分析比较三个表达方案。

(1) 主视图的比较。三种方案都符合零件的主要加工位置或工作位置。方案Ⅰ、Ⅱ的主视图投射方向相同，主要反映底板的形状特征及其与圆筒、肋板的关系；方案Ⅲ的主视图突出表达圆筒和凸台及孔的结构形状。对于轴承架来说，轴承孔是它的主要结构，在主视图上直接显示轴承孔的结构比反映底板的形状更为重要，所以方案Ⅲ的主视图选择比较合理。

(2) 其他视图的比较说明(以下举例)。三个方案均采用局部视图表达圆筒一端的凸台外形，也均采用了两个基本视图——主视图和左视图。为了表达底板和肋板的断面形状，方案Ⅰ补充了一个假设为 *B—B* 断面图；方案Ⅱ添加了一个假设为 *B—B* 全剖视，又增加了一个假设为 *C—C* 断面图。比较这两个方案，方案Ⅱ采用 *B—B* 剖视表达底板和肋板的断面形状，显然不如方案Ⅰ采用 *B—B* 断面图简单清楚；对于底板上的圆孔，方案Ⅰ在左视图上采用局部剖视表达，而方案Ⅱ则多画了一个 *C—C* 断面图，显然太烦琐，所以方案Ⅰ比方案Ⅱ显得简洁明了。相对方案Ⅱ，方案Ⅲ对于底板和肋板的断面形状表达更为简洁，只用重合断面表示它们的轮廓形状和厚度，因而省去了一个图形。

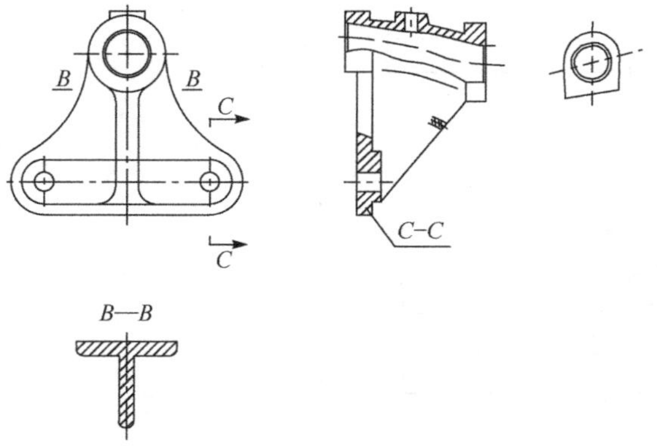

(a) 方案Ⅰ

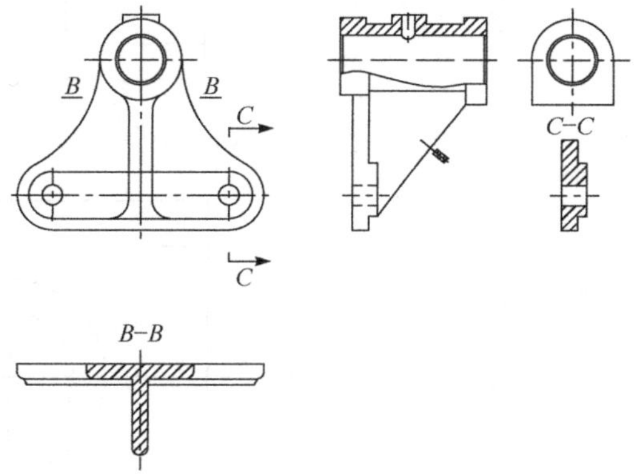

(b) 方案Ⅱ

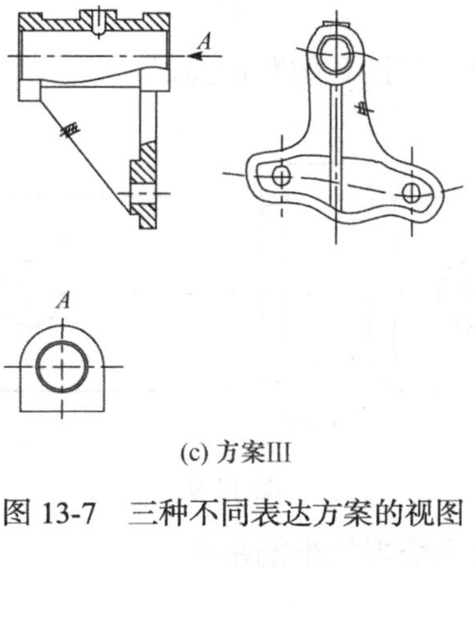

(c) 方案Ⅲ

图 13-7 三种不同表达方案的视图

综上所述，方案Ⅲ用较少的视图正确、完整、清晰地表达了轴承架的结构形状，是三种方案中最佳的表达方案。

习　　题

1. 请通过对五四式手枪枪管零件图相关尺寸的分析，说明它与装配图中相关零件之间的关系。

2. 通过对五六式自动步枪击发过程演示动画的分析，说明其枪机的工作原理。

3. 将图 13-8 中的侧视图补全，标注尺寸，并将主视图画成恰当的全剖视图。

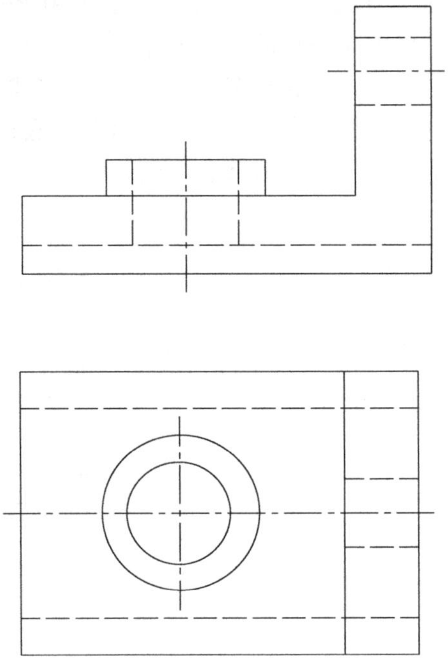

图 13-8

4. 作出如图 13-9 所示键槽与销孔的断面图。

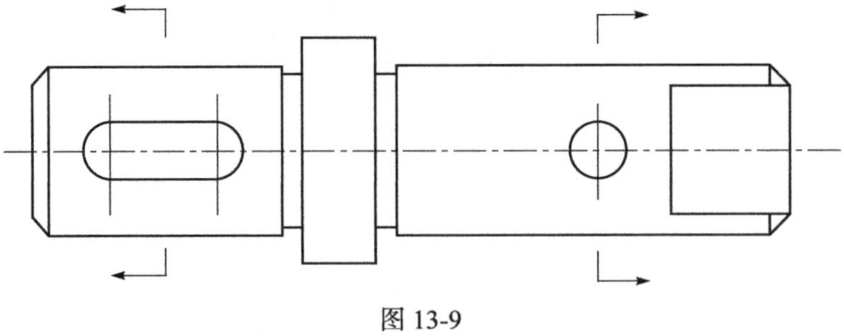

图 13-9

5. 将主视图(图 13-10)改为恰当的半剖视图。

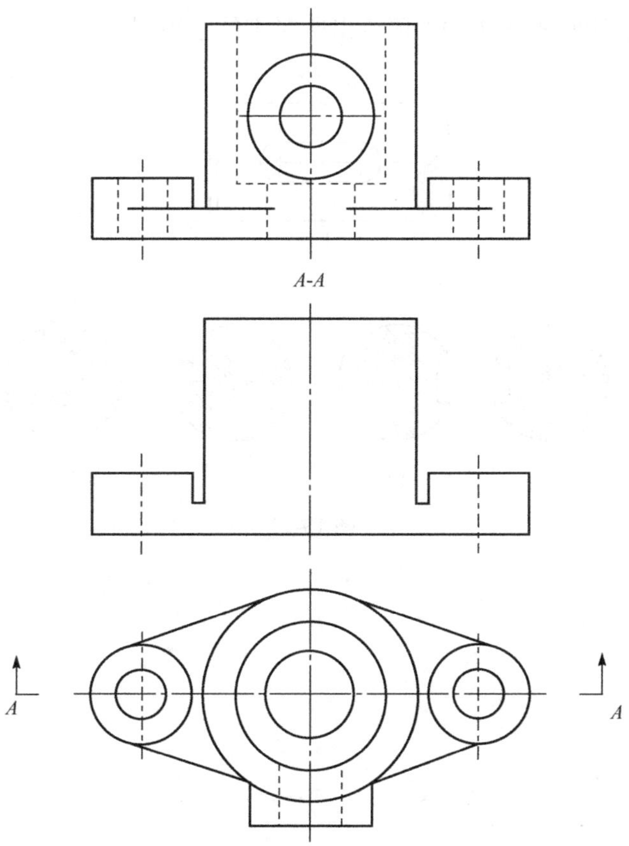

图 13-10

6. 补画全剖视图 13-11 中所漏的图线并标出各部位尺寸。

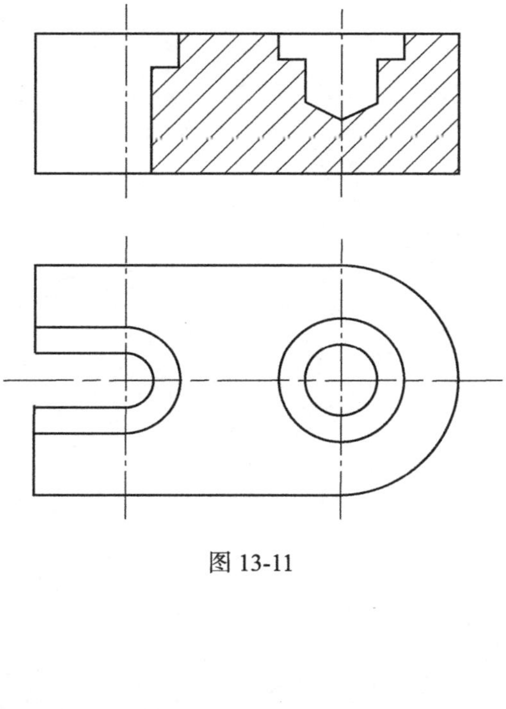

图 13-11

7. 依据不同的剖面图(图 13-12)请绘出所对应的主视图。

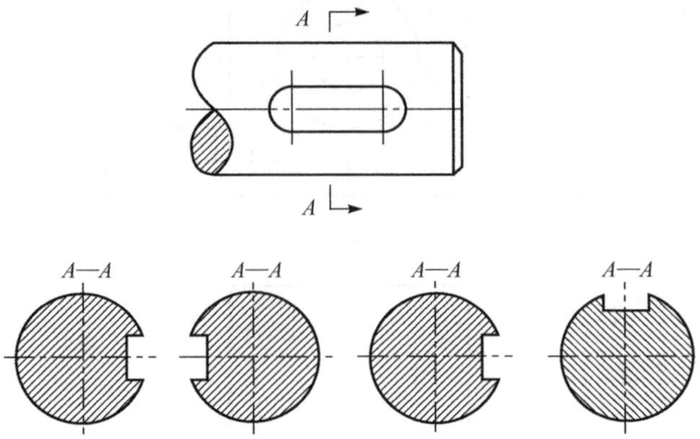

(a)　(b)　(c)　(d)

图 13-12

参 考 文 献

陈茜橙. 2013. 浅析刑事科学技术学科的建设. 法制博览, (4):295.

代勇, 皮建华, 王文, 等. 2015. 基于卓越工程师培养目标下的刑事科学技术人才培养体系初探. 四川警察学院学报, 27(1): 112-115.

东北工学院钢铁压力加工教研组. 1960. 金属压力加工原理. 北京: 中国工业出版社.

范钦珊, 蔡新. 2011. 工程力学. 2 版. 北京: 机械工业出版社.

范钦珊, 殷雅俊, 唐靖林. 2014. 材料力学. 3 版. 北京: 清华大学出版社.

范思冲. 2014. 画法几何及机械制图. 2 版. 北京: 机械工业出版社.

哈宽富. 1983. 金属力学性质的微观理论. 北京: 科学出版社.

胡赓祥, 蔡珣, 戎咏华. 2010. 材料科学基础. 2 版. 上海: 上海交通大学出版社.

黄其柏, 阮春红, 何建英, 等. 2014. 画法几何及机械制图. 6 版. 武汉: 华中科技大学出版社.

赖祖涵. 1988. 金属的晶体缺陷与力学性质. 北京: 冶金工业出版社.

李萍, 钟圣怡, 李军艳, 等. 2015. 借鉴法国模式, 开拓工科基础课教学新思路. 高等工程教育研究, 2: 20-28.

刘永田, 崔丽. 2014. 机械制图基础. 2 版. 北京: 北京航空航天大学出版社.

刘永田, 何芹. 2014. 机械制图基础习题集. 2 版. 北京: 北京航空航天大学出版社.

卢程皓. 2015. 刑事科学技术基本原理探究. 法制博览, (23): 241.

鲁明. 2013. 论分析化学在刑事科学技术专业的现状与发展前景. 科技风, (24):140.

吕秋灵, 郑桂兰. 2015. 画法几何及水利工程制图习题集. 6 版. 北京: 高等教育出版社.

罗敏雪. 2013. 画法几何. 2 版. 北京: 高等教育出版社.

潘金生, 仝健民, 田民波. 2011. 材料科学基础. 北京: 清华大学出版社.

邵冬梅. 2014. 刑事科学技术专业在教改中的面临挑战及应对策略. 青年科学, 35(12): 74-75.

孙肇惕, 徐晓玲. 2015. 刑事科学技术专业基础课教学改革的探索. 首都师范大学学报(自然科学版), 36(3): 56-58.

孙肇暘, 徐晓玲. 2014. 刑事科学技术本科专业教学中化学课程的教学改革. 教育教学论坛, (52): 113-114.

田凌, 冯涓. 2013. 机械制图. 2 版. 北京: 清华大学出版社.

王仁, 黄文彬, 黄筑平. 1982. 塑性力学引论. 北京: 北京大学出版社.

王仁, 熊祝华, 黄文彬. 1981. 塑性力学基础. 北京: 科学出版社.

王熙宁, 袭建军. 2015. 画法几何及机械制图. 北京: 高等教育出版社.

王占学. 1991. 塑性加工金属学. 北京: 冶金工业出版社.

辛翠. 2014. 公安院校刑事科学技术课程教学中遇到的问题及对策. 科教文汇, 28(10): 88-89.

熊祝华. 1986. 塑性力学基础知识. 北京: 高等教育出版社.

严圣平. 2013. 工程力学. 北京: 高等教育出版社.

余同希. 1988. 塑性力学. 北京: 高等教育出版社.

张行, 吴国勋. 1998. 工程塑性理论. 北京: 北京航空航天大学出版社.

赵德文. 2002. 材料成形力学. 沈阳: 东北大学出版社.

赵杰. 2010. 材料科学基础. 大连: 大连理工大学出版社.
赵志业. 1890. 金属塑性变形与轧制理论. 北京: 冶金工业出版社.
朱明, 王晓刚. 2010. 工程材料及热处理. 北京: 北京师范大学出版社.
Martin J B. 1990. 塑性力学基础及其一般结果. 徐秉业, 薛大为, 杨桂通, 等译. 北京: 北京理工大学出版社.